城市交通概论

主　编　承向军

副主编　杨　方

主　审　袁振洲

北京交通大学出版社

·北京·

内容简介

本书涵盖城市交通规划、城市交通管理、城市交通控制、城市交通安全、城市交通智能技术和城市交通环境保护的相关内容，比较全面地介绍了城市交通领域的主要理论和方法，并通过实际案例展示了该领域的发展现状和前景，可以作为非交通运输专业本科生的教材和对城市交通感兴趣的读者的参考读物。

图书在版编目（CIP）数据

城市交通概论 / 承向军主编. —北京：北京交通大学出版社，2016.11
ISBN 978-7-5121-2895-8

Ⅰ. ① 城… Ⅱ. ① 承… Ⅲ. ① 城市交通–概论 Ⅳ. ①U12

中国版本图书馆 CIP 数据核字（2016）第 252199 号

城市交通概论
CHENGSHI JIAOTONG GAILUN

责任编辑：孙晓萌
出版发行：北京交通大学出版社　　电话：010-51686414　　http://www.bjtup.com.cn
地　　址：北京市海淀区高梁桥斜街 44 号　　邮编：100044
印 刷 者：北京艺堂印刷有限公司
经　　销：全国新华书店
开　　本：185 mm×260 mm　　印张：12.5　　字数：369 千字
版　　次：2016 年 11 月第 1 版　　2016 年 11 月第 1 次印刷
书　　号：ISBN 978-7-5121-2895-8/U・247
定　　价：36.00 元

本书如有质量问题，请向北京交通大学出版社质监组反映。对您的意见和批评，我们表示欢迎和感谢。
投诉电话：010-51686043，51686008；传真：010-62225406；E-mail：press@bjtu.edu.cn。

前　言

城市交通问题日益成为困扰大城市的社会问题，引起了人们愈来愈广泛的关注。就研究领域而言，城市交通涉及多个研究领域，内容庞杂、知识广泛、理论众多。本书是面向非交通专业本科生的，而对于交通专业的本科生，有关城市交通的内容需要通过多门课程的学习才能有所了解和掌握。非交通专业本科生的通识性课程要求学生对城市交通相关理论和实践有较全面的了解，这对于课程配套教材的编写是一个挑战。

为了努力达到上述目标，编者结合以往的教学经验和参与城市交通科研方面的体会，采用以实际城市交通案例为线索、通过实例讲解城市交通相关理论的思路，在课堂教学中辅助以大量的课堂提问，充分调动学生的主动性和参与感，力求在较短的时间内，触发学生对城市交通领域的兴趣，引导学生探索该领域的理论和方法，促使学生将本专业的知识和技能应用到城市交通领域的实践中。现将课堂经验和资料进行整理，并参考同类文献，编写成书。

本书涵盖城市交通规划、城市交通管理、城市交通控制、城市交通安全、城市交通智能技术和城市交通环境保护的相关内容，比较全面地介绍了城市交通领域的主要理论和方法，并通过实际案例展示了该领域的发展现状和前景。

本书除第 1 章绪论外，其余 6 章均以案例为主线和主要内容。这些案例主要源自城市交通相关研究课题的成果，其中，“北京市三里河至西二环交通组织优化研究”“北京市 110 个交叉口交通组织优化研究”“公众交通出行全程动态智能向导技术研究”“电动汽车奥运示范运营数据采集与加工技术研究”是编者直接参与的与城市交通密切相关的科研项目，包括国家“863”课题、科技部支撑计划项目、北京市交通管理局科研项目等。另外，还从两位编者的博士学位论文中摘选了部分有关内容。

本书由承向军拟定大纲并负责统稿，第 7 章由杨方编写，其余各章由承向军编写。

由于编者水平有限，疏漏之处在所难免，敬请广大专家、同行不吝赐教。

编　者

2016 年 10 月

目　录

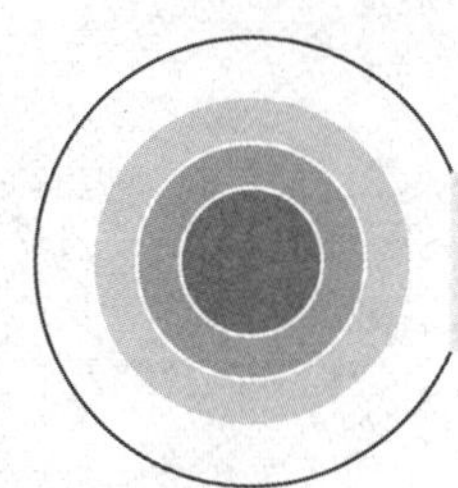

第1章 绪论

课堂提问：

（1）你都遇到过哪些城市交通问题？

（2）你认为城市交通涵盖哪些内容？

1.1 城市交通面临的问题与挑战

1.1.1 城市交通的几项数据

（1）中国的城市化率从1978年的17.9%增长到2011年的51.27%，首次突破50%。

（2）1978年全国城市建成区面积为5 000多平方公里，2011年达到3.81万平方公里，是1978年的7.6倍多。

（3）全国目前有数十座新城在大规模建设中。

（4）很多城市的机动车年增长率超过20%。

（5）北京市的机动车保有量至2012年年底已经超过520万辆。

1.1.2 城市交通面临的主要问题

1. 城市结构与土地使用形态不够合理

现象：新建住宅区规模过大，城市规模无限制地扩大，交通负荷大。

课堂提问：

（1）你所居住的城市是否存在上述现象？

（2）请举一两个类似情况的实际例子。

（3）你对改变上述现象有何建议？

2. 城市道路网存在层次结构不合理、功能混淆问题

现象：路网密度小；大量的行人和非机动车道路被机动车占用；交叉口缺乏安全措施，

导致交通秩序混乱。

课堂提问：

（1）你所居住的城市是否存在上述现象？

（2）请举一两个类似情况的实际例子。

（3）你对改变上述现象有何建议？

3. 主要大城市交通拥堵严重，制约社会经济发展

现象：北京和上海等特大城市高峰时段的平均车速已由原来的 40 km/h，下降到 20 km/h；有的大城市中心区高峰时段平均车速仅为 5 km/h；部分城市交通拥堵已经从高峰向非高峰、从中心城区向整个城区、从一般拥堵向严重拥堵恶化。

课堂提问：

（1）你所居住的城市是否存在上述现象？

（2）请举一两个类似情况的实际例子。

（3）你对改变上述现象有何建议？

4. 私人汽车发展缺乏引导，公交发展严重滞后

现象：截至 2011 年 8 月，全国机动车总保有量为 2.195 亿辆。其中，汽车 1 亿辆，私家车 0.72 亿辆；机动车保有量比 1980 年的 208 万辆增长了 100 多倍，而城市道路量程同期仅增长约 10 倍；公交发展较好的特大城市，公交分担率约为 25%，主要城市平均约为 20%，一般城市为 5%～10%，小城市仅为 5%左右，而发达国家大城市的公交分担率则高达 50%～70%。

课堂提问：

（1）你所居住的城市是否存在上述现象？

（2）请举一两个类似情况的实际例子。

（3）你对改变上述现象有何建议？

5. 交通系统整合不够，既有资源利用不充分

现象：铁路与城市轨道交通之间缺乏无缝连接；城市不同交通方式之间缺乏零距离换乘；城市大型交通枢纽的内部结构不合理。

课堂提问：

（1）你所居住的城市是否存在上述现象？

（2）请举一两个类似情况的实际例子。

（3）你对改变上述现象有何建议？

6. 交通安全形势严峻

现象：2010 年全国道路交通事故 3 906 164 起，同比上升 35.9%；中国每年交通事故的死亡人数从 1978 年的 14 096 人增加到 2010 年的 65 225 人。机动车死亡率为 3.15 人/万车；2006 年美国、英国、日本的机动车死亡率分别为 1.77，1.10，0.77 人/万车。

课堂提问：

（1）你所居住的城市是否存在上述现象？

（2）请举一两个类似情况的实际例子。

（3）你对改变上述现象有何建议？

1.2　城市结构与土地使用

1.2.1　基本概念

（1）城市结构是城市功能活动的内在联系，是社会经济结构在土地使用上的投影，反映构成城市经济、社会、环境发展的主要因素在一定时间内形成的相互关联、相互影响、相互制约的关系，一般包括用地、交通系统、基础设施系统等。

（2）土地使用包括土地开发、利用和保护等综合行为。

（3）城市建用地是指用于建设和城市机能运转所需的土地。

城市建设用地分类如表 1–1 所示。

表 1–1　城市建设用地分类

用地类别中文名称	英文同（近）义词
居住用地	residential land
公共管理与公共服务用地	administration and public services
商业服务设施用地	commercial and business facilities
工业用地	industrial land
物流仓储用地	logistics and warehouse
交通设施用地	street and transportation
公用设施用地	municipal utilities
绿地	greenspace

1.2.2　城市空间结构模式

1. 单核圈层状城市结构

该结构俗称“摊大饼”式，比较适合平原地区的中小城市；规模过大时，导致多种城市问题的出现。代表城市——北京，如图 1–1 所示。

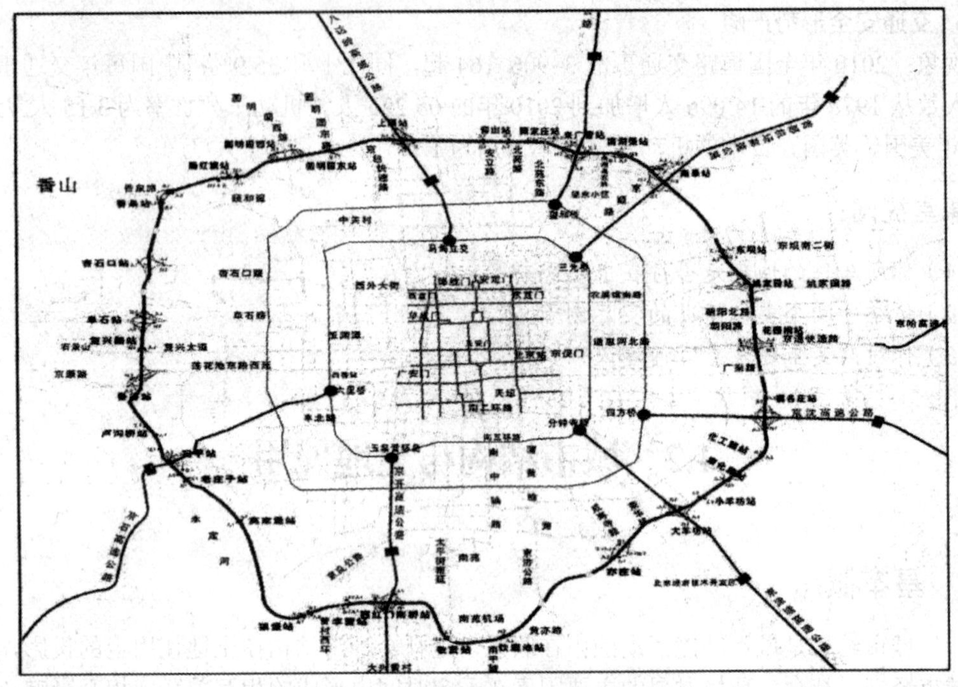

图 1–1　北京单核圈层状城市结构

2. 带状城市结构

该模式以交通线为主导形成带状结构；快速大运量公交会成为主要交通方式，形成“带状组团式”。代表城市——深圳，如图 1–2 所示。

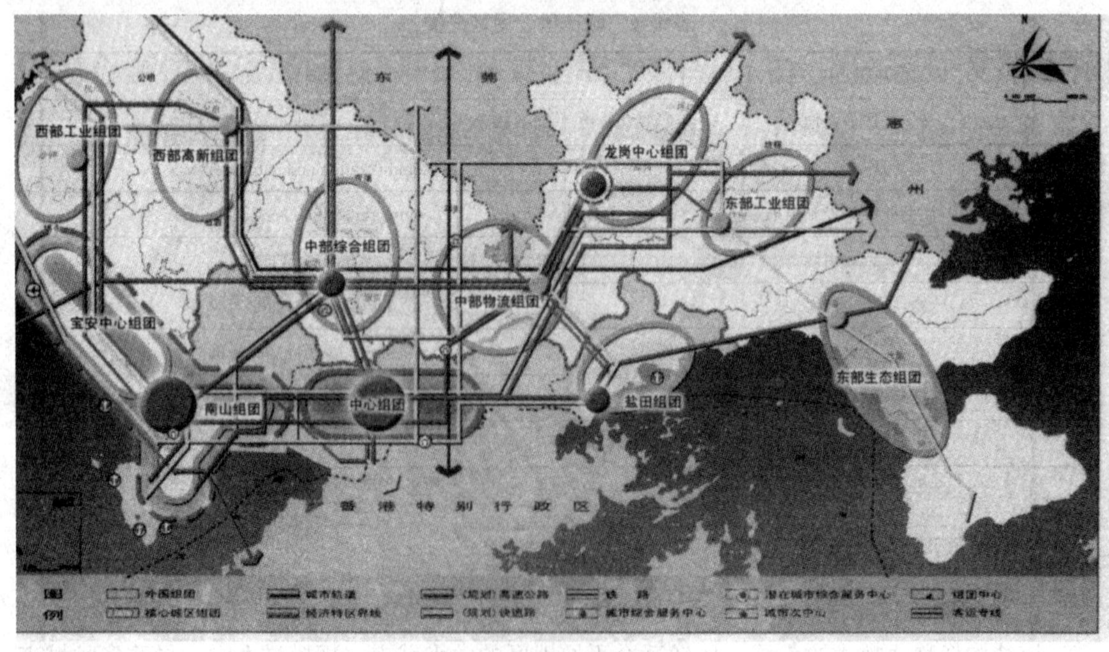

图 1–2　深圳带状城市结构

3. 卫星状城市结构

该模式以大城市为中心，周围发展小城市；城市路网为放射状干道加子城独立的道路系统，如图 1–3 所示。

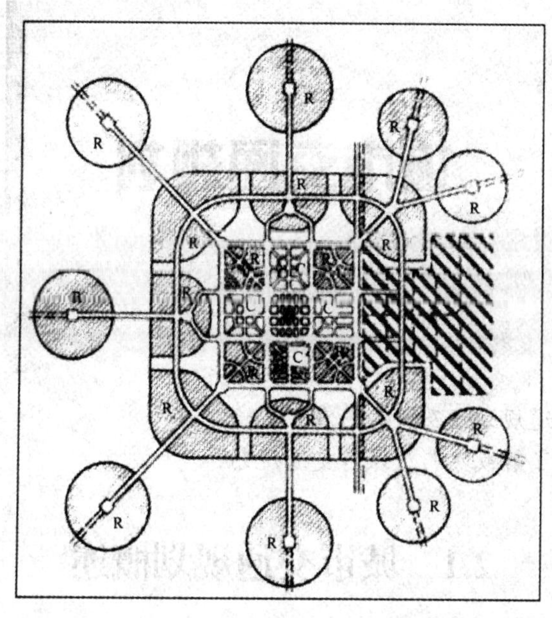

图 1–3　卫星状城市结构

交通方式对城市的形态具有决定性的影响。在不同的时期，由于交通方式的差异，城市的规模和形态也随着交通方式的进化而变化。不同交通方式支撑下的城市结构如图 1–4 所示。

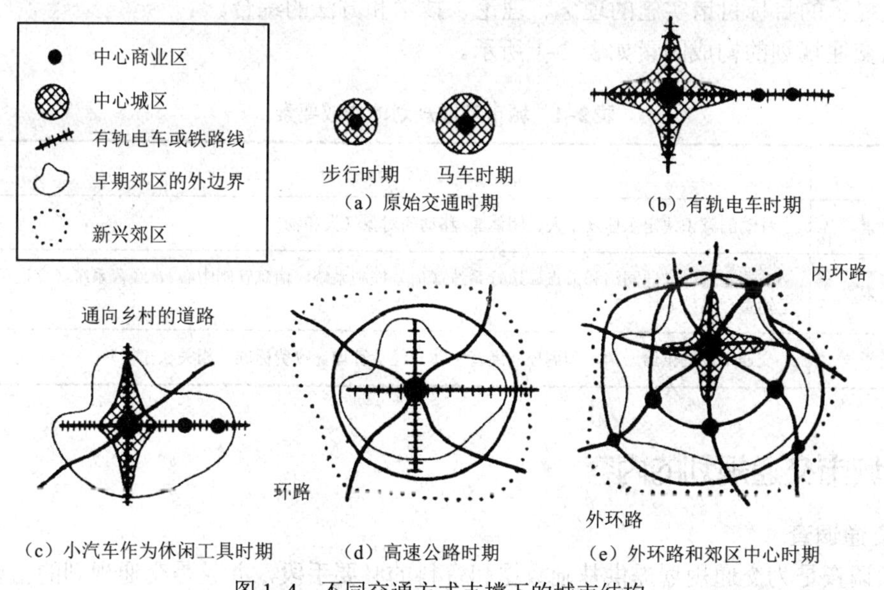

图 1–4　不同交通方式支撑下的城市结构

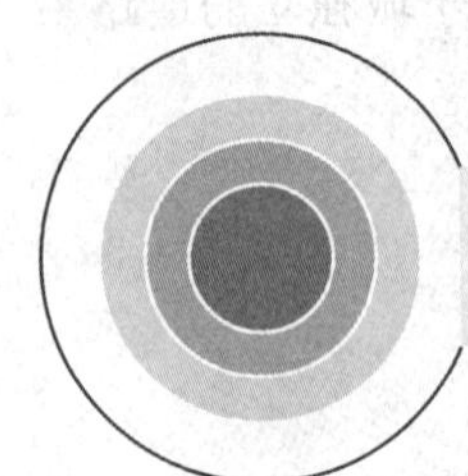

第 2 章

城市交通规划

课堂提问：

（1）你认为城市交通规划涉及哪些内容？

（2）你是否听说、了解或参与过城市交通规划？

2.1 城市交通规划概述

2.1.1 基本概念

城市交通规划是有计划地引导城市交通行为的一系列行动，即规划者如何提示各种目标，又如何将提示的目标付诸实施的理念、理论、技术和方法的综合。

城市交通规划的构成因素如表 2–1 所示。

表 2–1 城市交通规划的构成要素

要素	内容
需求要素	移动的意识决定主体（个人、团体）、移动的对象（人和物）
供给要素	交通工具、交通网络和节点、运行系统（信号控制系统、信息管制中心）、经营系统（交通服务系统、运输管理系统）
市场要素	交通市场的供给、需求和调控（经营主体、经营管理、收费标准、相关法律等）

2.1.2 城市交通规划的内容

1. 交通调查

交通调查是为交通规划提供基础数据和资料的必要手段，并且是交通规划的主要内容之一。交通调查一般包括：居民出行调查、货物流动调查、机动车起讫点（origin and destination，OD）调查、断面交通量调查等。

2. 城市土地利用与交通

交通与土地利用之间有着不可分割的关系。交通设施的建设使得两地之间的机动性提高，人们愿意在交通设置附近及沿线购买房屋、建设公司等，从而促进土地利用的发展；反之，某种用途的土地利用又会促进交通设施的规划和发展。城市土地利用与交通研究土地利用产生的交通量，同时研究交通设施的建设对土地利用的影响。

3. 交通需求量的预测

交通需求量的预测是交通规划的核心内容之一，是决定网络规模、断面结构等的依据。其内容包括：交通发生与吸引（第一阶段）、交通分布（第二阶段）、交通方式划分（第三阶段）和交通流分配（第四阶段）。因为从交通的生成到交通流分配的过程有四个阶段，所以一般称为“四阶段法”。

4. 城市交通网络规划与设计

交通网络规划与设计是交通规划的主要组成部分，也是交通需求预测的基础。人们从事交通规划，首先面临的是对象区域中的现有交通网络。对于将来的交通网络，在选线设计阶段，可根据车辆动力性、自然条件和技术经济条件等确定线路的走向和平纵断面等。在交通规划阶段，需要利用已经确定的各条线路方案和断面几何尺寸等，进行网络结构设计、拓扑关系建模，以便实现计算机模拟实际的网络，进行交通需求预测计算和分析评价。

5. 城市交通网络分析评价

判断网络设计阶段提出的交通规划方案的交通流是否合理、局部线路的交通负荷或运输能力及环境等指标是否满足预定目标等，需要对方案的优劣进行必要的评价，以便优化规划方案，获得预期的效果。此外，成本效益评价也是交通网络规划方案评价的内容之一。考虑到交通项目的社会性和公共性，成本效益分析不仅是财务分析，更重要的是评价它的社会效益。

交通规划的流程如图 2–1 所示，该图从决策过程和规划操作的角度对交通系统规划的全过程进行了概括。其中，决策过程随时从进行规划操作的交通规划工程师处获得必要的帮助，按照左侧各步骤执行。决策过程的相关主体包括中央政府、地方政府，以及有关的公共和民间团体、专家学者、一般市民等。决策的组织形式有论证会、征询意见会、专业委员会等。规划的操作或执行过程按照右侧各步骤实施。对于交通系统、社会活动和相关因素的研究是以长期进行信息收集整理的信息管理体制为前提的。在长期观测结果的基础上，再加上从监测系统得到的关于现行政策、规划进展情况、规划产生的影响等最新信息，就可以把握交通系统的状态，检查是否存在问题，以及问题出现后及时查清情况，并通知决策者以引起注意。此外，还可以根据决策者的要求，对照检查交通系统的状态，汇报问题状况。

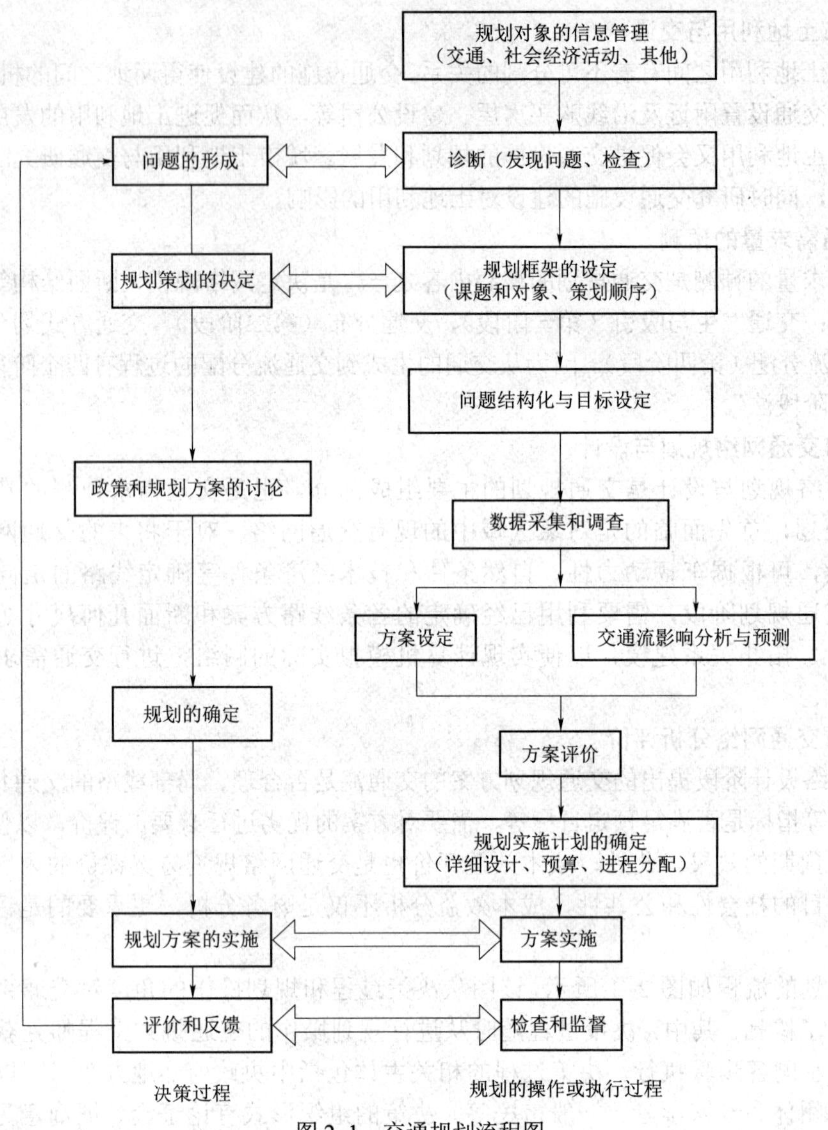

图 2–1 交通规划流程图

2.2 济宁都市区交通规划案例

2.2.1 交通现状调查

济宁都市区有 3 条国道和两条高速公路经过（见表 2–2），还有 3 条铁路线通过，有 1 个军民合用机场、多个铁路站场，公路站场包括 4 个主要的客运场站和 5 个主要的货运场站，另外区域内还有 10 个内河港口。

表 2–2　济宁都市区交通设施状况

交通方式	交通设施
公路	104、105、327 国道，日菏高速公路，京福高速公路
铁路	京沪普通铁路、京沪高速铁路、新石线
机场	嘉祥县内有一个军民合用机场
铁路站场	京沪线的兖州站、邹城站，新石线的曲阜站、兖州站和济宁站
公路站场	4 个主要客运场站，5 个主要货运场站
港口码头	内河港口 10 个（不包括个体小型港口）

济宁都市区的土地及人口情况反映在表 2–3 中，GDP 的增长情况、人口的增长情况和人均年收入的增长情况则分别反映在图 2–2、图 2–3 和图 2–4 中。

表 2–3　济宁都市区的土地及人口情况

辖区	济宁总面积 10 685 km^2，辖兖州、曲阜、邹城 3 个县级市、7 个县和 2 个区。其中，市区面积 35 km^2，兖州 690 km^2，曲阜 889.4 km^2，邹城 1 387.3 km^2
人口	全市总人口约 797 万人
经济发展状况	2002 年济宁市 GDP 为 743.5 亿元

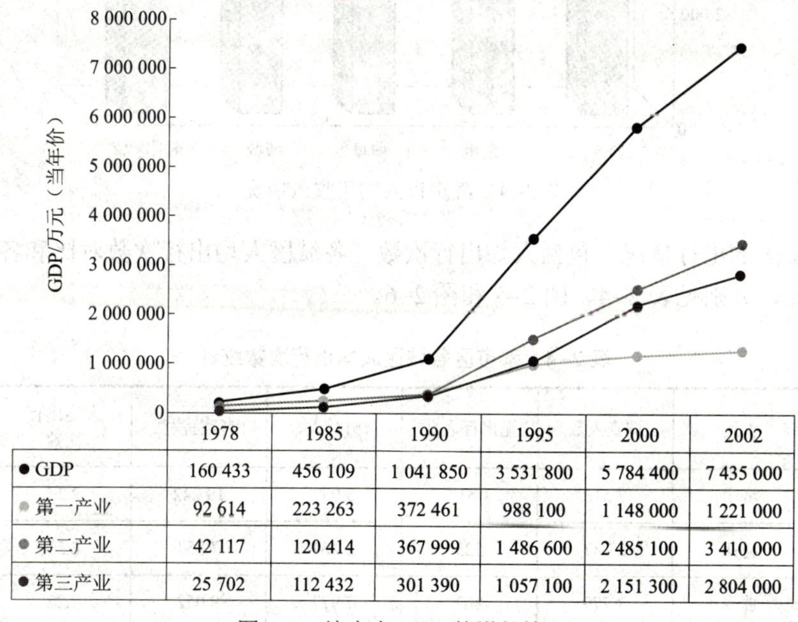

	1978	1985	1990	1995	2000	2002
● GDP	160 433	456 109	1 041 850	3 531 800	5 784 400	7 435 000
● 第一产业	92 614	223 263	372 461	988 100	1 148 000	1 221 000
● 第二产业	42 117	120 414	367 999	1 486 600	2 485 100	3 410 000
● 第三产业	25 702	112 432	301 390	1 057 100	2 151 300	2 804 000

图 2–2　济宁市 GDP 的增长情况

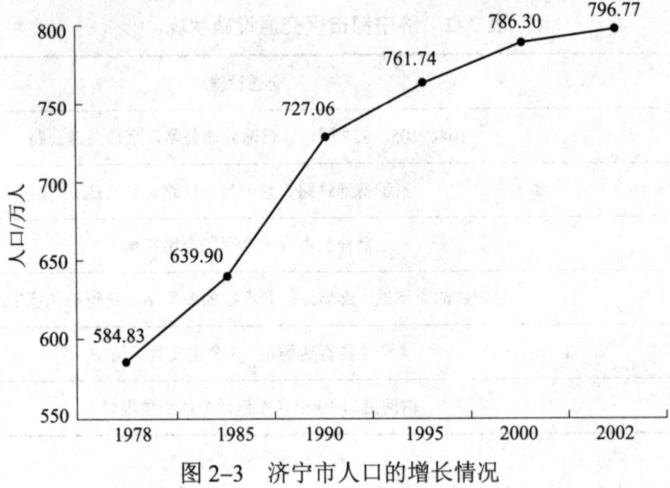

图 2-3 济宁市人口的增长情况

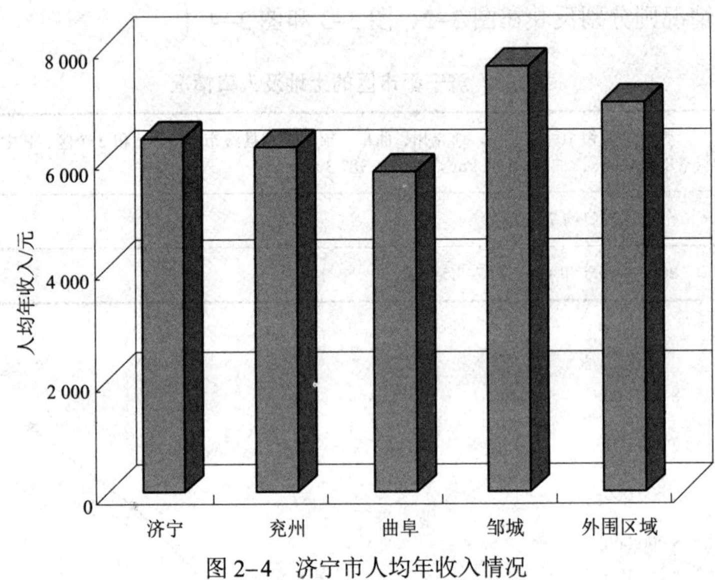

图 2-4 济宁市人均年收入情况

济宁都市区的出行情况，包括人均出行次数、各城区人均出行次数对比和各城区有无出行对比等情况，分别见表 2-4、图 2-5 和图 2-6。

表 2-4 都市区各城区人均出行次数统计

大区编号	大区	调查人数	无出行人数	有出行人数	出行总次数	人均出行次数	人均净出行次数
100	济宁	7 516	1 517	5 999	19 242	2.37	2.97
200	兖州	2 787	523	2 264	7 554	2.51	3.09
300	曲阜	3 779	802	2 977	9 052	2.22	2.81
400	邹城	4 517	867	3 650	10 859	2.23	2.75

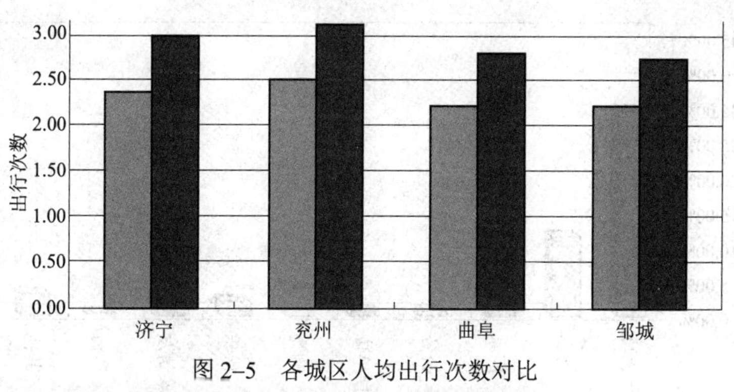

图 2–5 各城区人均出行次数对比

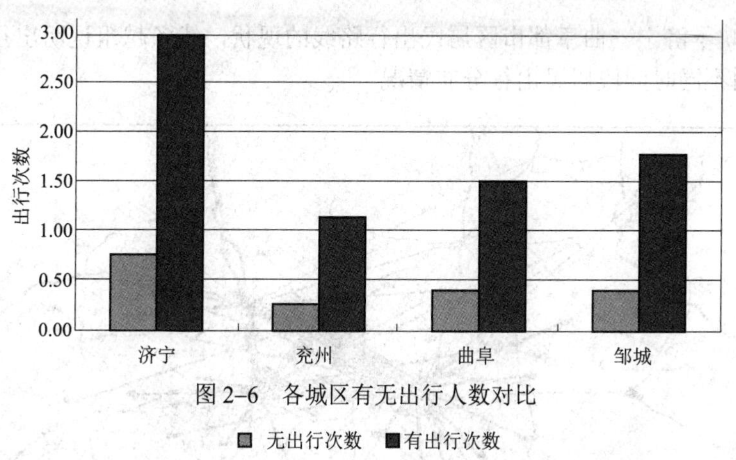

图 2–6 各城区有无出行人数对比

图 2–7 为居民出行方式调查结果。从图 2–7 可以看出，济宁市的居民出行以自行车为主，占 49.98%，其次是步行、摩托车、公共汽车等。图 2–8 反映出济宁市居民的出行目的以回家为主，占 40.21%，其次是上班，占 33.13%，上学占 12.6%，前三位相加占比近 90%。

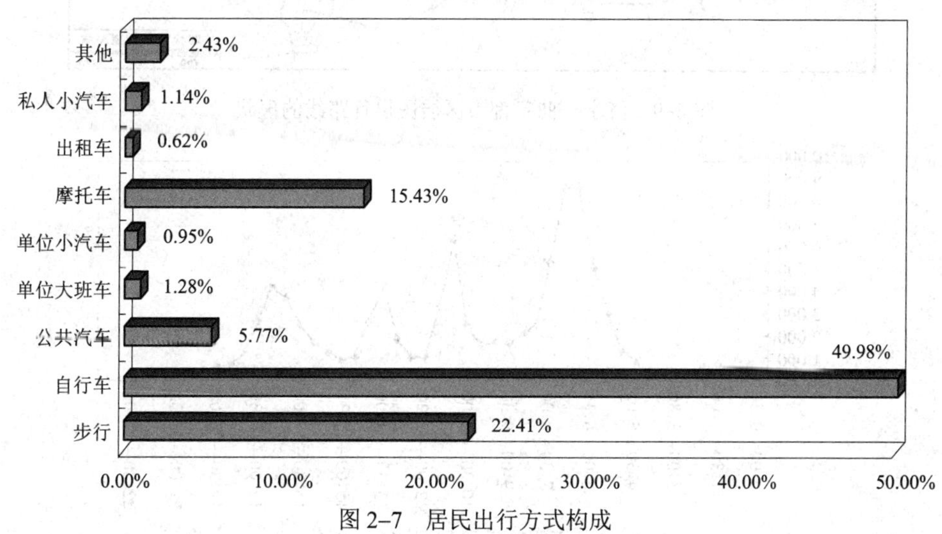

图 2–7 居民出行方式构成

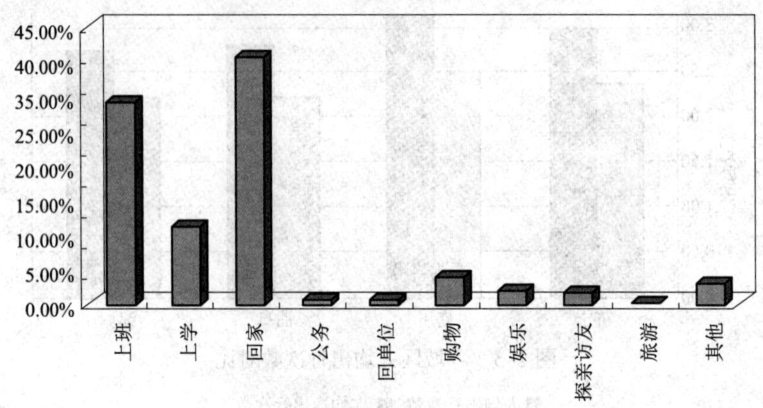

图 2–8　居民出行目的构成

图 2–9 反映了济宁—曲阜都市区居民出行路线的现状，线条越粗说明出行的人数越多。图 2–10 则说明不同时间段居民出行分布情况。

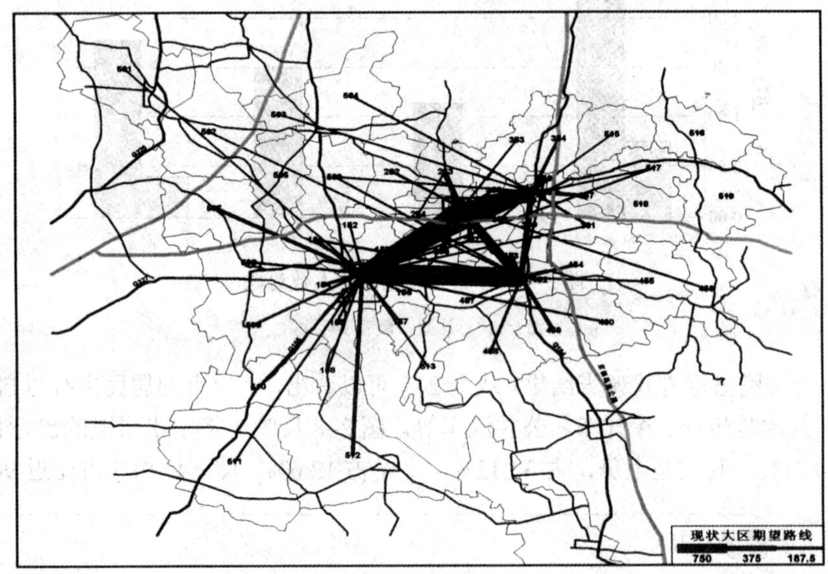

图 2–9　济宁—曲阜都市区居民出行路线的现状

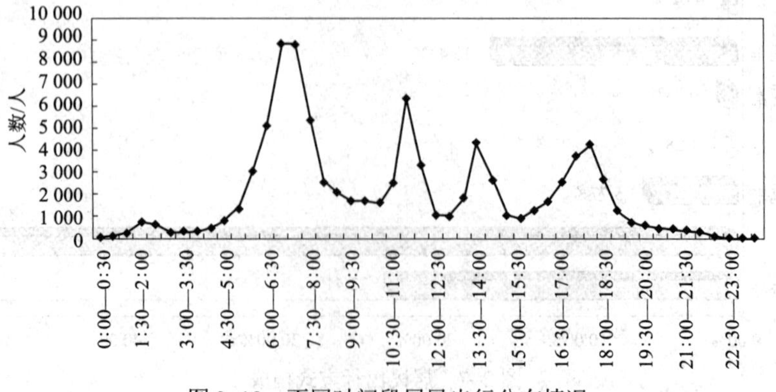

图 2–10　不同时间段居民出行分布情况

表 2–5 的数据反映济宁都市区居民高峰时段出行所占的比例，除 6:30—7:30 的早高峰和 17:00—18:00 的晚高峰外，还统计了午间的 11:00—12:00 和 13:30—14:30 两个峰值。

表 2–5　居民全目的全方式出行高峰时间和出行百分比

	时　段	出行百分比/%
早高峰	6:30—7:30	14.71
午高峰一	11:00—12:00	8.36
午高峰二	13:30—14:30	6.11
晚高峰	17:00—18:00	6.08

图 2–11 是出行时耗的分布情况，时耗在 6～20 min 的累计占 72.41%，出行时耗在 30 min 以内的累计占 93.12%，出行时耗超过 30 min 的占 7.88%。

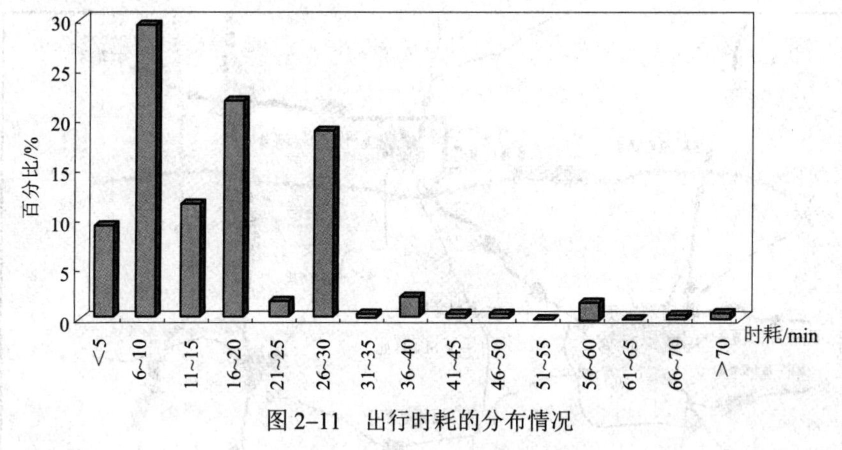

图 2–11　出行时耗的分布情况

图 2–12 为距离竞争曲线，反映的是在不同的距离下，各种交通方式的分担比例。

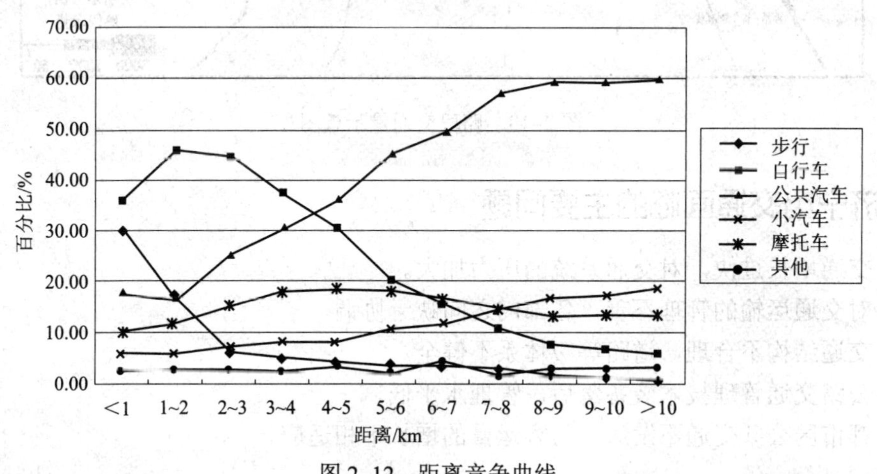

图 2–12　距离竞争曲线

表 2–6 为机动车出行空间分布比例，反映的是各个城区之间的 OD 在特定城区所占比例。

表 2–6 机动车出行空间分布比例 单位：%

OD	济宁市区	兖州城区	曲阜城区	邹城城区	合计
济宁市区	10.15	15.98	19.78	0.43	46.34
兖州城区	6.65	3.52	2.20	4.39	16.76
曲阜城区	3.76	2.09	0.99	1.81	8.65
邹城城区	6.21	3.64	1.99	3.69	15.53
合计	26.77	25.23	24.96	10.32	87.28

根据路段的交通量调查，可以形成图 2–13 所示的路段交通量示意图，其中交通负荷较大的路段主要分布在 327 国道济宁—兖州段、104 国道曲阜—邹城段，以及济宁—邹城段。

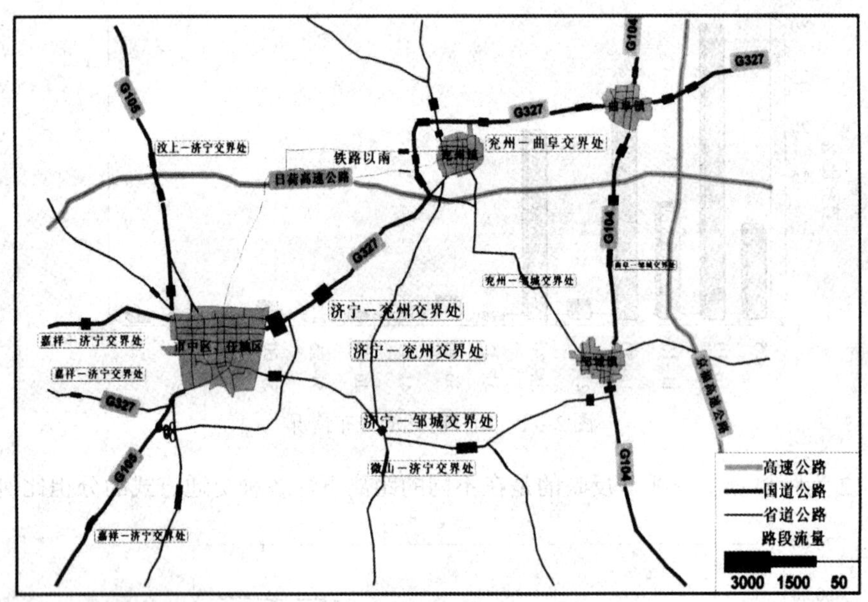

图 2–13 路段交通量示意图

2.2.2 济宁市交通面临的主要问题

（1）交通增长过快，对交通系统的压力加大。

（2）对交通运输的管理不善，各部门之间缺乏协调。

（3）交通结构不合理，道路等级体系不健全。

（4）公路交通管理技术装备落后，管理水平低。

（5）都市区公共交通不发达，与客运量的增长不相适应。

2.2.3 交通需求预测参考的主要资料

（1）济宁—曲阜都市区发展战略规划。

（2）济宁市城市总体规划（1998—2010 年）。

（3）曲阜市城市总体规划（2003—2020 年）。

（4）兖州市城市总体规划（1998—2010 年）。

（5）邹城市城市总体规划（1996—2010 年）。

（6）济宁—曲阜都市区居民出行调查分析报告。

（7）济宁—曲阜都市区机动车 OD 交通量调查分析报告。

（8）济宁统计年鉴（1980—2002 年）。

（9）济宁人口普查资料（2002 年）等。

图 2–14 给出了济宁一曲阜都市区交通规划的技术路线。本次规划以济宁一曲阜都市区的发展战略为指导，按照高发展方案和低发展方案两种土地开发模式进行规划。交通发生量（产生量）与吸引量预测、交通量分布预测、交通方式划分预测等采用通用的“四阶段法”进行。以路段的断面流量、交通负荷、交通均匀程度等作为评价规划的指标，再结合土地利用和交通结构的关系，最终确定所推荐的规划方案。

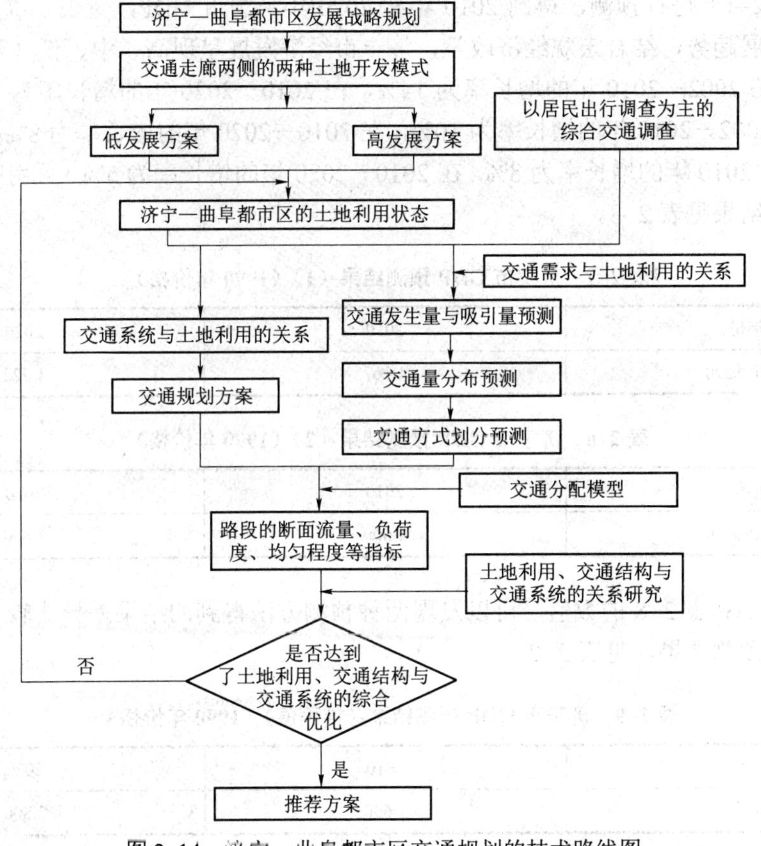

图 2–14　济宁一曲阜都市区交通规划的技术路线图

济宁市 1980—2002 年 GDP 变化情况如图 2–15 所示。对图中数据进行回归分析，得到回归式（2–1）：

直线回归预测　$$y=55.498x-110\ 384 \tag{2–1}$$

式中：y——GDP，亿元；

x——年份，1991 年以后。

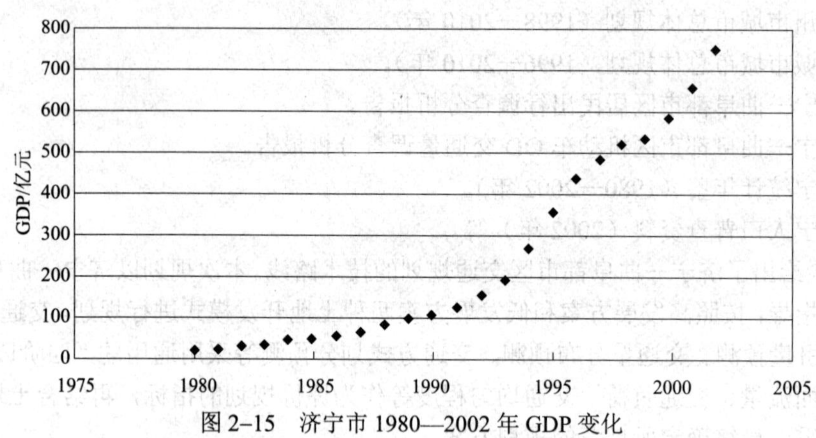

图 2–15　济宁市 1980—2002 年 GDP 变化

根据式（2–1）进行预测，得到 2010 年和 2020 年济宁市 GDP，见表 2–7。另外，根据济宁市经济发展趋势，结合宏观经济政策，济宁市经济发展呈现高、中、低 3 种态势。高态势对应 GDP 在 2002—2010 年的增长率为 14%，在 2010—2020 年的增长率为 10%；中态势对应 GDP 在 2002—2010 年的增长率为 10%，在 2010—2020 年的增长率为 8%；低态势对应 GDP 在 2002—2010 年的增长率为 8%，在 2010—2020 年的增长率为 5%。采用中态势进行预测，得到预测结果见表 2–8。

表 2–7　济宁市 GDP 预测结果（1）（1990 年价格）

年份	2010	2020
GDP/亿元	1 167	1 722

表 2–8　济宁市 GDP 预测结果（2）（1990 年价格）

年份	2010	2020
GDP/亿元	1 600	3 800

比较表 2–7 和表 2–8 的数值，可以发现两种预测方法得到的结果差异比较大，推荐采用第二种方法的预测结果，见表 2–9。

表 2–9　济宁市 GDP 预测结果（推荐值）（1990 年价格）

年份	2010	2020
GDP/亿元	1 600	3 800

济宁市 1980—2002 年人口变化情况如图 2–16 所示。对图中数据进行回归分析，得到回归式（2–2）：

对数回归预测　　$$y=-73\ 368.8+9\ 756.3\ \ln x \tag{2–2}$$

式中：y——人口，万人；

x——年份，1991 年以后。

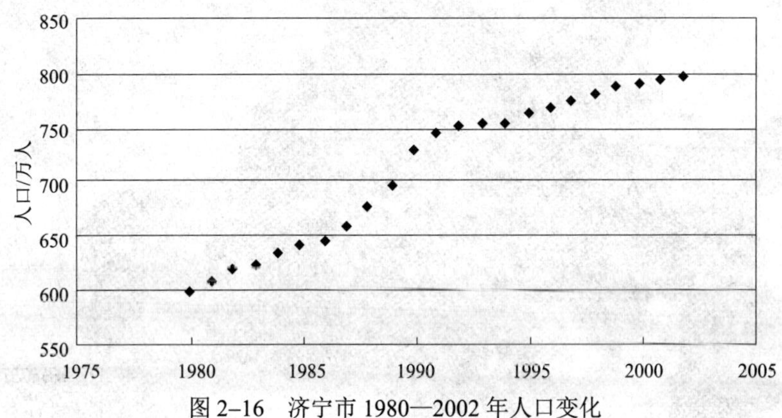

图 2–16　济宁市 1980—2002 年人口变化

根据式（2–2）进行预测，得到 2010 年和 2020 年济宁市人口数量，见表 2–10。另外，济宁市 1995—2002 年人口自然增长率见表 2–11。根据山东省人口发展战略、济宁市计划生育政策和济宁市人口自然增长趋势等，确定 2002—2010 年人口自然增长率为 5‰，2010—2020 年人口自然增长率为 4‰，依此预测济宁市人口数量见表 2–12。兼顾两种预测方法得到的结果，推荐的人口预测值见表 2–13。

表 2–10　济宁市人口预测结果（1）

年份	2010	2020
人口/万人	836.6	885.0

表 2–11　济宁市 1995—2002 年人口自然增长率

年份	1995	1996	1997	1998	1999	2000	2001	2002
自然增长率/‰	6.74	6.66	9.42	6.51	7.05	2.22	9.73	3.55

表 2–12　济宁市人口预测结果（2）

年份	2010	2020
人口/万人	829.2	863.0

表 2–13　济宁市人口预测结果（推荐值）

年份	2010	2020
人口/万人	850	890

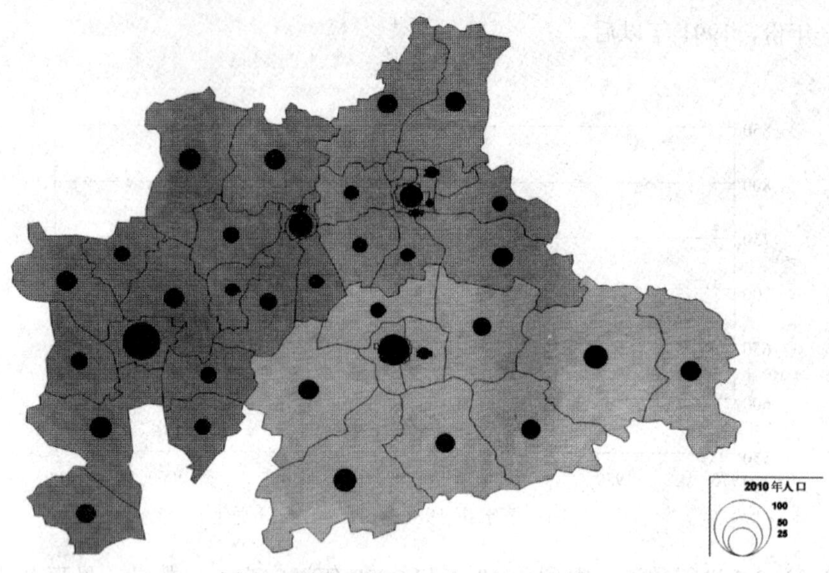

图 2–17　济宁市 2010 年人口分布情况

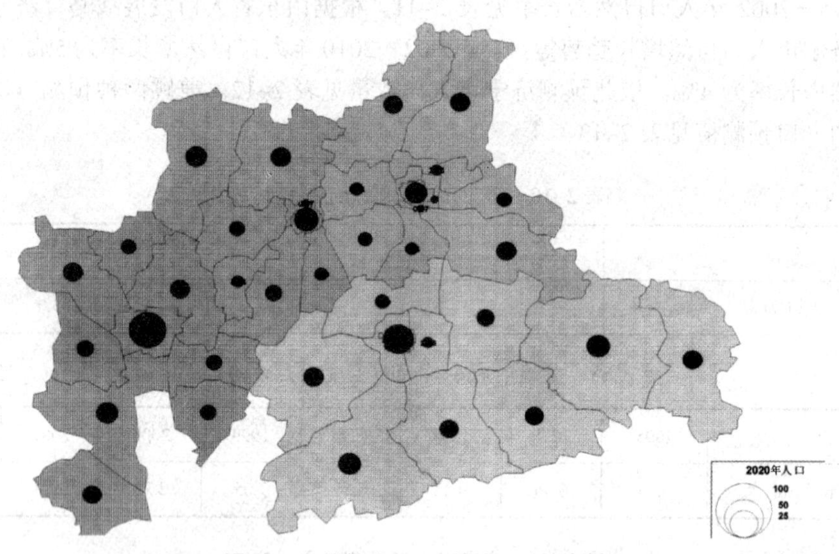

图 2–18　济宁市 2020 年人口分布情况

根据都市区的人口现状，为了交通需求预测的需要，结合人口预测的数值，得到 2010 年和 2020 年各个交通小区的人口分布图，如图 2–17 和图 2–18 所示。

根据 2003 年都市区居民出行调查结果，将各小区的发生量和吸引量作为因变量，小区的人口、平均收入、居住用地面积、工业用地面积、商业金融用地面积、行政办公用地面积、文化娱乐和教育用地面积、广场用地面积作为自变量，来进行变量选择和参数标定。初始的出行产生模型为：

$$G_i(A_i) = C_0 + C_1R_i + C_2M_i + \sum_{j=3}^{8} C_jS_{ji} \tag{2–3}$$

式中：G_i——第 i 个小区的发生量；

A_i——第 i 个小区的吸引量；

C_0——常数；

C_1，C_2，C_j——参数；

R_i——第 i 个小区的人口；

M_i——第 i 个小区的平均收入；

S_{ji}——第 i 个小区的第 j 种土地利用的面积。

据此，得到小区的发生吸引量模型（各参数见表 2–14）分别为：

$$G_i = 646.479 + 0.858R_i + 0.222M_i + 1\,522.197 \times S_{3i} + 201.268 \times S_{4i} + 111.792 \times S_{5i} \quad (2–4)$$

$$A_i = 624.929 + 0.839R_i + 0.228M_i + 324.819 \times S_{3i} + 2\,098.771 \times S_{4i} + 503.562 \times S_{5i} + 1\,096.251 \times S_{6i} \quad (2–5)$$

其中，式（2–4）和式（2–5）中的符号意义同前。

表 2–14　交通发生量与吸引量函数法标定结果

项　目	发生量模型系数	吸引量模型系数
常数	646.479	624.929
小区的人口/人	0.858	0.839
平均收入/元	0.222	0.228
居住用地面积/km^2	1 522.197	324.819
工业用地面积/km^2	201.268	2 098.771
商业金融用地面积/km^2	111.792	503.562
行政办公用地面积/km^2	0	1 096.251
文化娱乐和教育用地面积/km^2	0	0
广场用地面积/km^2	0	0
R^2	0.963	0.963

依据式（2–4）可以计算得到各个小区在未来的交通发生量，由此可以计算出 2010 年的低发展方案和高发展方案的交通发生量，以及 2020 年低发展方案和高发展方案的交通发生量。依据式（2–5）可以计算得到各个小区在未来的交通吸引量，由此可以计算出 2010 年的低发展方案和高发展方案的交通吸引量，以及 2020 年低发展方案和高发展方案的交通吸引量。这些预测结果可以构成表 2–15 和表 2–16 的内容。

表 2–15　2010 年交通发生量与吸引量预测结果　　单位：人次/日

小区编号	低发展方案		高发展方案	
	发生量	吸引量	发生量	吸引量
100	540 120	561 123	604 695	494 947
151	123 795	126 310	142 800	116 228
152	71 925	71 266	78 540	63 990
153	120 225	120 450	135 975	118 143
⋮	⋮	⋮	⋮	⋮

表 2–16　2020 年交通发生量与吸引量预测结果　　单位：人次/日

小区编号	低发展方案		高发展方案	
	发生量	吸引量	发生量	吸引量
100	604 590	505 725	693 840	520 503
151	148 785	117 093	160 230	121 063
152	82 635	68 990	91 350	66 459
153	141 750	118 825	159 705	120 681
⋮	⋮	⋮	⋮	⋮

根据现状的数据统计和预测值，得到现状及特征年居民出行总量和平均出行次数，见表 2–17。

表 2–17　现状及特征年居民出行总量和平均出行次数

指　　标	2003 年	2010 年		2020 年	
		低发展方案	高发展方案	低发展方案	高发展方案
出行总量/（万人次/日）	5.70	874.29	1 033.96	1 077.83	1 262.61
平均出行次数	2.49	2.45	2.77	2.82	3.18

图 2–19 和图 2–20 分别反映了济宁市 2010 年低发展方案和高发展方案的交通发生量与吸引量的分布情况，图 2–21 和图 2–22 分别反映了济宁市 2020 年低发展方案和高发展方案的交通发生量与吸引量的分布情况。

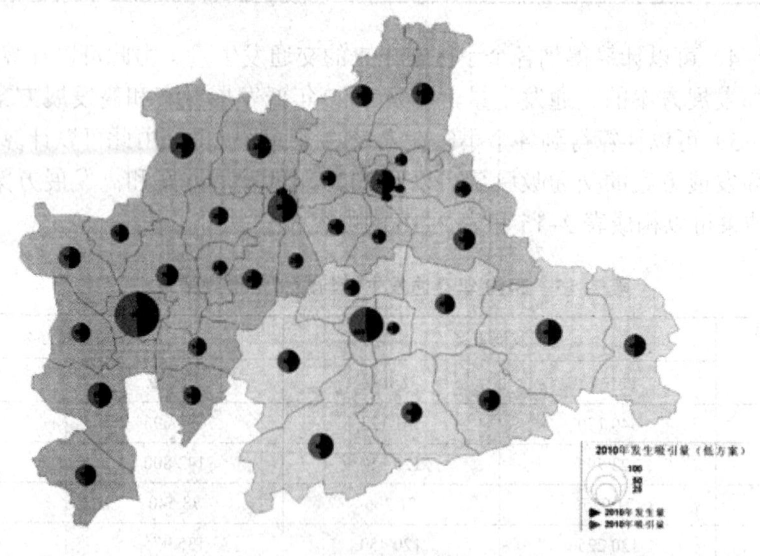

图 2–19　济宁市 2010 年低发展方案交通发生量与吸引量分布示意图

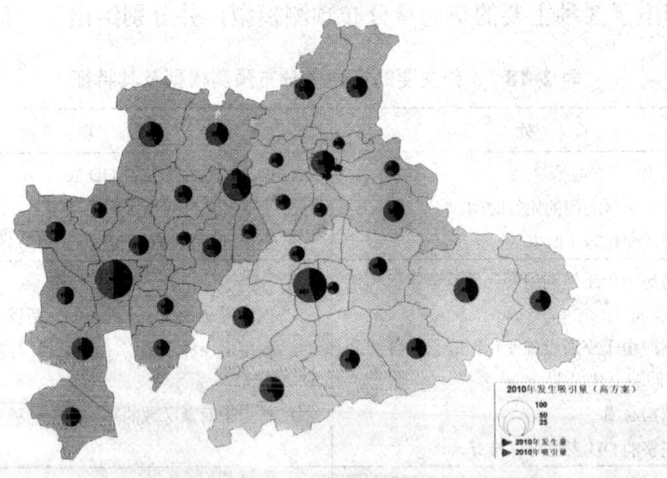

图 2–20　济宁市 2010 年高发展方案交通发生量与吸引量分布示意图

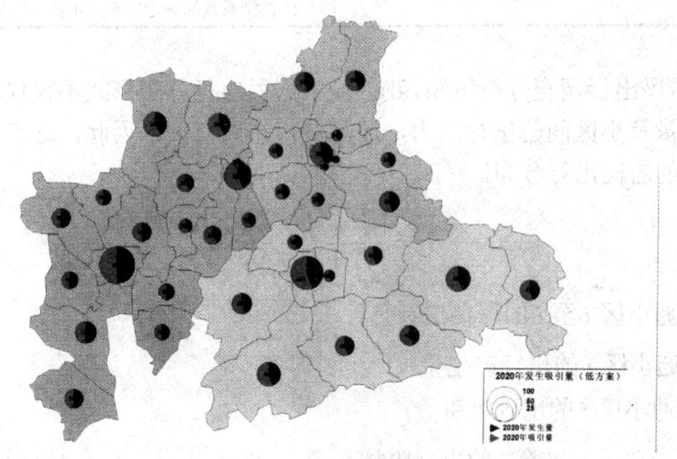

图 2–21　济宁市 2020 年低发展方案交通发生量与吸引量分布示意图

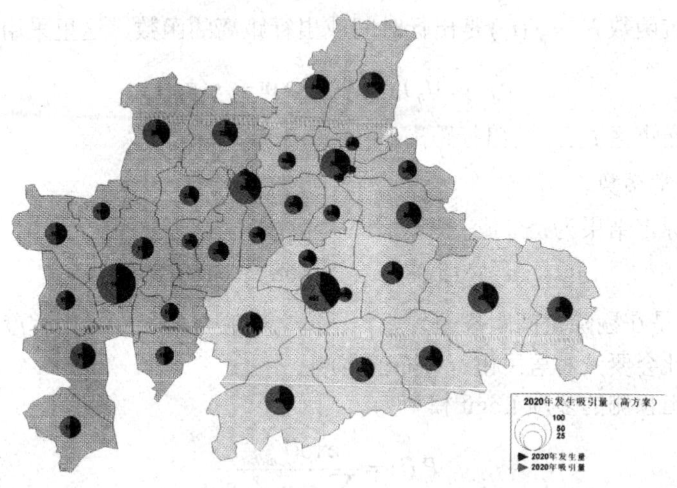

图 2–22　济宁市 2020 年高发展方案交通发生量与吸引量分布示意图

表 2–18 中列出了 3 种主要的交通量分布预测模型，并分别给出了它们的特征。

表 2–18 3 种主要的交通量分布预测模型及其特征

模型	长处	短处
增长率法	1. 结构简单 2. 不必求各小区之间的旅行时间 3. 分布模式变化较小时有效	1. 必须有基年的完整 OD 表 2. 分布模式变化较大时不适用 3. 小区间现在的 OD 是零时，将来的 OD 也将是零
重力模型法	1. 能够考虑由于土地利用变化而给分布模式带来的影响 2. 能够适应由于交通设施变化而导致的各区之间的旅行时间的变化 3. 模型结构易懂 4. 没有完整的 OD 表也可以推算	1. 因为遵从物理学上的法则，所以不一定与人的行动吻合 2. 模型值原样不适用，必须进行与发生、集中量相吻合的计算 3. 适用于对象区域的平均的交通模式
概论模型法	1. 与小区边界无关 2. 距离按顺序使用，所以距离精度的影响较小	1. 不能做到将吸引交通量与所给值保持一致 2. 不适用小区边界 3. 模型系数的确定较难，不能考虑地区特性

由 2002 年居民出行调查分析可知，我国城市居民出行分布形式不仅仅取决于各交通小区的产生量、吸引量及小区间的出行阻力，还与城市布局有关。因此，这里采用复合重力模型预测济宁都市区的居民出行分布。

$$T_{ij}=\frac{P_i\,A_j\,f(t_{ij})\,K_{ij}}{\sum A_j\,f(t_{ij})\,K_{ij}} \tag{2–6}$$

式中：T_{ij}——交通小区 i 至 j 的居民出行量；

P_i——交通小区 i 的出行产生量；

A_j——交通小区 j 的出行吸引量；

$f(t_{ij})$——交通小区 i 至 j 的出行阻抗系数；

K_{ij}——交通小区 i 至 j 的布局调整系数。

一般认为阻抗函数 $F_{ij}=f(t_{ij})$ 是出行时间或出行距离的函数，这里采用的阻抗函数为：

$$F_{ij}=f(t_{ij})=a\bullet c_{ij}^{-b}\exp(-c\bullet(c_{ij})) \tag{2–7}$$

式中：c_{ij}——交通小区 i 至 j 的出行距离；

a,b,c——常系数。

主要系数的标定结果为：

$$a=615.089,\ b=1.568,\ c=0.015$$

布局系数 K_{ij} 是在剔除空间距离因素后各小区之间联系的相对紧密程度。它反映了除空间距离以外的其他社会要素对居民出行分布的影响。

交通方式分担预测的多项 Logit 模型为：

$$P_n(i)=\frac{\exp(V_{ni})}{\sum\limits_{j=C_n}\exp(V_{nj})} \tag{2–8}$$

式中：$P_n(i)$——第 n 个人选择第 i 个交通方式的概率；

V_{ni}——第 n 个人选择第 i 个交通方式的效用；

C_n——第 n 个人选择交通方式的选择集。

表 2–19 反映了规划年各交通方式极限出行距离，表 2–20 则列出了不同距离下各交通方式的分担率，以百分比表示。

表 2–19　规划年各交通方式极限出行距离

交通方式	2003 年	2010 年	2020 年
步行/m	0～4 000	0～3 500	0～3 000
自行车/m	580～8 000	580～7 000	580～5 000

表 2–20　不同距离下各交通方式的分担率

距离/km		＜1	1～＜2	2～＜3	3～＜4	4～＜5	5～＜6	6～＜7	7～＜8	8～＜9	9～＜10	≥10
方式/%	步行	33.59	20.48	6.96	5.08	4.79	4.28	5.57	3.36	2.70	2.40	2.00
	自行车	45.60	55.93	54.66	52.21	53.37	50.06	46.50	40.60	28.07	17.40	7.00
	公交	4.24	4.96	11.74	12.02	10.67	13.64	14.18	22.66	33.40	44.72	53.85
	小汽车	2.08	2.05	3.21	3.54	4.35	4.97	4.13	6.30	7.50	8.16	9.47
	摩托车	12.68	14.10	20.91	24.81	23.56	24.97	24.77	25.40	25.99	24.22	26.21
	其他	1.81	2.48	2.52	2.34	3.26	2.08	4.85	1.68	2.34	3.10	1.47
	合计	100	100	100	100	100	100	100	100	100	100	100

图 2–23 表示都市区居民出行的距离竞争关系，即在不同距离时人们选择不同交通方式的比例。表 2–21 是居民出行方式的现状和对未来的预测。

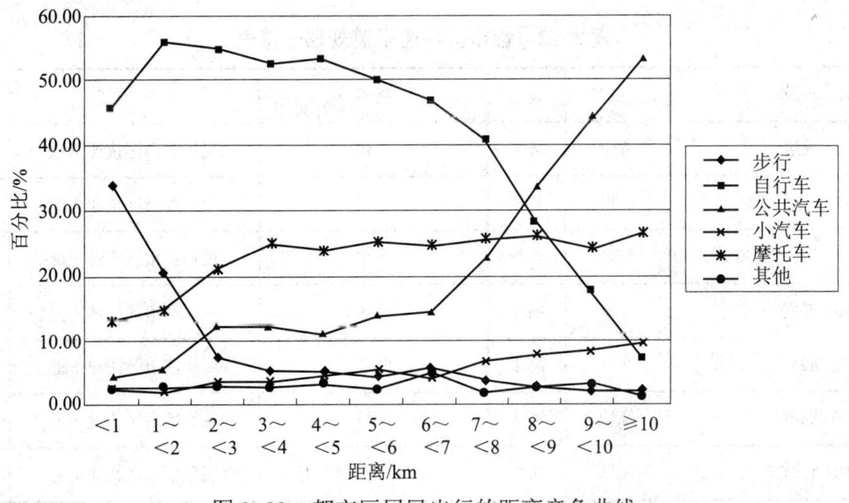

图 2–23　都市区居民出行的距离竞争曲线

表 2–21　居民出行方式的现状和对未来的预测　　单位：%

年份		步行	自行车	公共汽车	小汽车	摩托车	其他
2010	低发展方案	12.26	25.29	40.85	9.00	10.92	1.68
	高发展方案	12.26	25.14	40.99	9.02	10.92	1.67
2020	低发展方案	10.37	13.40	49.34	17.73	7.51	1.65
	高发展方案	10.36	13.35	49.39	17.75	7.50	1.65

2.2.4　城市交通规划

1. 规划原则

（1）分离化：过境交通与城区交通分离。

（2）城区交通网络化：成网、成环、多回路。

（3）功能化：等级、功能分工有序。

（4）生态化：道路绿化、道路景观、道路卫生。

2. 规划目标

（1）对外联系便捷。

（2）过境交通外围绕行。

（3）都市区内部交通畅通、主次分明、分工有序、安全方便。

（4）形成集公路、铁路、航空、水运于一体的立体交通格局。

3. 规划方案

（1）都市区快速干道规划一览表（表 2–22）。

（2）都市区主干道规划一览表（表 2–23）。

（3）都市区近期、远期快速公交规划及站点设置。

（4）规划道路典型断面方案（表 2–24）。

表 2–22 列出了都市区快速干道的相关规划信息。表 2–23 给出了都市区主干道的规划信息。

表 2–22　都市区快速干道规划一览表

名　　称	区县名	起点	终点	功　　能	备注
327 国道	济宁	济宁	兖州	现状都市区快速干道	整改
327 国道	曲阜	兖州	曲阜	现状都市区快速干道	整改
255 省道（旧县—邹城）	邹城	兖州	邹城	规划都市区快速干道	整改扩建
104 国道	曲阜	曲阜	邹城	规划都市区快速干道	整改扩建
济曲路	兖州	济宁	曲阜	现状都市区快速干道	整改
济邹路	邹城	济宁	邹城	现状都市区快速干道	整改
104 国道	曲阜	曲阜	曲阜—宁阳交界处	规划都市区快速干道	整改扩建

表 2–23　都市区主干道规划一览表

道路名称	区县名	起点	终点	功能	工程类型
327 国道	任城	济宁	嘉祥	过境兼市内交通	升级改造
105 国道	任城	济宁—汶上交界	济宁	过境兼市内交通	升级改造
105 国道	任城	济宁	济宁—嘉祥交界	过境兼市内交通	升级改造
省道 251（济宁—鱼台）	任城	济宁	济宁—金乡交界	过境兼市内交通	升级改造
省道 104（济宁—徽山）	兖州	兖州—宁阳交界	兖州	过境兼市内交通	升级改造
省道 104（济宁—徽山）	兖州	兖州	尹沟	过境兼市内交通	升级改造
104 国道	邹城	邹城	界河	过境兼市内交通	升级改造
327 国道	曲阜	曲阜—泗水交界	曲阜	过境兼市内交通	升级改造
342 省道（岚山头—济宁）	邹城	济宁	邹城	过境兼市内交通	整改扩建
342 省道（岚山头—济宁）	邹城	城前	邹城	过境兼市内交通	升级改造

表 2–24 则给出了规划道路典型断面方案。

表 2–24　规划道路典型断面方案

名称	区县	起点	终点	长度/km	路面宽/m	备注	规划等级
104 国道	曲阜	孔林西北角	外贸局	4.5	4+3.5×2+2+3.5×2+4/24	扩建	快速路
104 国道	曲阜	沂河桥	邹城界	12.4	2+4+3.5×2+4+2/27	整改	快速路
104 国道	邹城	小园	邹城	6.8	4+3.5×2+2+3.5×2+4/24	整改	快速路
104 国道	邹城	邹城城区		4.6	2+4+3.75×3+1.5+3.75×3+4+2/36	整改	快速路
104 国道	曲阜	宁阳界	张阳	21.5	4+3.5×2+2+3.5×2+4/24	整改	主干道
104 国道	曲阜	张阳	孔林西北角	1.7	4+3.5×2+2+3.5×2+4/24	整改	主干道
327 国道	曲阜	大豁	外贸局	4.6	4+3.5×2+2+3.5×2+4/24	整改	快速路
327 国道	曲阜	外贸局	兖州界	11.8	2.5+4+3.5×2+1.5+3.5×2+4+2.5/28.5	整改	快速路
327 国道	兖州	田村大桥	化肥厂	4.2	1.5+4+3.5×2+1+3.5×2+4+1.5/26	整改	快速路
327 国道	兖州	化肥厂	代家村	8.1	2.5+4+3.5×2+1+3.5×2+4+2.5/28	整改	快速路
327 国道	兖州	代家村	任城界	13.2	2+4+3.5×3+1+3.5×3+4+2/34	整改	快速路
327 国道	任城	南营	柳行立交桥	3.4	2+4+3.5×3+1+3.5×3+4+2/34	整改	快速路
605 省道	邹城	内环路	东外环路口	2.8	4+3.5×3+1+3.5×3+4/30	整改	快速路
605 省道	邹城	孟母教子	内环路	1.4	4+3.5×3+1+3.5×3+4/30	整改	快速路

2.2.5 城市交通规划方案评价

以路网的平均负荷度作为主要的评价指标。表 2–25 是路网平均负荷度数据。图 2–24 是城际交通系统规划方案评价方法工作流程。表 2–26 和表 2–27 分别是 2010 年和 2020 年负荷度最高的 10 条路段的情况。

表 2–25 路网平均负荷度数据

	路网平均负荷度	
	2010 年	2020 年
低发展方案	0.562 8	0.608 8
高发展方案	0.596 6	0.620 3

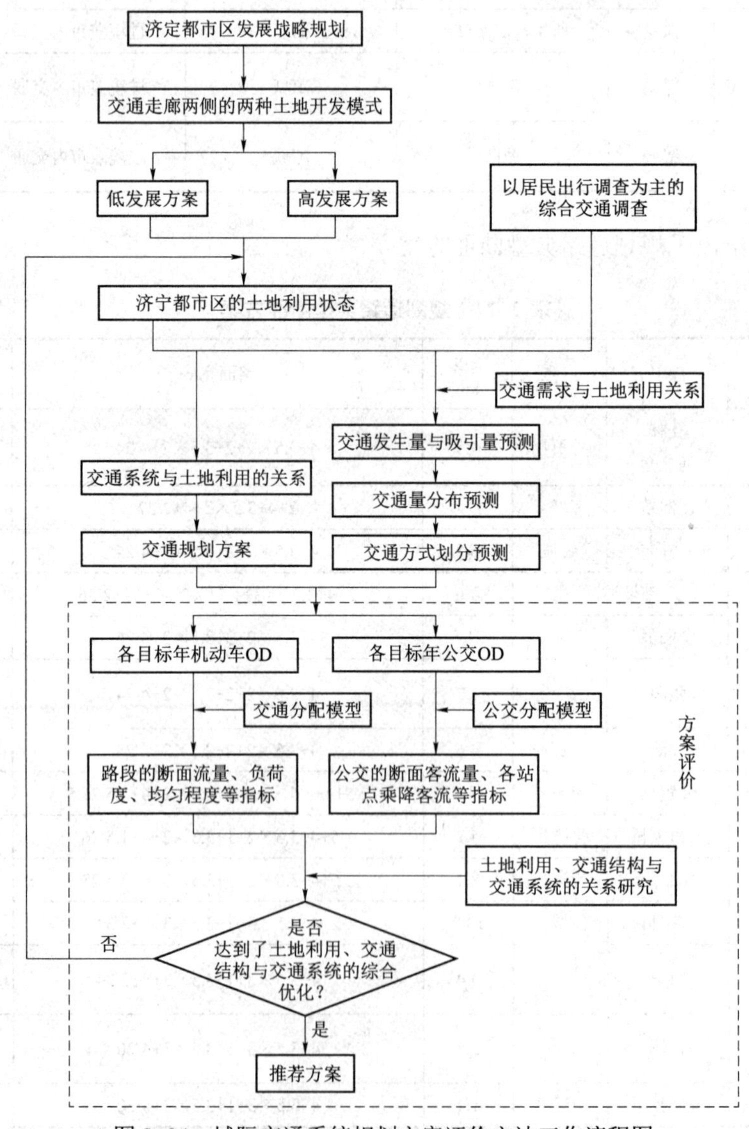

图 2–24 城际交通系统规划方案评价方法工作流程图

表 2–26　2010 年负荷度最高的 10 条路段

ID	2010 年低发展方案		ID	2010 年高发展方案	
	道路名称	负荷度		道路名称	负荷度
74	S104	0.92	167	G327	0.94
167	G327	0.91	206	S324	0.94
206	S342	0.88	88	S104	0.93
77	S342	0.87	203	S324	0.91
29	G327	0.86	325	S104	0.91
88	S104	0.86	210	S324	0.90
202	S342	0.85	223	S324	0.90
203	S342	0.85	306	G327	0.89
325	S104	0.85	309	G327	0.89
314	G327	0.82	312	G327	0.89

表 2–27　2020 年负荷度最高的 10 条路段

ID	2020 年低发展方案		ID	2020 年高发展方案	
	道路名称	负荷度		道路名称	负荷度
206	S324	0.89	167	G327	0.94
202	S324	0.86	206	S324	0.94
203	S324	0.86	210	S324	0.93
314	G327	0.84	223	S324	0.93
50	S324	0.82	314	G327	0.91
306	G327	0.81	203	S324	0.91
309	G327	0.81	306	G327	0.86
312	G327	0.81	309	G327	0.86
30	G327	0.80	312	G327	0.86
77	S324	0.80	30	G327	0.85

2.3　厦门市交通规划案例

2.3.1　交通调查的范围

1. 全市的交通需求和交通现状调查

（1）居民出行调查。

（2）机动车起讫点调查。

（3）城市干道交通量和车速调查。

（4）车速客流调查与货运调查。

（5）主要交叉口的交通量调查。

（6）交通拥堵路段调查等。

2. 道路改建和新建的区域及道路交通调查

（1）公交系统及其利用状况调查。

（2）路上、路外停车调查。

（3）拥堵及事故多发地调查。

（4）道路交通设施调查。

（5）区域车辆拥有量调查。

（6）区域出入交通量调查。

（7）通行能力调查。

（8）地点车速调查等。

3. 改善局部路段和交叉口交通状况的交通调查

（1）交通量调查。

（2）车速调查。

（3）车流密度调查。

（4）影响交通量的主要因素（横穿道路的行人、非机动车混入机动车流、停放车辆、路面标线和交通标志、信号配时等）调查。

2.3.2 交通调查的具体内容

1. 城市居民出行调查

城市居民出行调查的内容包括：居民的职业、年龄、性别、收入等基础情况，以及各次出行的起点、迄点、时间、距离、出行目的、所采用的交通工具等情况。图 2–25 反映对厦门市居民一日出行的调查内容。图 2–26 则说明了居民出行调查方案的设计流程。

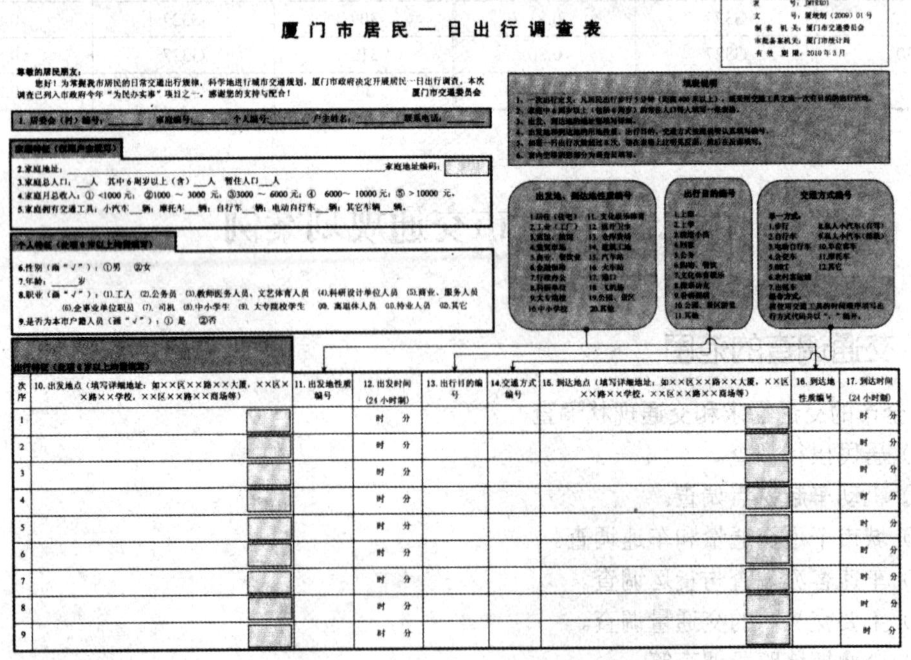

表　　号：JMTR01
文　　号：厦统制（2009）01 号
制 表 机 关：厦门市交通委员会
审批备案机关：厦门市统计局
有 效 期 限：2010 年 3 月

厦门市居民一日出行调查表

尊敬的居民朋友：

您好！为掌握我市居民的日常交通出行规律，科学地进行城市交通规划，厦门市政府决定开展居民一日出行调查，本次调查已列入市政府今年"为民办实事"项目之一，感谢您的支持与配合！

厦门市交通委员会

1. 居委会（村）编号：______ 家庭编号：______ 个人编号：______ 户主姓名：______ 联系电话：______

家庭特征（[illegible]）

2.家庭地址：______ 家庭地址编码：

3.家庭总人口：__人　其中 6 周岁以上（含）__人　暂住人口__人

4.家庭月总收入：① <1000 元；②1000 ～ 3000 元；③3000 ～ 6000 元；④ 6000～ 10000 元；⑤ > 10000 元。

5.家庭拥有交通工具：小汽车__辆；摩托车__辆；自行车__辆；电动自行车__辆；其它车辆__辆。

个人特征（[illegible]）

6.性别（画"√"）：①男　②女

7.年龄：______岁

8.职业（画"√"）：(1).工人　(2).公务员　(3).教师医务人员、文艺体育人员　(4).科研设计单位人员　(5).商业、服务人员　(6).企事业单位职员　(7).司机　(8).中小学生　(9).大专院校学生　(10).离退休人员　(11).待业人员　(12).其它

9.是否为本市户籍人员（画"√"）：① 是　②否

填表说明

1、一次出行定义：[illegible]
2、[illegible]
3、[illegible]
4、[illegible]
5、[illegible]
6、[illegible]

出发地、到达地性质编号

[illegible]
4.集贸市场　14.建筑工地
5.商业、餐饮业　15.汽车站
6.金融保险　16.火车站
7.行政办公　17.港口
8.科研单位　18.飞机场
9.大专院校　19.公园、景区
10.中小学校　20.其他

出行目的编号

1.上班
2.上学
3.接送小孩
4.回家
5.公务
6.购物、餐饮
7.文化体育娱乐
8.探亲访友
9.看病就医
10.公园、景区游览
11.其他

交通方式编号

单一方式：
1.步行　8.私人小汽车（自驾）
2.自行车　9.私人小汽车（搭乘）
3.电动自行车　10.单位客车
4.公交车　11.摩托车
5.BRT　12.其它
6.农村客运班
7.出租车
组合方式：
按使用交通工具的时间顺序填写出行方式代码并以"，"隔开。

出行特征（[illegible]）

次序	10. 出发地点（填写详细地址：如××区××路××大厦，××区××路××学校，××区××路××商场等）	11. 出发地性质编号	12. 出发时间（24 小时制）	13. 出行目的编号	14.交通方式编号	15. 到达地点（填写详细地址：如××区××路××大厦，××区××路××学校，××区××路××商场等）	16. 到达地性质编号	17. 到达时间（24 小时制）
1			时　分					时　分
2			时　分					时　分
3			时　分					时　分
4			时　分					时　分
5			时　分					时　分
6			时　分					时　分
7			时　分					时　分
8			时　分					时　分
9			时　分					时　分

图 2–25　厦门市居民一日出行调查表

调查的主要方式：家访调查法、电话询问法、明信片调查法。

调查数据的分析处理：

（1）对所有居民出行调查表进行校核、验收。

（2）按编码要求，对每张表格进行编码。

（3）输入计算机，按一定程序格式建立原始数据库。

（4）根据统计分析要求建立分析程序，做出多项基础统计并绘制图表。

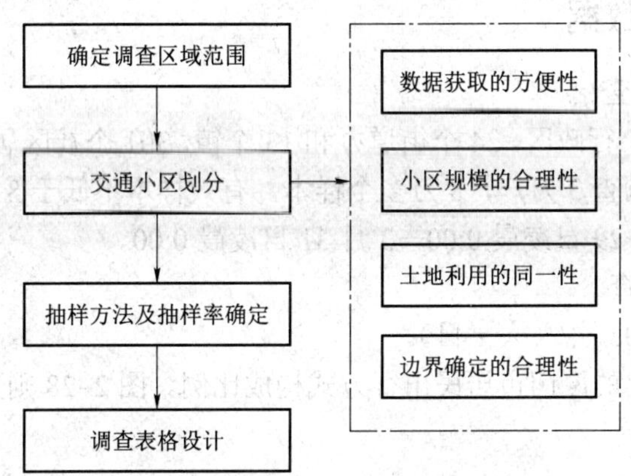

图 2–26　居民出行调查方案设计流程图

2. 城市公共交通调查

调查的内容：公交车辆的载客量和各个站点的上下乘客量。

调查的方法：站点调查法、随车调查法。

图 2–27 反映了城市公共交通调查方案的设计流程。

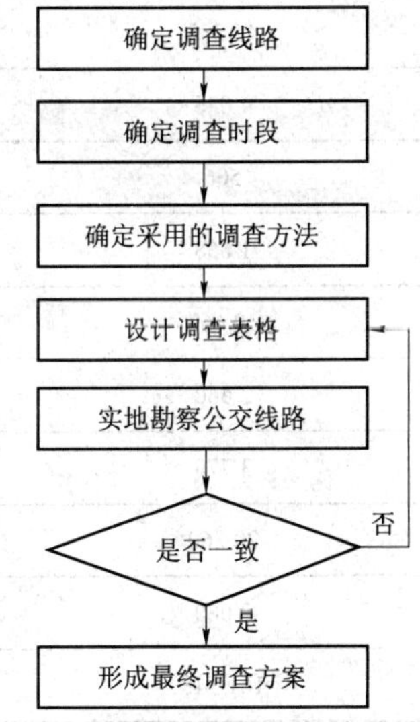

图 2–27　城市公共交通调查方案设计流程图

数据的分析处理：

（1）对所有公共交通调查表进行校核、验收。

（2）输入计算机，按一定程序格式建立原始数据库。

（3）通过程序设计获得原始公共交通客流 OD。

（4）通过与其他途径获取数据（如公交公司提供的客流量及排班情况）的比较，确定合理的修正系数，获得每个班次的公交客流 OD，结合实际发车频率，可以得到调查时段的公交客流 OD。

2.3.3 交通调查的数据

1. 厦门居民出行调查

范围：厦门市的 5 个行政区，24 个街道办和 13 个镇，301 个社区居委会和 156 个行政村，抽样率为 3%，共抽样调查 3 万户，8 万多个样本，有效样本不低于 8 万份。

时间：2009 年 3 月 29 日凌晨 0:00—3 月 31 日凌晨 0:00。

方法：抽样入户调查。

结果：人均出行 2.08 次/（人·日）。

表 2–28 是调查得出的厦门市居民出行方式构成比例。图 2–28 则是这些比例数据以饼图形式的反映。

表 2–28 厦门市居民出行方式构成比例

交通方式	出行次数	分担比例/%
步行	52 311	32.42
自行车	13 387	8.30
电动自行车	4 823	2.99
公交车	45 265	28.05
快速公交（BRT）	4 046	2.51
农村客运线	506	0.31
出租车	1 658	1.03
私人小汽车（自驾）	10 662	6.61
私人小汽车（搭乘）	2 580	1.60
单位客车	3 770	2.34
摩托车	20 260	12.56
其他	2 080	1.28
合计	161 348	100.0

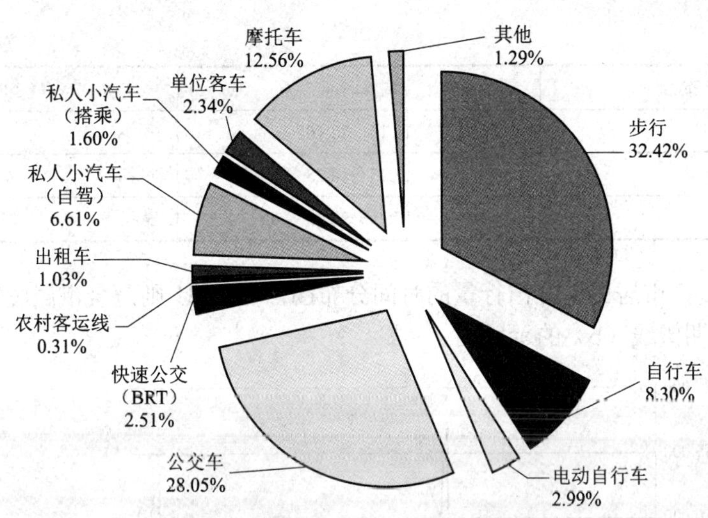

图 2–28　厦门市居民出行方式构成情况

图 2–29 是居民出行目的构成图，表 2–29 则是不同地区居民平均出行时耗与距离。

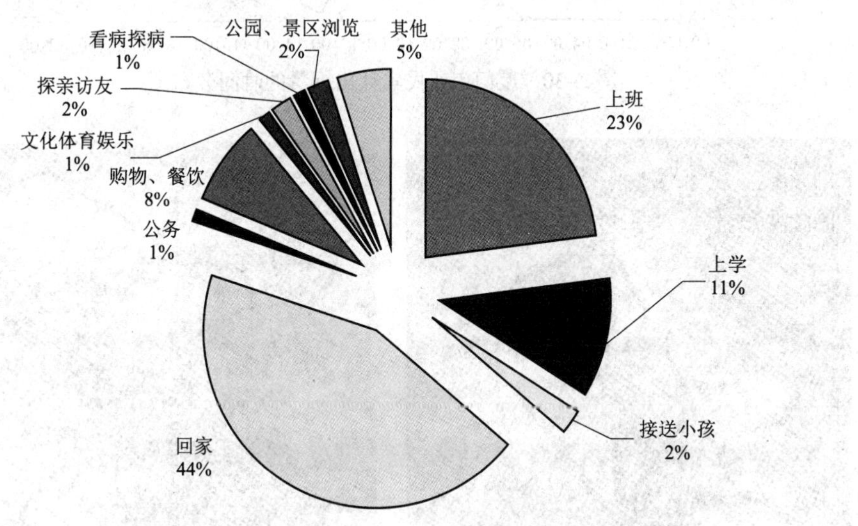

图 2–29　居民出行目的构成图

表 2–29　不同地区居民平均出行时耗与距离

区域划分	全市	厦门岛	翔安区	同安区	集美区	海沧区
平均出行时耗/min	25.46	27.44	23.64	22.33	22.93	23.06
平均出行距离/km	5.57	6.03	5.52	4.84	4.69	5.06

表 2–30 是厦门市居民出行高峰时间及高峰小时系数。

表 2–30　厦门市居民出行高峰时间及高峰小时系数

时段分布	高峰时间	高峰小时系数/%
上午	07:10—08:10	12.14

续表

时段分布	高峰时间	高峰小时系数/%
中午	11:10—12:10	7.70
下午	13:25—14:25	4.80
晚上	17:25—18:25	13.36

图 2–30 是厦门市居民累计出行量的时间分布图，图 2–31 则是全市居民出行期望线（a）和本岛居民出行期望线（b）的示意图。

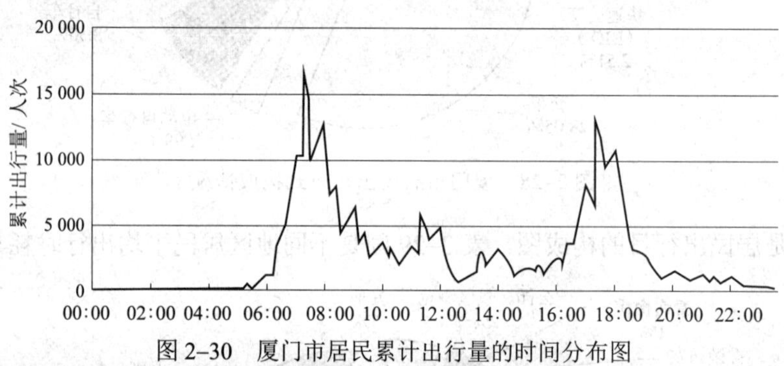

图 2–30　厦门市居民累计出行量的时间分布图

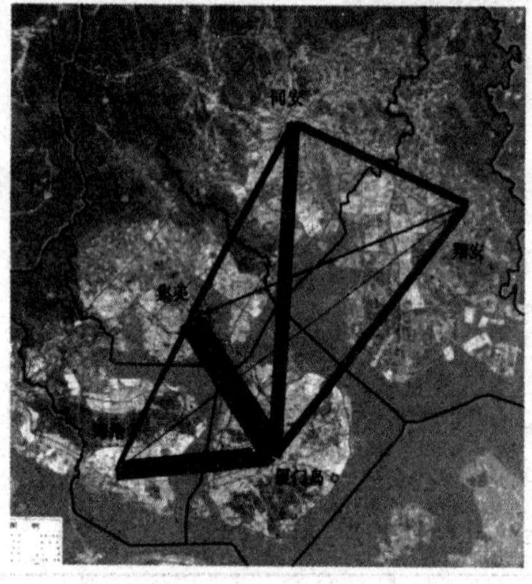

（a）全市居民出行期望线

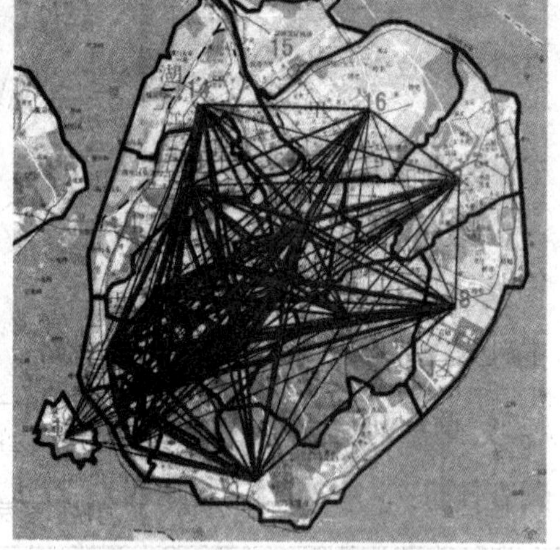

（b）本岛居民出行期望线

图 2–31　居民出行期望线

2. 公交车流跟车调查

范围：厦门市区主要的公交线路，共 133 条。

时间：2009 年 3 月 26 日（星期四）、27 日（星期五）、28 日（星期六）。

工作日调查时间段：7:00—8:30，9:00—10:00，11:30—12:30，14:00—15:00，17:00—18:30，20:00—21:00。

常规节假日调查时间段：9:00—16:00，20:00—22:00。

内容：各站点上下车人数、车辆到达和离开车站时间。

方法：跟车调查，每辆公交车安排 2 名调查员随车发放调查表和记录相关数据。

公交跟车（前门）调查表如表 2–31 所示，公交跟车（后门）调查表如表 2–32 所示。公交客运量分布情况见图 2–32。站点上下车乘客人数分布情况见图 2–33。

结果：厦门市全市公交乘客平均乘距为 6.72 km。

表 2–31　公交跟车（前门）调查表

线路	1	调查日期				调查员姓名					
1. 上行						2. 下行					
票簿号		车编号		发车地点	厦大	票簿号		车编号		发车地点	火车站
				到站地点	火车站					到站地点	厦大
序号	站点名称		到站时间	离站时间	小票号	序号	站点名称		到站时间	离站时间	小票号
					0						
1	厦大					1	火车站				
2	博物馆					2	金榜公园				
3	大生里					3	文灶				
4	中山路					4	后江埭				
5	眼科医院					5	二市				
6	斗西路口					6	斗西路口				
7	二市					7	眼科医院				
8	后江埭					8	中山路				
9	文灶					9	镇海路				
10	金榜公园					10	大生里				
11	火车站					11	博物馆				
12						12	厦大				

表 2–32　公交跟车（后门）调查表

线路	1	调查日期				调查员姓名					
1. 上行						2. 下行					
票簿号		车编号		发车地点	厦大	票簿号		车编号		发车地点	火车站
				到站地点	火车站					到站地点	厦大
序号	站点名称		未交小票人数			序号	站点名称		未交小票人数		
1	厦大					1	火车站				
2	博物馆					2	金榜公园				
3	大生里					3	文灶				
4	中山路					4	后江埭				
5	眼科医院					5	二市				
6	斗西路口					6	斗西路口				

续表

序号	站点名称	未交小票人数	序号	站点名称	未交小票人数
7	二市		7	眼科医院	
8	后江埭		8	中山路	
9	文灶		9	镇海路	
10	金榜公园		10	大生里	
11	火车站		11	博物馆	
12			12	厦大	

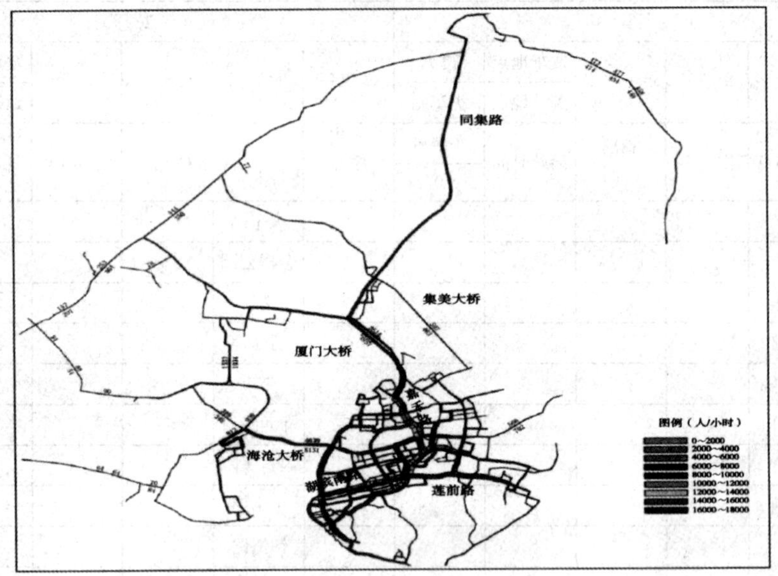

图 2–32　公交客运量分布情况

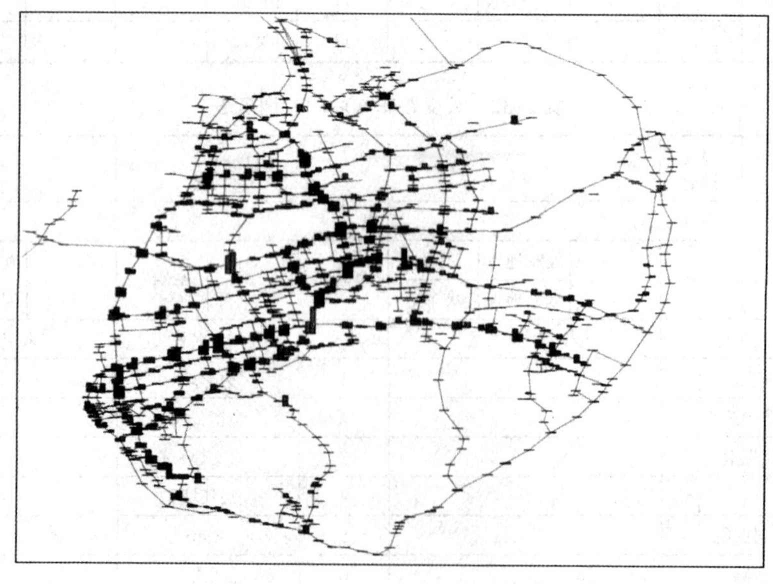

图 2–33　站点上下车乘客人数分布情况

调查日各时段公交车平均运营速度见表 2–33。公交车满载率分布情况见图 2–34。

表 2–33　调查日各时段公交车平均运营速度　　单位：km/h

调查日	时段	全市	厦门岛	岛外
工作日	早高峰	23.11	20.65	29.11
	晚高峰	21.71	19.32	27.53
	平峰	23.60	21.33	29.24
节假日	高峰	23.78	21.12	30.06
	平峰	24.55	21.97	30.59
	晚间	23.21	21.70	29.70

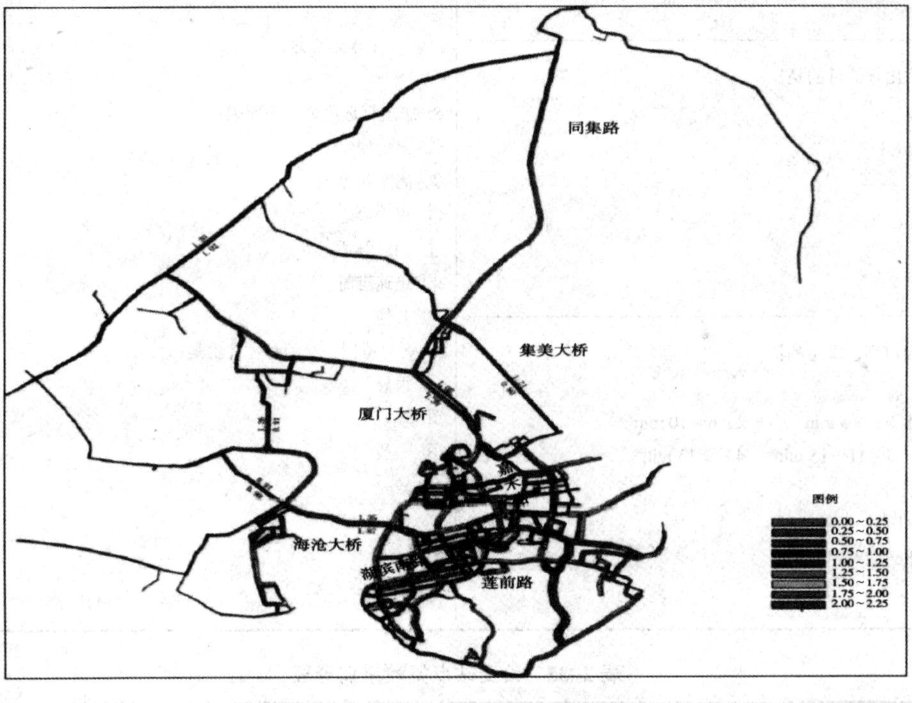

图 2–34　公交满载率分布情况

3. 公交站点调查

范围：厦门市主要的公交客流集散地，共 45 个公交站。

时间：2009 年 3 月 26 日（星期四）、27 日（星期五）、28 日（星期六）。

工作日调查时段：7:00—8:30，9:00—10:00，11:30—12:30，14:00—15:00，17:00—18:30，20:00—21:00。

常规节假日调查时段：9:00—16:00，20:00—22:00。

内容：乘客出行行为特征、出行集散量。

方法：公交问卷调查。

公交站点问询调查内容见表 2–34。公交站点集散量调查内容见表 2–35。

表 2–34 公交站点问询调查表

站点名称：__________ 站点编号：__________ 调查时段：__________

1. 您是：
① 本市居民
② 暂住人员
③ 外来流动人员

2. 您乘公交使用公交卡的情况是：
① 现金
② e 卡通
③ 学生卡
④ 免费

3. 您本次出行的目的是：
① 上班
② 上学
③ 娱乐、购物
④ 旅游
⑤ 回家
⑥ 其他

4. 您是如何到达本站的：
① 进步
步行时间 1）≤5 min 2）6～10 min
3）11～15 min 4）≥15 min
② 乘公交车
③ 乘 BRT
④ 乘出租车
⑤ 其他

5. 您准备乘坐的线路是：
________路
下车站点是：
________站

6. 您本次出行的换乘次数是（一共乘坐多少路公交车）：_____

7. 若乘公交车在本站换车，您上一次乘坐的线路是：
________路
下车站点是：
________站

8. 您出行选用公交的原因：
① 票价便宜
② 离车站近
③ 路途遥远
④ 相对舒适
⑤ 迅速准时
⑥ 其他

9. 您对厦门公交的总体评价是：
① 很好
② 较好
③ 一般
④ 较差

表 2–35 公交站点集散量调查表

站点名称： 站点编号： 调查时段（10 min 间隔）：

序号	线路名称	上车人数	下车人数
1			
2			
3			
4			

图 2–35 反映了调查对象构成情况。图 2–36 说明了节假日乘客构成情况，图 2–37 说明了公交卡使用的情况。

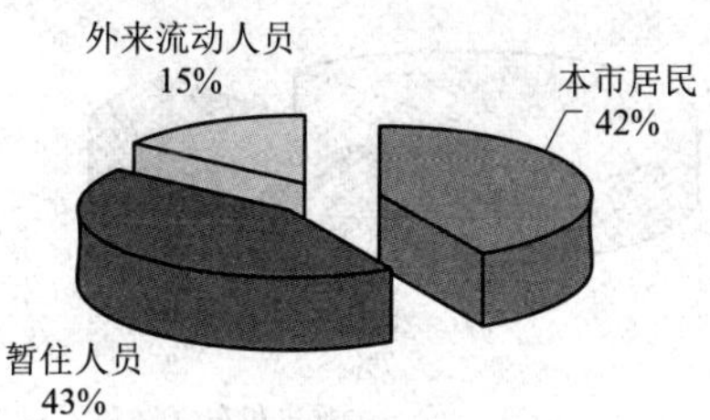

图 2–35　调查对象构成图

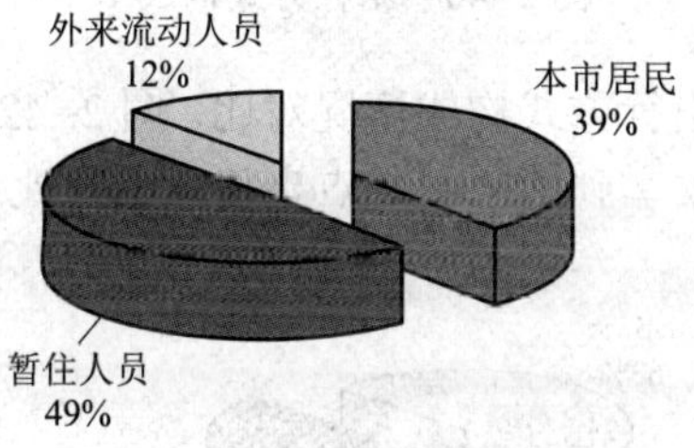

图 2–36　节假日乘客构成图

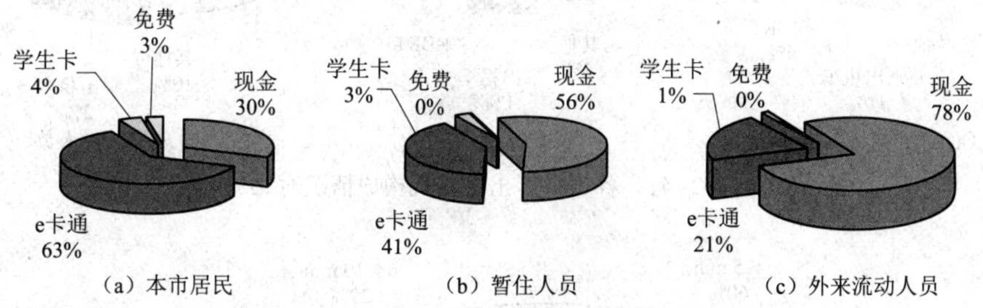

图 2–37　公交卡使用情况对比

出行目的构成情况见图 2–38。各类乘客出行目的构成情况对比见图 2–39。出行方式构成情况见图 2–40。

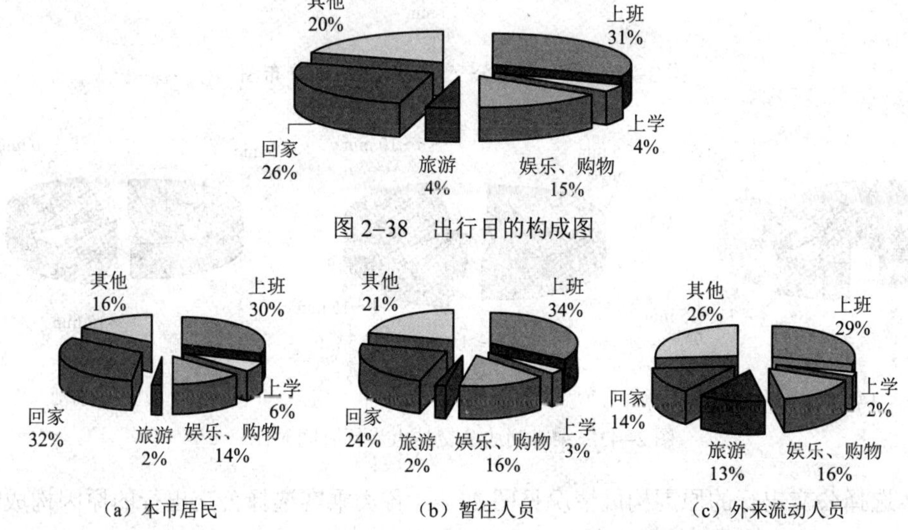

图 2–38　出行目的构成图

图 2–39　各类乘客出行目的构成情况对比

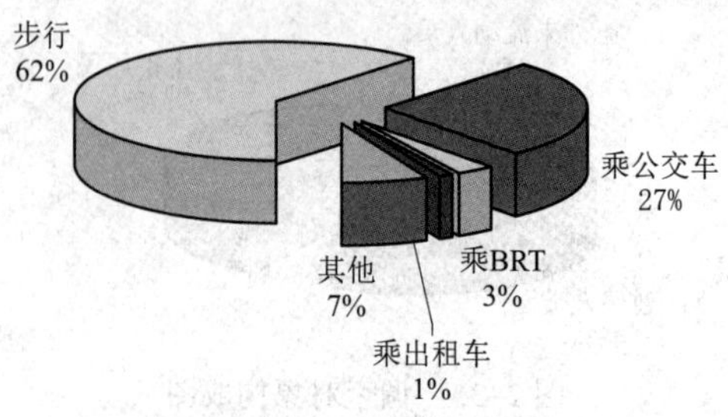

图 2-40 出行方式构成图

图 2-41 反映了各类乘客出行方式构成情况对比。图 2-42 反映了乘客到达公交站点步行时间分布情况。图 2-43 则是乘客到达公交站点步行时间对比。

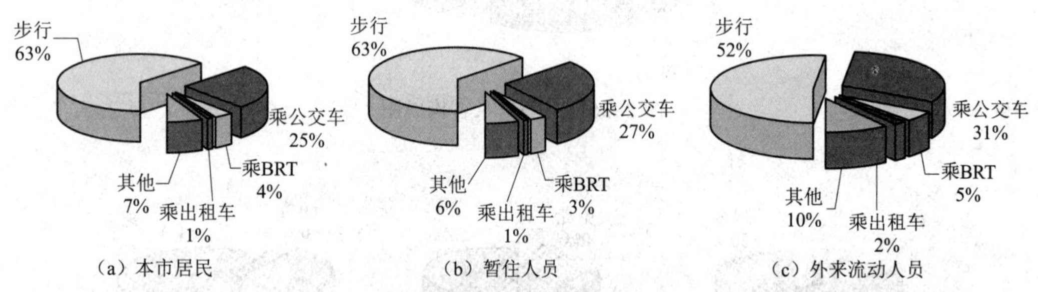

图 2-41 各类乘客出行方式构成情况对比

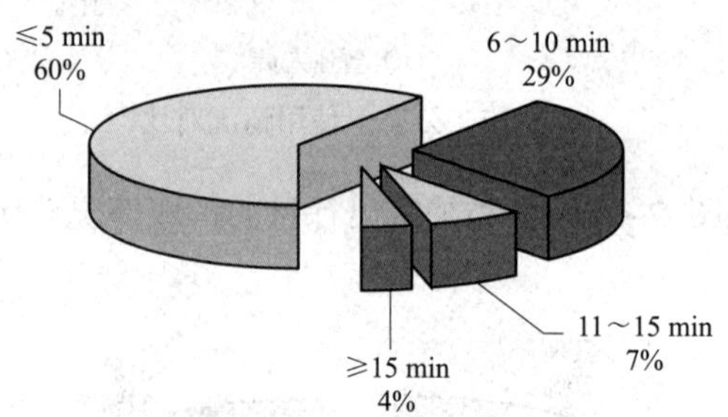

图 2-42 乘客到达公交站点步行时间分布图

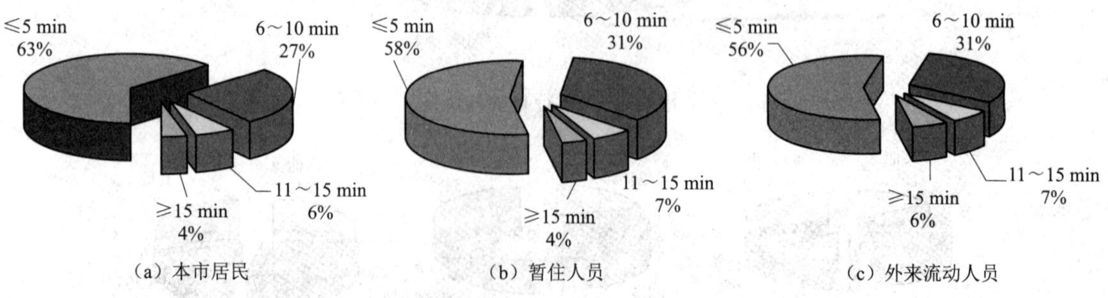

图 2-43 乘客到达公交站点步行时间对比

乘客选择公交出行的原因构成情况见图 2-44。各类乘客选择公交出行的原因构成情况对比见图 2-45。乘客对厦门公交的总体评价情况见图 2-46。

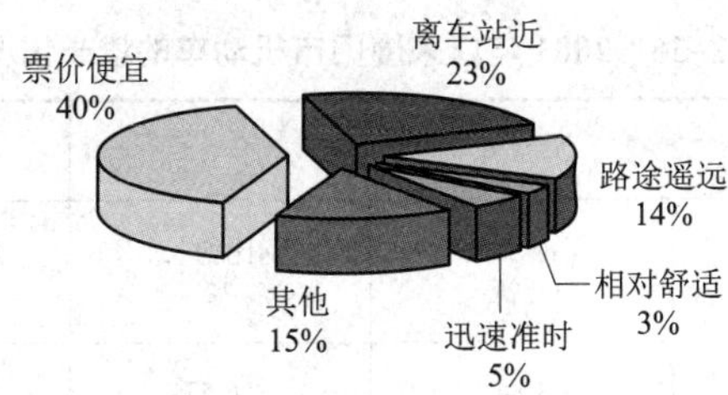

图 2–44　乘客选择公交出行的原因构成图

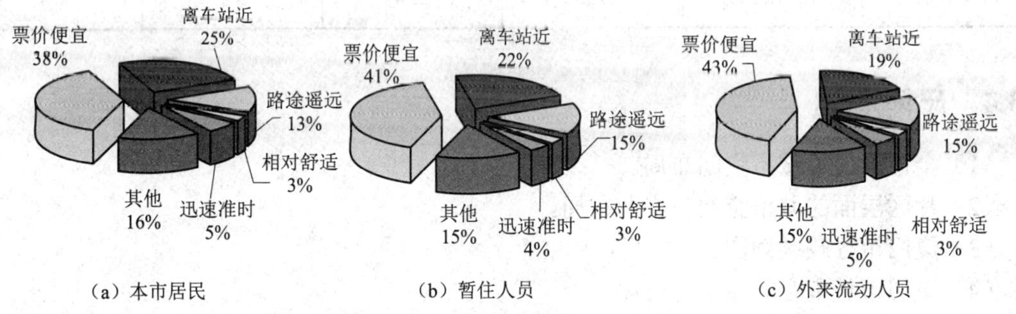

图 2–45　各类乘客选择公交出行的原因构成情况对比

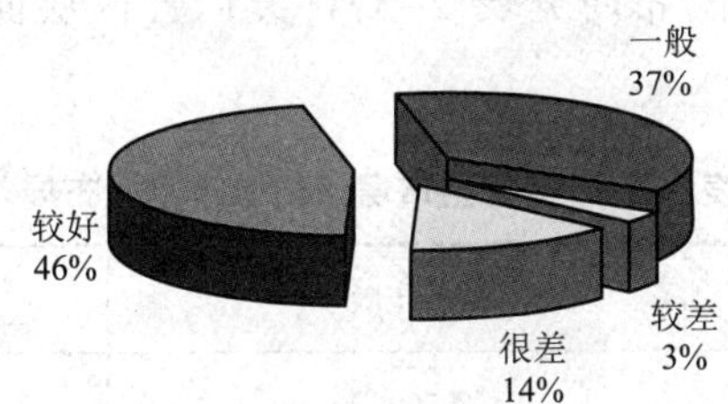

图 2–46　乘客对厦门公交的总体评价

图 2–47 反映了各类乘客对厦门公交的总体评价对比。表 2–36 反映了 2001 年以来厦门市机动车的增长情况。

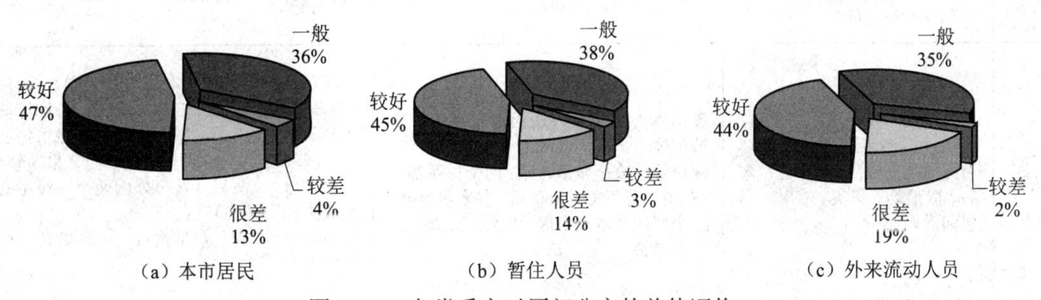

图 2–47　各类乘客对厦门公交的总体评价

表 2–36 2001 年以来厦门市机动车的增长情况

车辆类型	2008 年			2001—2008 年	
	保有量/万辆	年净增长/万辆	同比增长/%	累计增长数/万辆	年均增长率/%
汽车	27.02	3.84	16.57	20.21	16.83
摩托车	30.59	2.38	7.4	16.38	2.02
小型客车	17.71	3.35	22.4	15.37	30.86

2.3.4 总体规划

（1）全市层面的城市空间布局。

（2）片区层面的城市空间与产业布局。

（3）厦门市行政区划图。

（4）厦门市城市空间拓展与时序。

（5）厦门市空间布局规划图。

（6）厦门市工业区规划布局示意图。

厦门全市层面的城市空间布局见表 2–37，厦门片区层面的城市空间与产业布局见表 2–38。

表 2–37 厦门全市层面的城市空间布局

	1983 年版	1990 年版	2000 年版
	远期 2000 年	远期 2000 年	近期 2000 年，远期 2010 年
人口规模	远期市区控制在 55 万～60 万人	远期全市 130 万人，市区 65 万人；远景 2020 年 160 万人	近期市区户籍人口 135 万人，常住人口 200 万人；2005 年分别为 150 万人和 275 万人；2010 年分别为 165 万人和 350 万人
用地规模	86.7 km^2	79.47 km^2	近期 104 km^2，2005 年 130 km^2，2010 年 154 km^2
空间结构	组团式布局。本岛为主体，环绕厦门西港和九龙江北岸沿海地区安排 6 个片区：本岛、鼓浪屿、集美、杏林、马銮和嵩屿	两个系统、三个层次的城市结构。以厦门本岛市区及周边沿海卫星城组成城市体系；以大同镇为中心包括马巷、灌口等组成小城镇体系；两个体系都是“众星拱月”式规划布局，并有机结合。三个层次是本岛市区、近郊卫星城、远郊小城镇	城市结构：一核（本岛与鼓浪屿）、两片（本岛核心区和岛外杏林、集美、海沧等城市拓展区）、三层（城市核心区、城市拓展区、城市延伸区）、四区（南、西、北、东 4 个经济区）、两星（城市外围两个二级中心城镇大同和马巷） 城市总体结构：众星拱月、一环数片、中心辐射

表 2–38　厦门片区层面的城市空间与产业布局

		1983 年版	1990 年版	2000 年版
		远期 2000 年	远期 2000 年	近期 2000 年，远期 2010 年
本岛	人口规模	远期不超过 35 万人	远期 45 万人	近期 60 万人，2005 年 70 万人，2010 年 83 万人
	用地规模	远期 51.3 km^2	远期 53.9 km^2	远期 78.6 km^2
本岛	空间布局	城市建成区集中在铁路以西发展，由原市区、筼筜港新区、湖里加工区、高崎等零星居民点组成；是全市政治、经济、文化中心，风景旅游重点区，出口加工区、外贸港口和工业区	城市建成区规划期内集中在铁路以西发展，由北部生产区、中部生活区和南部风景区组成；以全市性的行政机构、外贸、金融、商业、旅游等项目为主，工业建设主要发展技术和知识密集型，严格控制用地大、用水多、污染严重的项目，根据发展需要结合教学、科研建设科学园地，充分发展中心城市作用	全市政治、经济、文化中心，主要发展行政、金融、贸易、旅游、居住、文化、教育、娱乐功能，除部分高科技和港口工业，原则上不发展新工业功能；本岛西南为全市中心区，湖里以发展工业、港口和仓储运输功能为主，东部为控制发展区
鼓浪屿	人口规模	远期压缩到 2 万人	远期 2 万人	2000—2010 年 1.5 万人
	用地规模	1.8 km^2	1.8 km^2	1.8 km^2
	空间布局	主要风景旅游区		
集美	人口规模	远期 3 万人	远期 3 万人，远景 10 万人	近期 12 万人，2005 年 13. 5 万人，2010 年 15 万人
	用地规模	远期 4.7 km^2	远期 4.7 km^2	远期 7.9 km^2
	空间布局	文教兼风景区，安排大专院校与科研机构	文教和风景游览区。东侧为城镇主体，沿海为风景区，北面是学校和生活居住区，北部安排小型加工区，中间是以堤头为中心的交通枢纽，西面为杏林湾温泉旅游区	集美是城市向东部发展的主要支撑点，南部以文教、旅游功能为主，北部布置一定数量污染少、技术密集的工业，以发展文教、旅游为主

2.3.5　城市干线网络规划

（1）背景：基本构架已经形成，有待进一步完善。

（2）定位：建设多中心的组团式城市，需要组团间干线支撑。

（3）思路：① 完善本岛干线系统，形成本岛干道系统；② 加强岛外地区主干道系统的规划，促进各片区之间联系；③ 加强城市客运交通枢纽与城市干道系统的衔接。

厦门市城市干线路网规划技术流程见图 2–48。厦门市快速道路整体交通组织情况见图 2–49。

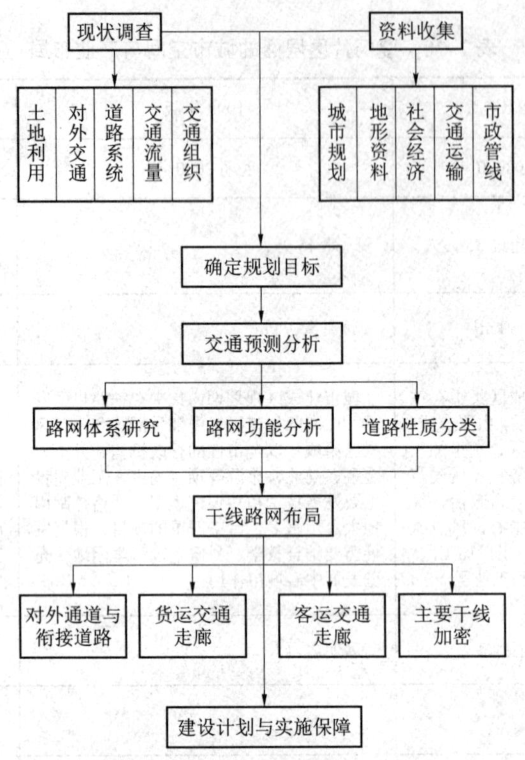

图 2-48 厦门市城市干线路网规划技术流程图

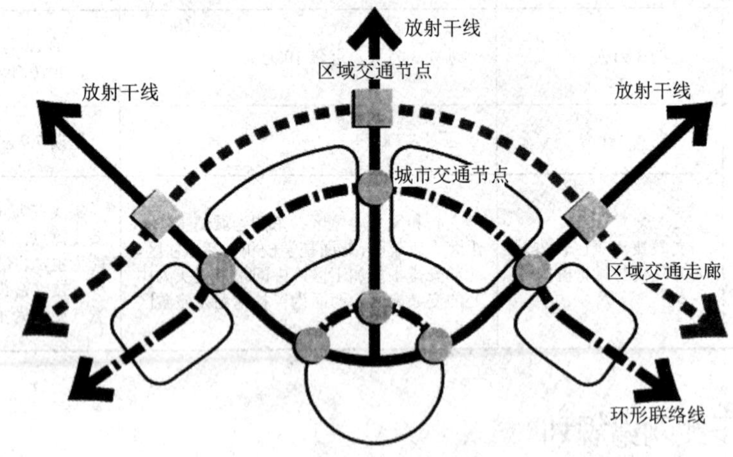

图 2-49 厦门市快速道路整体交通组织示意图

2.3.6 步行系统规划

（1）背景：机动化快速发展，步行系统严重萎缩。

（2）定位：建设系统化、舒适化、有序化的步行系统。

（3）思路：步行路径和网络、步行设施和环境。

① 临山区域：城市建成区外围的背景山体。

② 市内区域：城市建成区。

③ 临海区域：临海城市道路外侧的城市公共活动区。

图 2–50 反映了厦门市城市山海步行通廊分布情况，图 2–51 反映了厦门市城市重要步行通道规划情况。

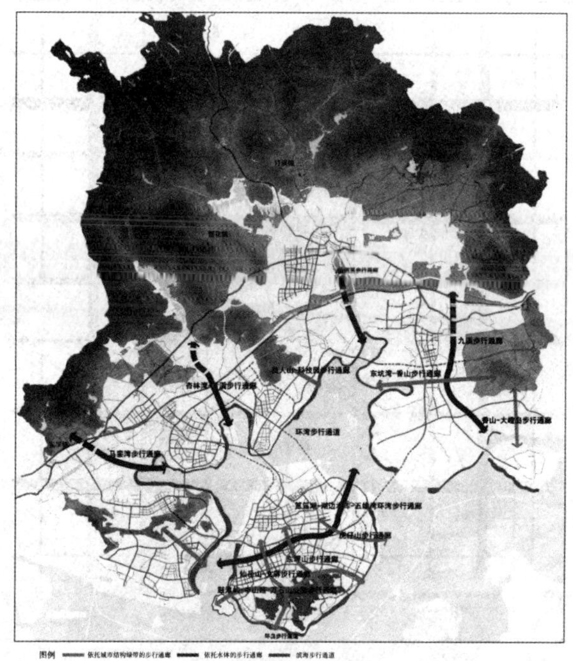

图 2–50　厦门市城市山海步行通廊分布图

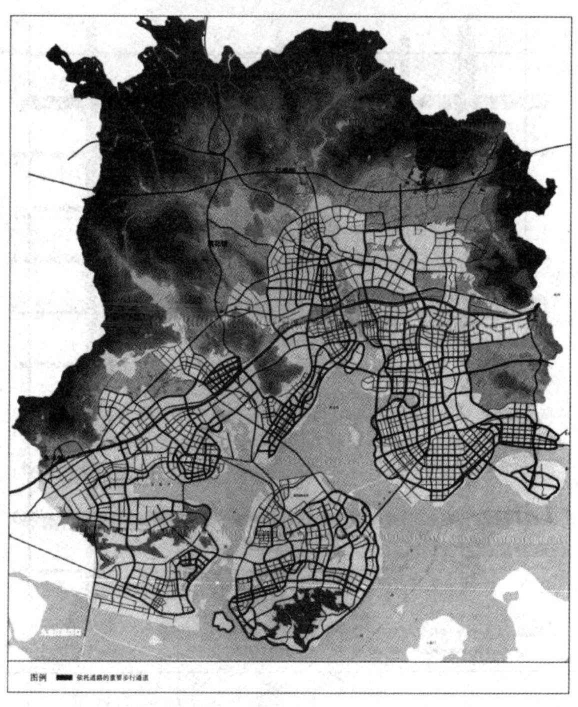

图 2–51　厦门市城市重要步行通道规划图

厦门市以轨道交通为主导的城市中心区步行系统情况见图 2–52，厦门市以轨道交通为主导的城市居民步行系统情况见图 2–53，厦门市工业区的步行系统情况见图 2–54，厦门市步行单元步行环境设计指引情况见图 2–55。

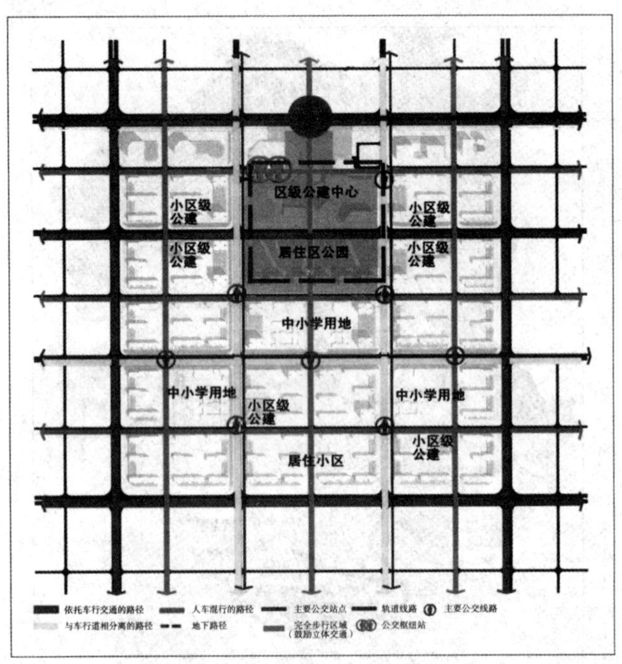

图 2–52 厦门市以轨道交通为主导的城市中心区步行系统

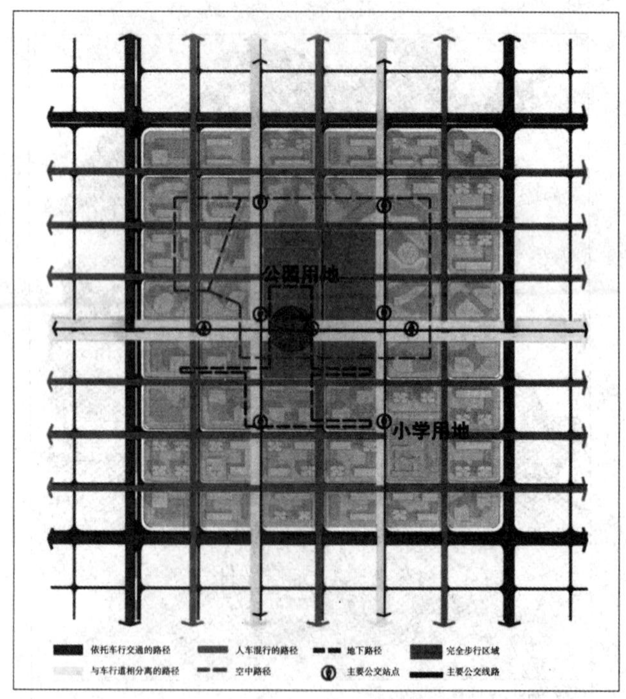

图 2–53 厦门市以轨道交通为主导的城市居民步行系统

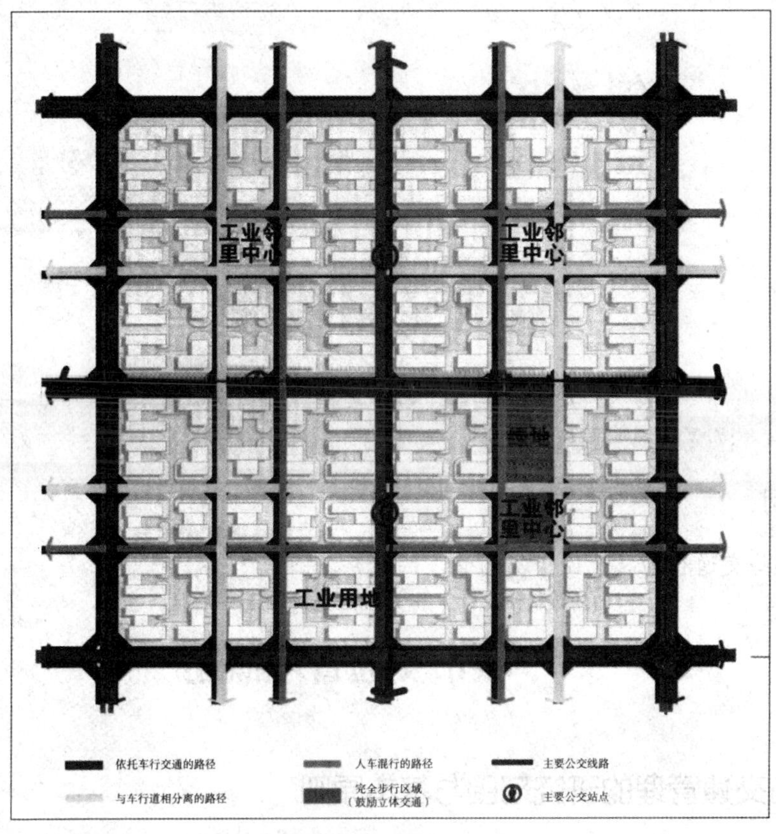

图 2–54 厦门市工业区的步行系统

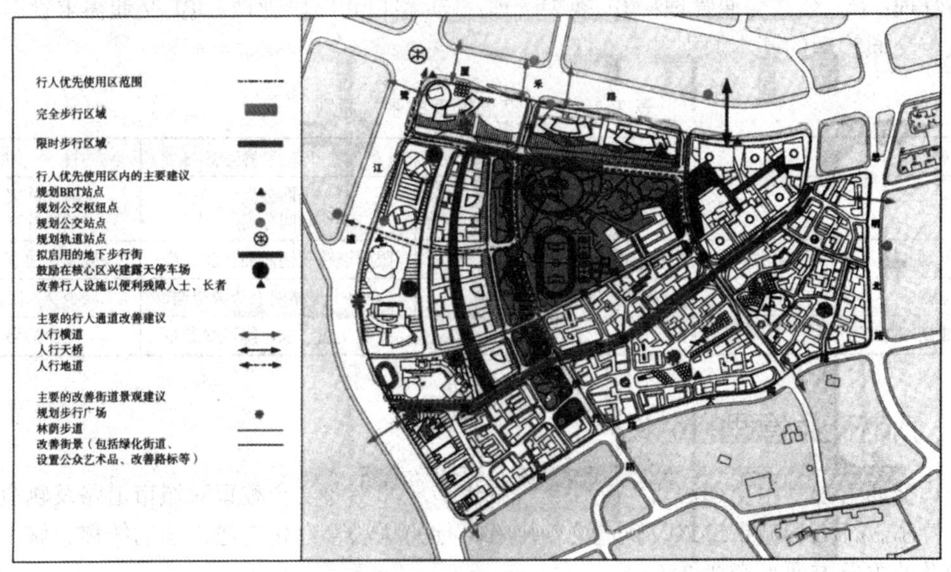

图 2–55 厦门市步行单元步行环境设计指引图

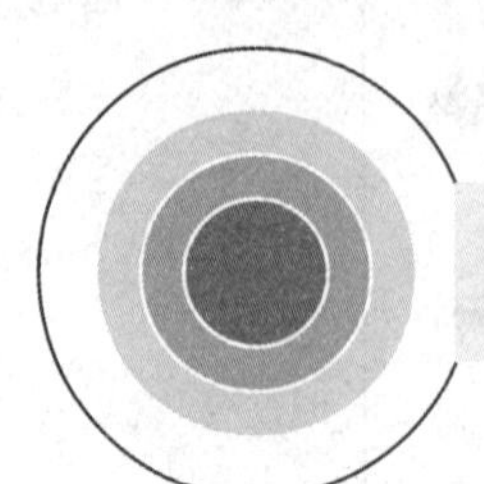

第 3 章

城市交通管理

课堂提问：

你认为哪些交通行为属于城市交通管理的研究范围？

3.1 城市交通管理概述

3.1.1 城市交通管理的研究范围与基本原则

城市交通管理的研究范围包括：① 道路行车管理；② 停车管理；③ 步行管理；④ 高速公路管理；⑤ 公共交通管理；⑥ 换乘管理；⑦ 路口和路段管理；⑧ 交通需求管理。

城市交通管理的基本原则见表 3–1。

表 3–1 城市交通管理的基本原则

基本原则	产生背景	内容	目的
分离原则	车与车、车与人之间的冲突	平面分离 时间分离	避免冲突 减少冲突
限速原则	车速降低则交通死亡事故率下降	限制道路车辆最高行驶速度	减少交通事故
疏导原则	随着交通量的增加，分离和限速方法效果不明显	在整个道路网上疏导交通	减少交通阻塞
节源原则	车辆无限制增长，交通供不应求	控制交通需求，降低交通量	减少拥堵

3.1.2 城市交通管理的定义

城市交通管理是用交通法规、交通工程技术措施和交通安全教育对城市道路及轨道上的行车、停车、行人和城市道路及轨道的使用者进行的执法管理和交通治理的统称。城市交通管理涉及的主要方面见表 3–2。

表 3–2 城市交通管理涉及的主要方面

项目	目的	对象	依据	手段
城市交通管理	改善交通运行状况	人、车、路、交通环境	交通法规	交通工程措施和交警

3.2　北京市三里河至西二环交通组织优化研究案例

3.2.1　案例的研究范围

东：西二环；

西：三里河路；

南：莲花池东路；

北：车公庄大街。

南北长 3.7 km；东西宽 1.9 km；面积为 7.0 km^2。

区域内道路类型：快速路、主干路、次干路和支路。

区域内的道路交叉口：灯控路口 34 个（其中平面交叉口 25 个，立体交叉口 9 个）。研究区域的地理位置见图 3–1。

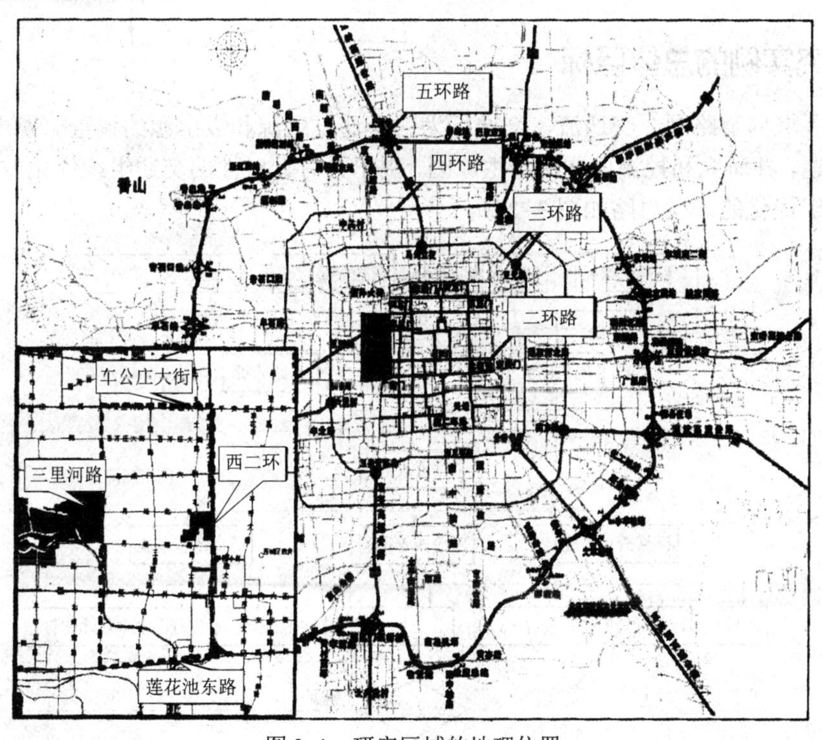

图 3–1　研究区域的地理位置

3.2.2　相关概念

（1）快速路是为城市中大量、长距离、快速交通服务的道路，一般在对向车道间设置分隔带，进、出口采用全部或部分控制。

（2）主干路是为连接城市各主要分区的干线道路，以交通功能为主，一般在机动车道与非机动车道间设置分隔带。

（3）次干路是城市中数量较多的一般交通道路，配合主干路组成城市干道网，起到集散交通的作用。

（4）支路是次干路与街道路的连接线，是小区通向干道的道路。

城市道路分类及主要技术指标见表 3–3。

表 3–3 城市道路分类及主要技术指标

	级别	设计车速/（km/h）	双向机动车道数/条	机动车道宽度/m	分隔带设置	横断面采用形式
快速路	Ⅰ	60	≥4	3.75～4	必须设	双、四幅路
主干路	Ⅰ	50～60		3.75	应设	单、双、三、四幅路
	Ⅱ	40～50	3～4	3.5～3.75	应设	单、双、三幅路
	Ⅲ	30～40	2～4	3.5～3.75	可设	单、双、三幅路
次干路	Ⅰ	40～50	2～4	3.5～3.75	可设	单、双、三幅路
	Ⅱ	30～40	2～4	3.5～3.75	不设	单幅路
	Ⅲ	20～30	2	3.5	不设	单幅路
支路	Ⅰ	30～40	2	3.5	不设	单幅路
	Ⅱ	20～30	2	3.25～3.5	不设	单幅路
	Ⅲ	20	2	3.0～3.5	不设	单幅路

3.2.3 研究实例的总体目标

通过对区域内道路网、交通流、交通行为、交通发生源和吸引源的调查，发现区域内的主要交通问题，并研究和挖掘问题的产生原因，提出具有针对性的交通组织优化方案和措施。

交通组织优化的一般思路如图 3–2 所示。

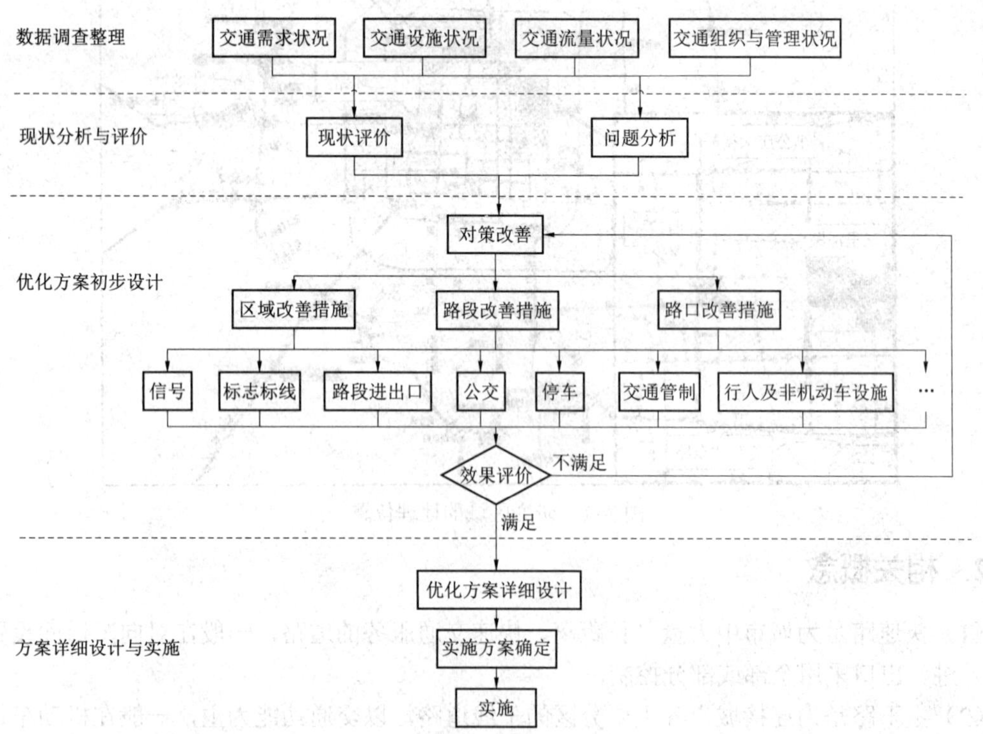

图 3–2 交通组织优化的一般思路

3.2.4　区域内交通现状调查

1. 区域内路网结构

（1）路网基本定型，呈棋盘状；由 7 横 4 纵 11 条主要道路组成，有 43 个主要路段，次干路以上等级道路的路网密度为 3.87 km/km^2。

其中：快速路 2 条，东西和南北走向各 1 条，总长度 5.6 km；主干路 3 条，东西走向，总长度 5.5 km；次干路 6 条，东西和南北走向各 3 条，总长度 16.0 km。

（2）中高等级道路路网密度较低，总长的 47.7%是支路（胡同）。

（3）快速路及主干路系统的空间布局不均衡，南北方向主要干路能力不足。

研究区域各等级道路及交叉口分布情况如图 3–3 所示。

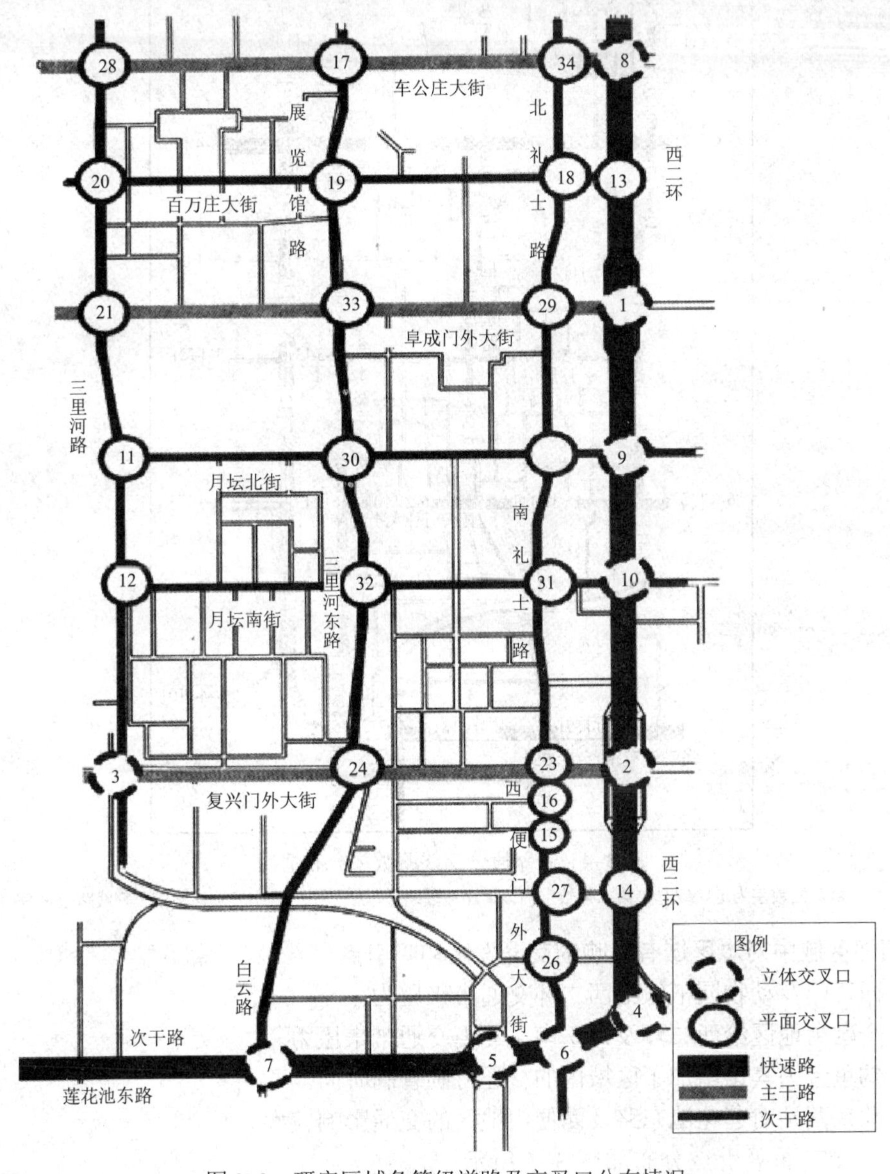

图 3–3　研究区域各等级道路及交叉口分布情况

2. 区域内的交通发生和吸引点

（1）区域内南部的居民小区分布比较密集。

（2）主干道旁分布着大型商场和批发市场。

（3）主干道旁有多家三级甲等医院。

（4）区域内政府机关密集。

各路段公交线路数量分布如图 3–4 所示。

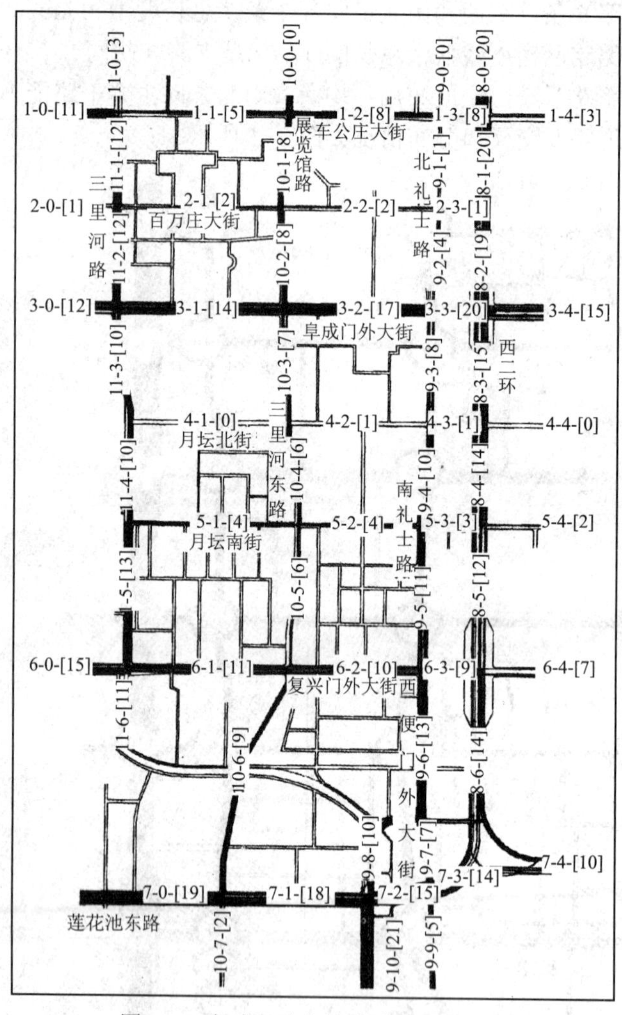

图 3–4　各路段公交线路数量分布情况

注：第一位数字为道路编号，第二位数字为该道路路段编号，括号中的数字表示该路段公交线路数量。

3. 相邻区域中对本区域有影响的交通发生和吸引点

（1）西直门及动物园枢纽给西二环交通带来压力。

（2）金融街地区给西二环及月坛南、北街交通带来压力。

（3）钓鱼台国宾馆增加了区域内的交通特勤管制时间。

（4）北京西站对莲花池东路及西便门地区的交通影响较大。

内外主要交通吸引点分布如图 3–5 所示。

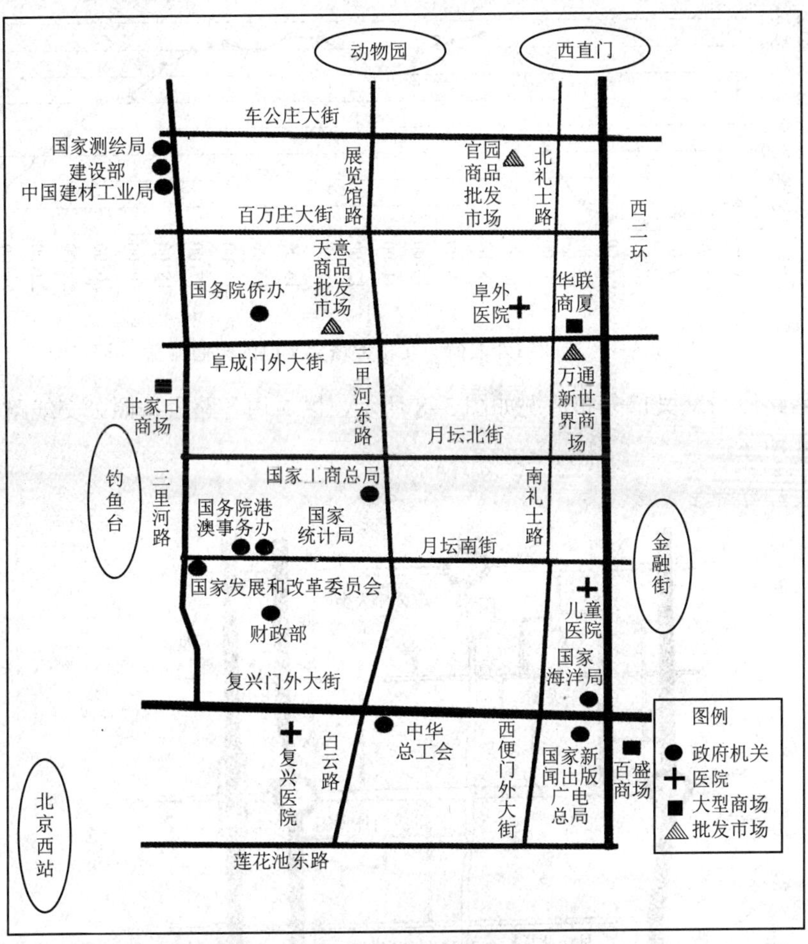

图 3–5　内外主要交通吸引点分布情况

4. 区域内交通流量分布情况

（1）区域内早 7:00 至晚 18:00 机动车流量连续维持在较高水平，波动不大。

（2）不同时间段的机动车高峰流量分布在不同的路段和路口。

（3）交通拥堵路段和路口主要分布在南北向。

西二环—月坛北街交叉口、阜成门外大街—北礼士路交叉口的交通流量情况分别如图 3–6 和图 3–7 所示。

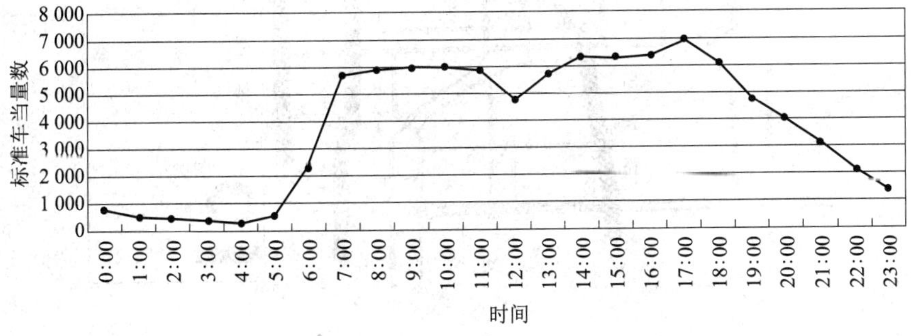

图 3–6　西二环—月坛北街交叉口的交通流量

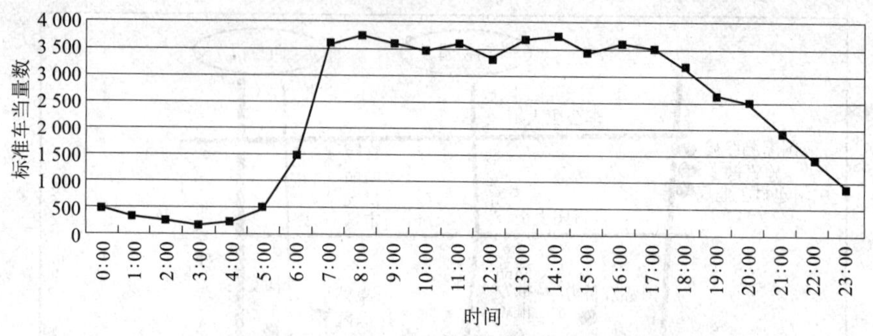

图 3–7 阜成门外大街—北礼士路交叉口的交通流量

主要拥堵路段与交叉口分布情况如图 3–8 所示，区域内各路段按照公交线路数量范围的分类如表 3–4 所示。

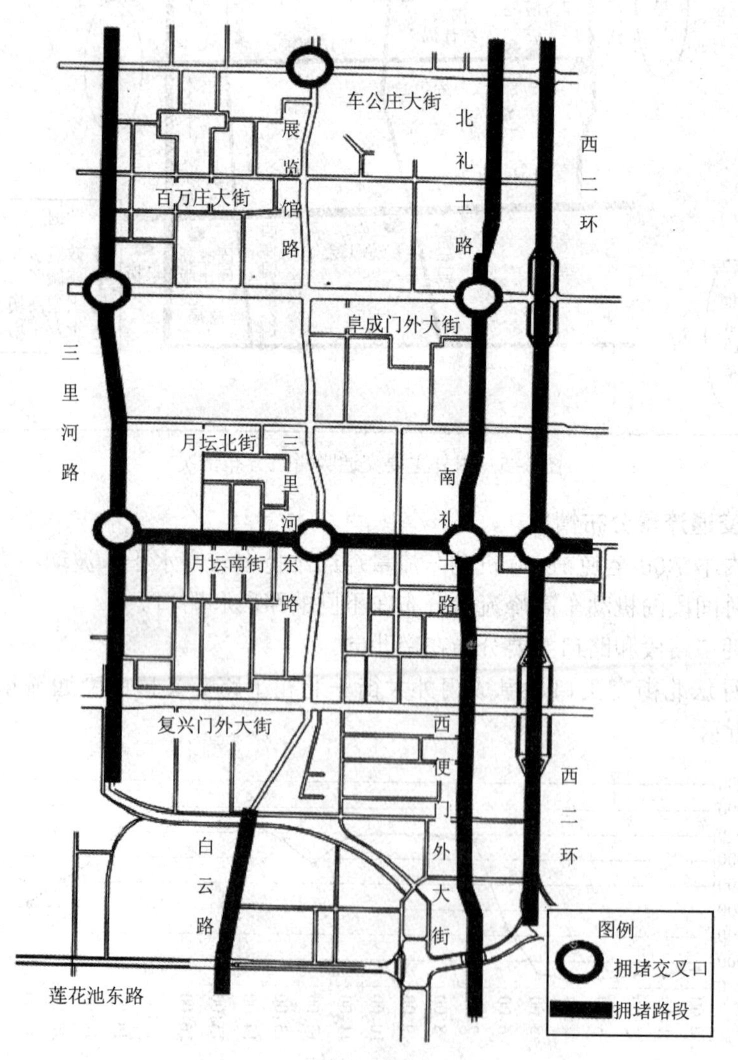

图 3–8 主要拥堵路段与交叉口分布情况

表 3–4 区域内各路段按照公交线路数量范围的分类

类别	线路/条	路段/个	编号	路段所在道路	路段名称
第一类	＞20	2	3–3	阜成门外大街	北礼士路—阜成门桥
			8–1	西二环	官园桥—百万庄大街
第二类	15～19	5	3–2	阜成门外大街	展览馆路—北礼士路
			7–1	莲花池东路	白云桥—天宁寺桥
			7–2	莲花池东路	天宁寺桥—西便门内大街
			8–2	西二环	百万庄大街—阜成门桥
			8–3	西二环	阜成门桥—月坛北桥
第三类	10～14	16	3–1	阜成门外大街	三里河路—展览馆路
			6–1	复兴门外大街	三里河路—三里河东路
			6–2	复兴门外大街	三里河东路—南礼士路
			7–3	莲花池东路	西便门内大街—西便门桥
			8–4	西二环	月坛北桥—月坛南桥
			8–5	西二环	月坛南桥—复兴门桥
			8–6	西二环	复兴门桥—西便门桥
			9–4	南、北礼士路	月坛北街—月坛南街
			9–5	南、北礼士路	月坛南街—复兴门外街
			9–6	南、北礼士路	复兴门外街—西便门东街
			9–8	南、北礼士路	广安门北滨河路
			11–1	三里河路	车公庄大街—百万庄大街
			11–2	三里河路	百万庄大街—阜成门外大街
			11–3	三里河路	阜成门外大街—月坛北街
			11–4	三里河路	月坛北街—月坛南街
			11–5	三里河路	月坛南街—木樨地桥
第四类	＜10	24			其他

5. 区域内公交设施情况

对应不同停靠规模（公交线路条数）的公交站点分布情况见表 3–5。

表 3–5 对应不同停靠规模（公交线路条数）的公交站点分布情况

线路数量/条	站点数量/个	站 点 编 号
1	13	1–1 2–3 2–4 2–5 2–6 5–8 8–9 8–18 9–1 9–14 10–7 10–16 11–15
2	15	2–1 2–2 5–9 7–9 7–10 8–4 9–2 9–5 9–9 9–20 10–3 10–19 11–7 11–10
3	13	1–2 1–6 1–7 1–10 5–2 5–4 8–14 9–3 9–11 9–12 9–19 10–4 11–9

续表

线路数量/条	站点数量/个	站 点 编 号
4	14	1–3 1–5 1–9 5–3 5–6 5–7 6–5 9–13 10–6 10–8 10–17 11–1 11–4 11–8
5	17	1–4 1–8 5–1 5–5 6–2 7–2 7–4 8–20 9–15 9–18 10–5 10–13 10–14 10–15 10–18 11–2 11–3
6	15	1–11 3–6 7–7 8–6 8–8 8–11 8–19 8–22 8–23 9–4 9–22 10–10 10–20 11–5 11–13
7	6	6–4 8–3 8–12 8–15 8–21 10–12
8	9	6–1 6–6 8–10 8–17 9–8 9–16 10–1 11–11 11–12
9	5	7–5 9–6 9–7 9–10 10–2
10	2	8–1 9–17
11	4	3–8 10–11 11–6 11–14
12	5	3–2 3–10 7–8 8–2 8–5
13	6	3–1 3–3 3–4 3–7 6–3 8–13
14	1	9–23
15	1	8–16
16	3	7–1 7–3 10–9
18	2	3–5 3–9
19	1	7–6
21	1	9–21

课堂提问：

从前面的交通调查中，可以发现区域内存在哪些交通问题？

3.2.5 存在的问题

（1）路网负荷不均衡问题。

（2）路口信号优化与协调问题（交通控制）。

（3）公交服务设施有待改善问题。

（4）停车设施不足问题。

（5）行人与非机动车问题。

（6）交通管制问题。

3.2.6 区域内典型交通问题案例分析

1. 天意商场周边

天意商场丁字交叉口位置如图 3–9 所示。

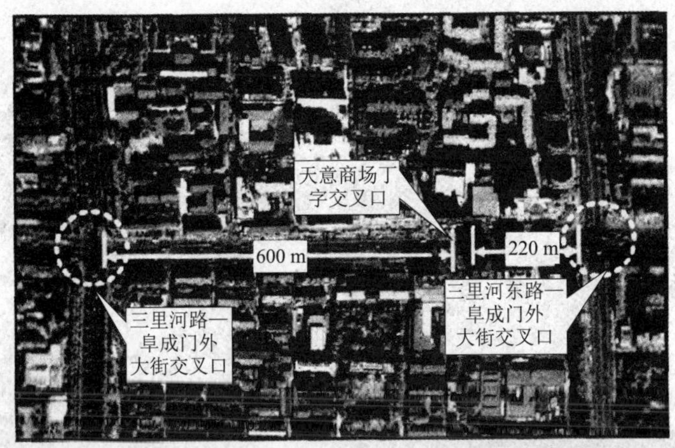

图 3–9　天意商场丁字交叉口位置示意图

1）问题描述

（1）行人过街设施问题。

① 路段中间无有效的行人控制设施。

② 行人过街天桥设置问题。

（2）车道功能问题。

① 东口左转车辆等待时间过长。

② 上游交叉口排队车辆与天意交叉口东口左转车辆冲突。

违章行人的走行路线见图 3–10，违章行人的走行照片见图 3–11。行人由公交站至天桥走行距离情况见图 3–12。左转机动车占道情况见图 3–13。左转机动车与对向车辆冲突情况见图 3–14。天意商场交叉口地理地形情况见图 3–15。

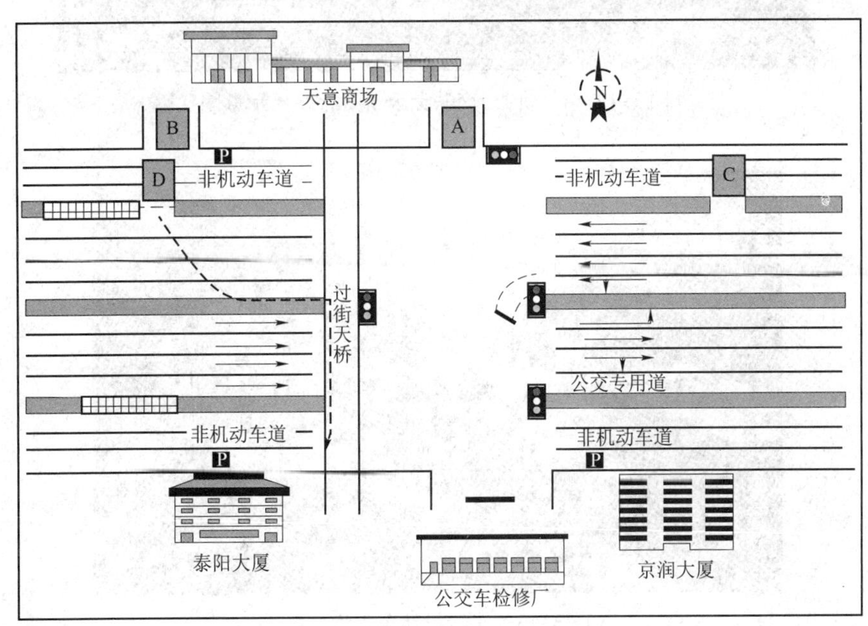

图 3–10　违章行人的走行路线

图 3-11　违章行人的走行照片

图 3-12　行人由公交站至天桥走行距离示意图

图 3-13　左转机动车占道情况

图 3–14　左转机动车与对向车辆冲突情况

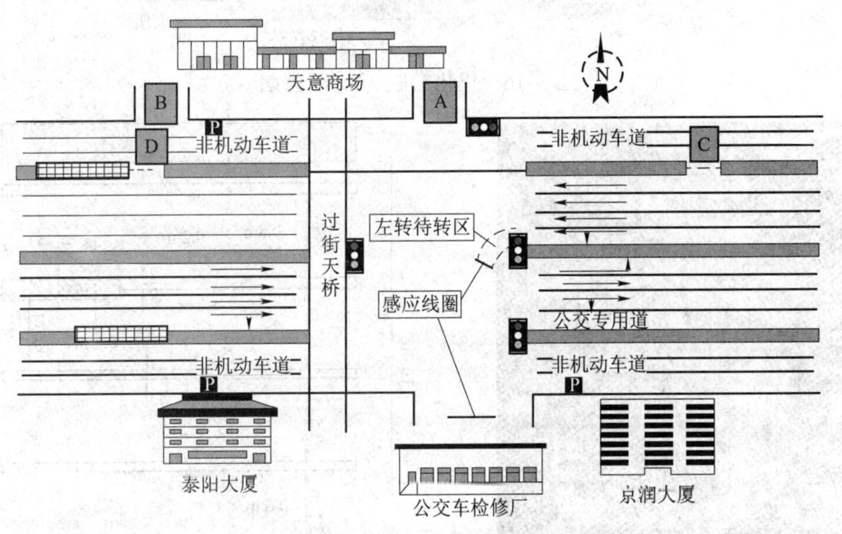

图 3–15　天意商场交叉口地理地形图

课堂提问：

通过前面的问题描述，你认为解决或缓解该问题的措施有哪些？

2）优化措施

（1）行人过街控制。

建议：在交叉口北侧 4 车道的中间，加装长为 157 m 的隔离护栏，以阻止行人横穿马路，如图 3–16～图 3–18 所示。

（2）行人过街设施及诱导标志改造。

建议：对天意过街天桥进行改造，由西侧加长出约 20 m 的过街天桥引桥，并设置提示行人使用过街天桥的标志标牌，为来自公交站点方向的过街行人提供便利，步行距离减少 60 m，减少安全隐患，如图 3–19 所示。

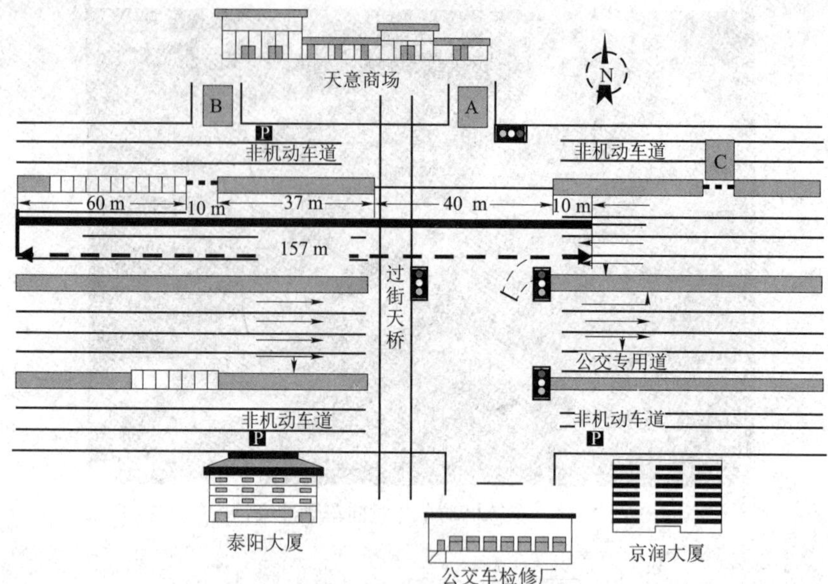

图 3–16 优化措施（1）示意图

图 3–17 采用护栏照片

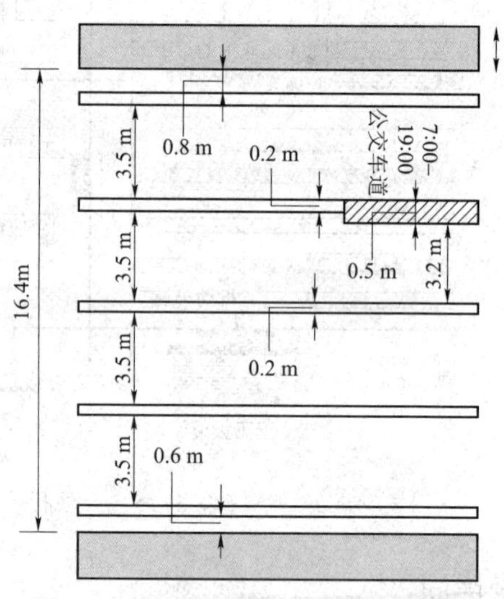

图 3–18 天意路口北侧主路车道设置图

（a）加长过街天桥引桥

（b）设置标志标牌

图 3–19 优化措施（2）示意图

（3）东口及南口禁止机动车左转。

建议：在图 3–20 所示的 1、2 号信号灯位置，分别增加指示牌“7:00—21:00 禁止机动车左转（公交车除外）”，并增加摄像头。

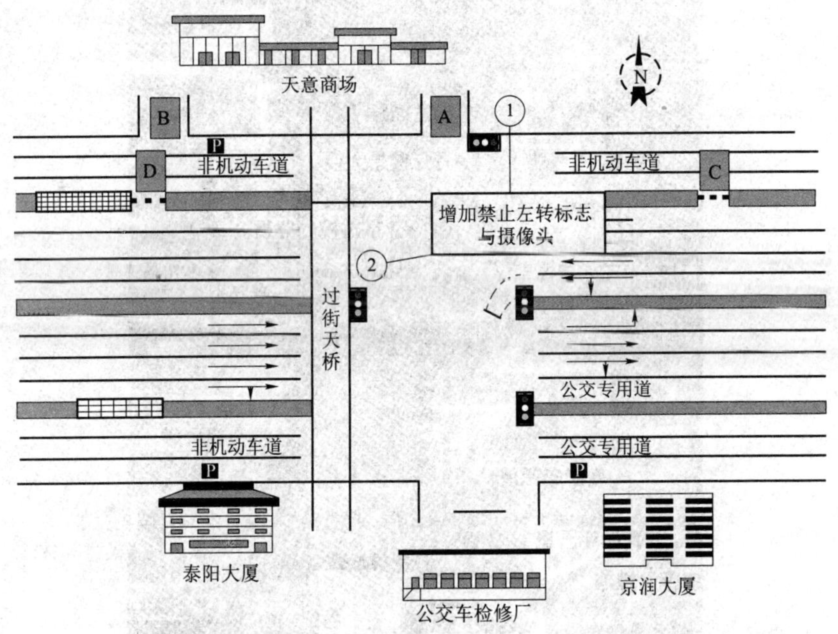

图 3–20　优化措施（3）示意图

优化措施效果评价如表 3–6 所示。

表 3–6　优化措施效果评价

项　目	直行机动车	左转机动车	行人安全性	行人便利性	工程实施难度
优化措施（1）	↑	—	↑	↓	中
优化措施（2）	—	—	↑	↑	稍大
优化措施（3）	↑	↓	—	—	小

2. 儿童医院周边

儿童医院位于西二环月坛南桥西南侧，周边有金融街、月坛体育馆、月坛理想大厦、南礼士路公园、城市规划研究设计院、北京市规划委员会和建威大厦等主要建筑。儿童医院地理位置及周边环境情况如图 3–21 所示。

1）问题描述

（1）北门管理不当造成车流组织混乱。

（2）路边停车对月坛南街干扰严重。

（3）北门驶出车辆组织不当造成月坛南街车流冲突严重。

儿童医院北门 8 个停车位情况见图 3–22。每小时儿童医院北门驶出车辆流量情况见图 3–23。儿童医院地区及周围相关区域停车吸引点分布情况见图 3–24。儿童医院地区停车场（点）分布情况见图 3–25。儿童医院停车主要出入口与停车流流向情况见图 3–26。

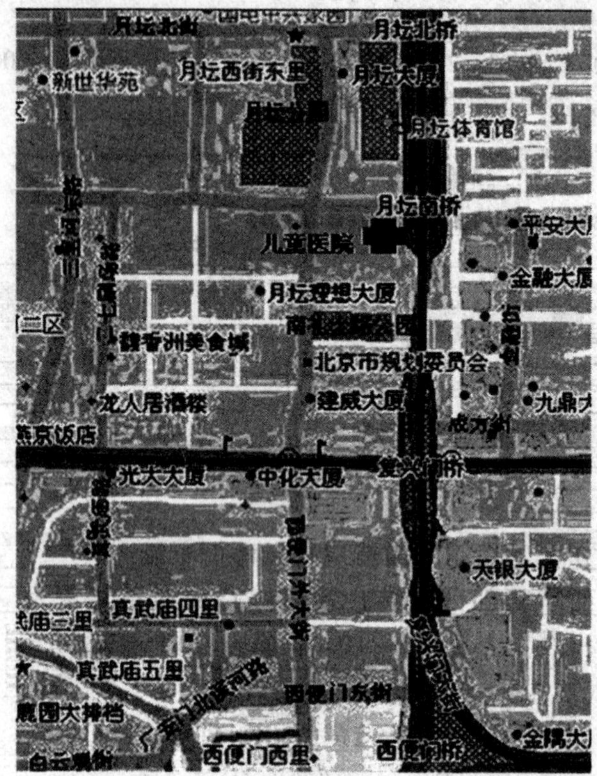

图 3–21　儿童医院地理位置及周边环境

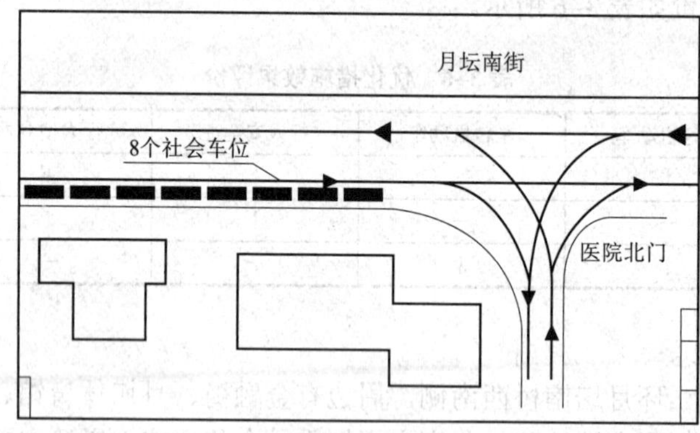

图 3–22　儿童医院北门 8 个停车位

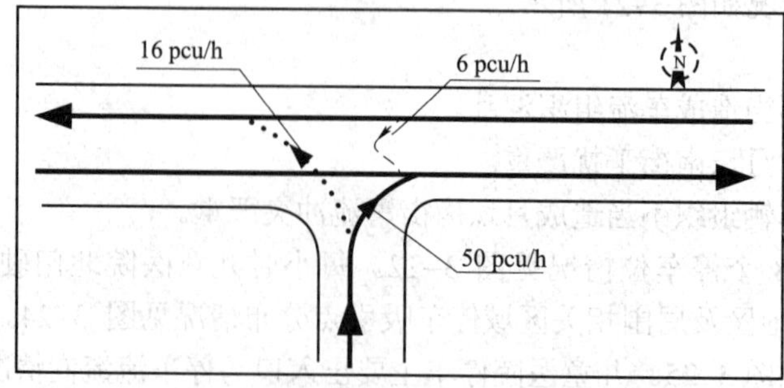

图 3–23　每小时儿童医院北门驶出车辆流量

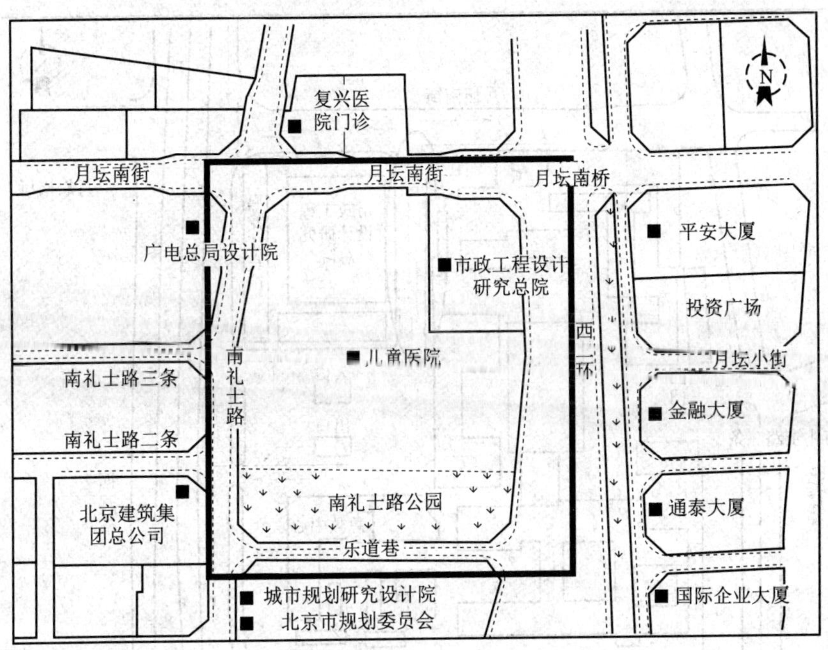

图 3–24　儿童医院地区及周围相关区域停车吸引点分布情况

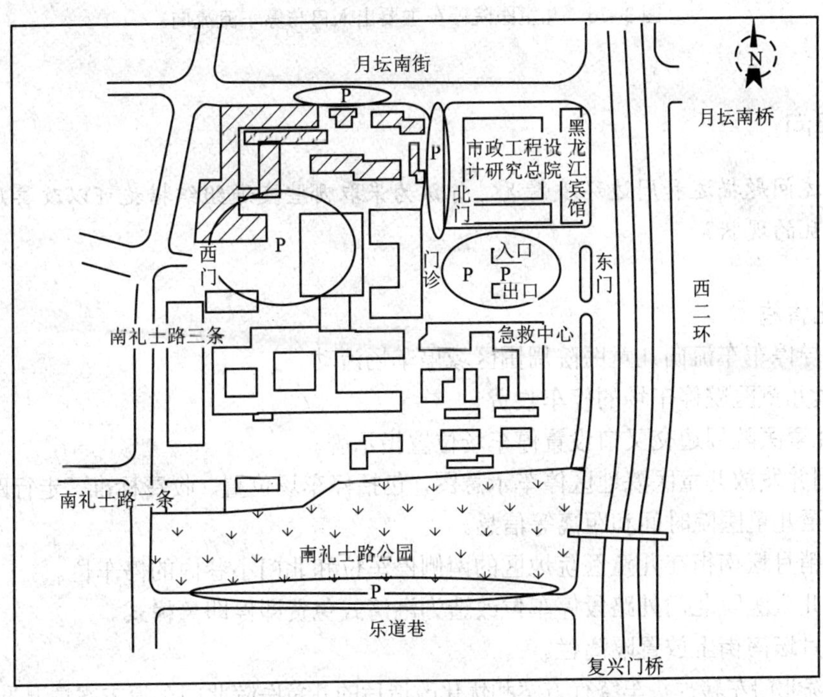

图 3–25　儿童医院地区停车场（点）分布情况

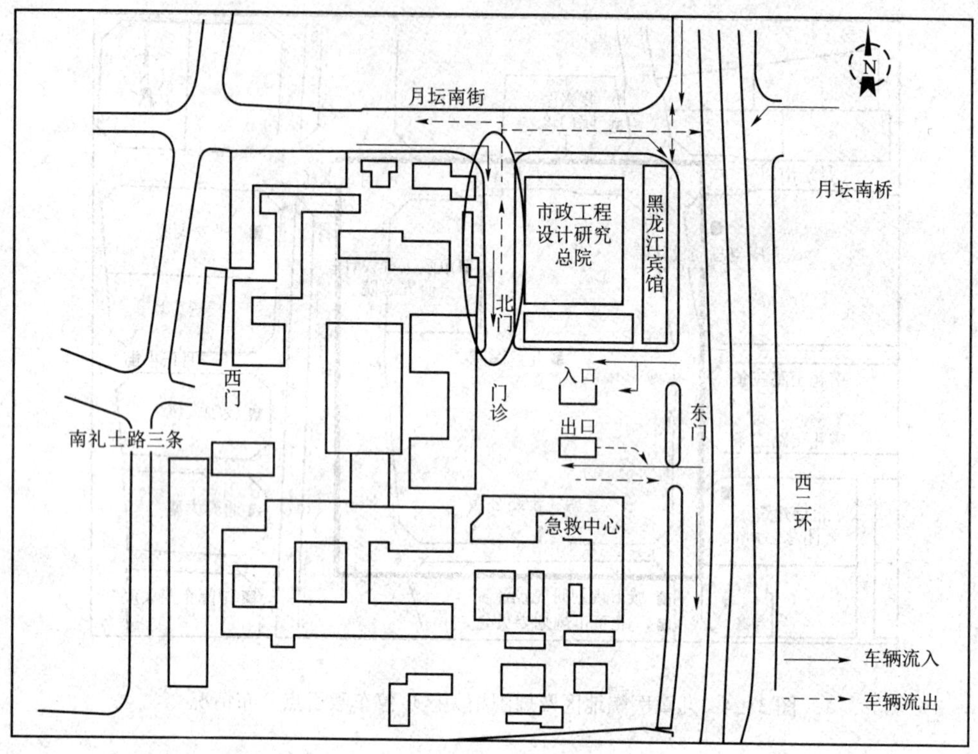

图 3–26　儿童医院停车主要出入口与停车流流向

课堂提问：

根据上述问题描述和周边环境情况，你认为采取哪些交通组织措施可以改善儿童医院周边交通流混乱的现状？

2）优化措施

（1）引导停车车流向儿童医院周围区域停车场流动。

① 加大儿童医院停车场的停车收费。

② 在儿童医院周边交叉口设置停车场位置指示牌。

③ 绘制并发放儿童医院地区停车示意图，包括停车场位置、收费标准、走行路线、开放时间、步行至儿童医院时间和距离等信息。

（2）撤销月坛南街在儿童医院地区的南侧停车位和北门小巷内的停车位。

（3）将儿童医院北门外路段停车位改造为港湾式免费即停即离模式。

（4）在月坛南街上放置隔离栏。

儿童医院北门左转掉头车绕行方案和优化改造后的儿童医院北门车流方案情况见图 3–27。方案实施后的月坛南街车辆行驶瞬时速度提高情况见表 3–7。

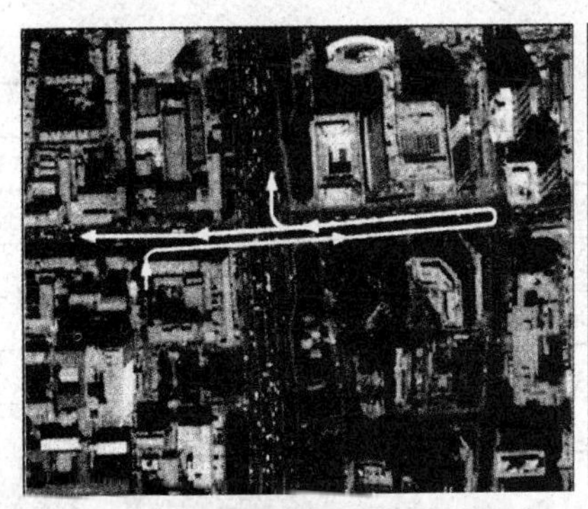

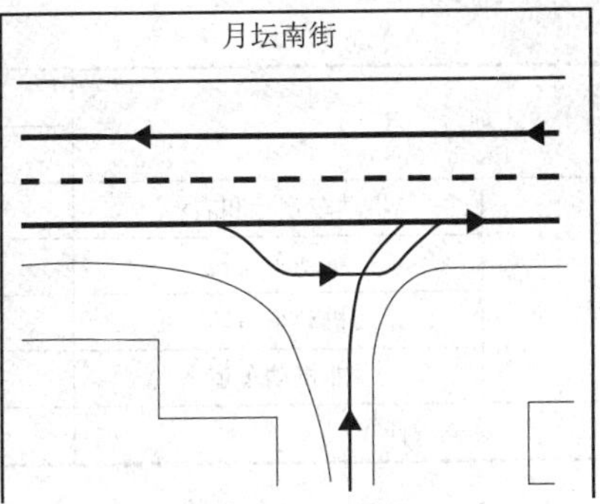

（a）北门左转掉头车绕行方案图　（b）优化改造后的儿童医院北门车流

图 3–27　优化改造示意图

图例：——▸车流方向；－－－－－ 隔离栏

表 3–7　方案实施后的月坛南街车辆行驶瞬时速度提高情况　单位：km/h

项　目	进车干扰下的瞬时速度	出车干扰下的瞬时速度	无干扰下的瞬时速度
最大速度	16	16	27
最小速度	3	3	11
平均速度	6.71	7.63	13.63

3.3　北京市 110 个交叉口交通组织优化研究案例

3.3.1　交叉口交通组织优化研究案例

本节从“北京市 110 个交叉口交通组织优化研究案例”中挑选 3 个典型案例进行分析，分别是嘉和路口、角门路口、枫竹苑北路口的交通组织案例。

1. 嘉和路口交通分析

（1）位置：嘉和路与西单南延长线（马家堡西路）平交的丁字型路口，如图 3–28 和图 3–29 所示。

（2）车道：嘉和路口为丁字形灯控路口，南进口有 3 条车道，其中直行车道 1 条，直行和左转车道 1 条，非机动车道 1 条；西进口有 3 条车道，其中左转专用车道 1 条，右转专用车道 1 条，非机动车道 1 条；北进口有 5 条车道，其中直行专用车道 2 条，直行和右转车道 1 条，右转专用车道 1 条，非机动车道 1 条。嘉和路口各进口道车道数统计情况见表 3–8。

表 3–8　嘉和路口各进口道车道数统计表

项　目		道路方向		
		南进口	西进口	北进口
进口车道	机动车直行	1	0	2
	机动车直行和左转	1	0	0

续表

项目		道路方向		
		南进口	西进口	北进口
进口车道	机动车直行和右转	0	0	1
	机动车左转	0	1	0
	机动车右转	0	1	1
	非机动车道	1	1	1
总计		3	3	5

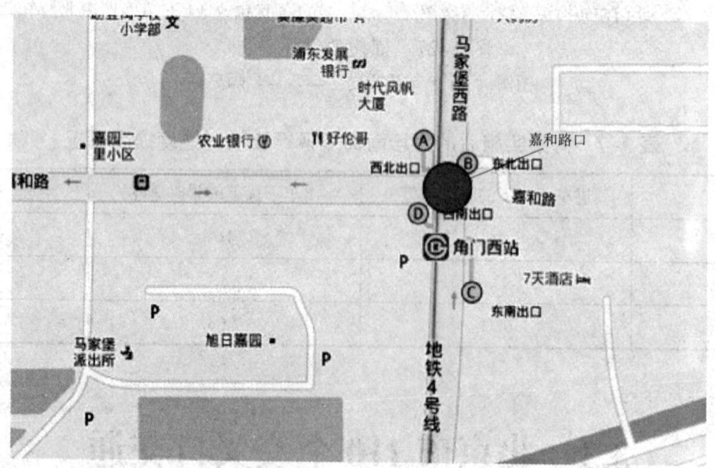

图 3–28　嘉和路口位置

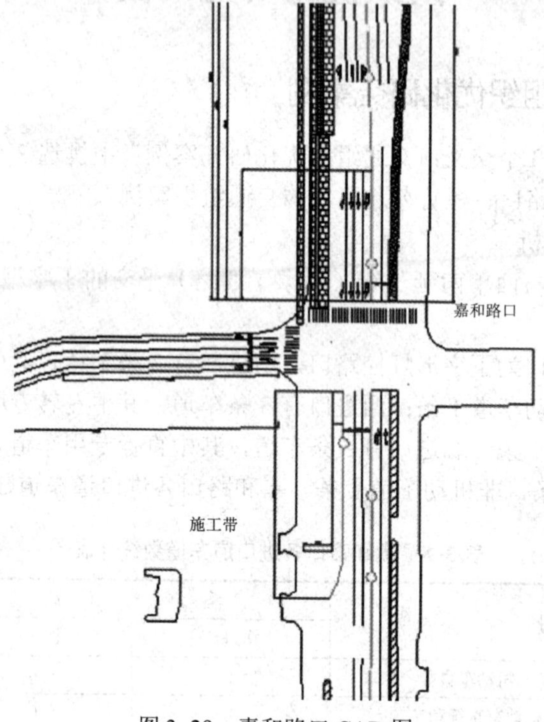

图 3–29　嘉和路口 CAD 图

（3）交通流量：嘉和路口机动车流量情况见表 3–9。

表 3–9 嘉和路口机动车流量

项目		道路方向								
		西进口			南进口			北进口		
时间段	车型	左转	右转	调头	左转	直行	调头	直行	右转	调头
7:00—7:15	小型车	80	46	0	51	250	14	134	29	9
	中型车	4	1	0	2	3	0	4	0	0
	大型车	1	0	0	1	2	1	1	2	0
	公交车	13	0	0	0	0	0	2	10	0
7:15—7:30	小型车	102	23	0	59	252	16	159	45	10
	中型车	0	3	0	0	0	0	4	1	1
	大型车	0	0	0	3	0	0	5	1	0
	公交车	14	0	0	0	3	0	1	8	0
7:30—7:45	小型车	95	37	0	41	210	13	185	46	20
	中型车	1	3	0	0	1	0	1	2	0
	大型车	1	1	0	2	0	1	4	0	1
	公交车	15	0	0	0	0	0	0	7	0
7:45—8:00	小型车	116	48	0	71	228	17	153	44	13
	中型车	1	2	0	2	1	0	0	1	0
	大型车	0	0	0	2	2	0	1	0	0
	公交车	10	0	0	0	1	0	1	14	0
8:00—8:15	小型车	78	35	0	51	216	12	167	34	15
	中型车	2	0	0	6	4	0	1	2	0
	大型车	2	1	0	1	0	0	1	2	1
	公交车	10	0	0	0	0	0	1	13	0
8:15—8:30	小型车	61	18	0	57	246	8	131	42	11
	中型车	3	3	0	3	9	1	1	1	0
	大型车	2	0	0	1	2	0	3	3	0
	公交车	12	0	0	0	1	0	0	9	0
8:30—8:45	小型车	64	40	0	41	206	14	122	36	11
	中型车	2	2	0	0	8	1	3	1	0
	大型车	0	1	0	2	1	0	2	2	0
	公交车	10	0	0	0	1	0	2	17	0
8:45—9:00	小型车	73	37	0	51	238	11	154	47	7
	中型车	0	1	0	2	6	0	2	0	1
	大型车	0	1	0	2	1	0	0	3	1
	公交车	12	0	0	0	0	0	1	8	0

嘉和路口交通流量情况见图 3–30。嘉和路口各进口道交通流量比例情况见图 3–31。

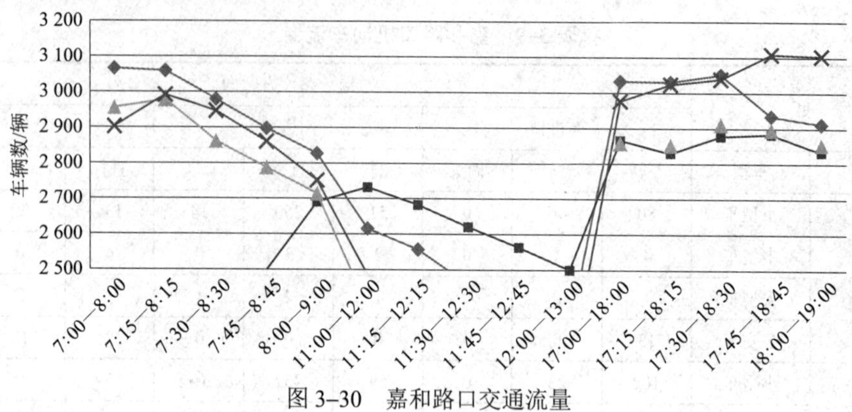

图 3–30 嘉和路口交通流量

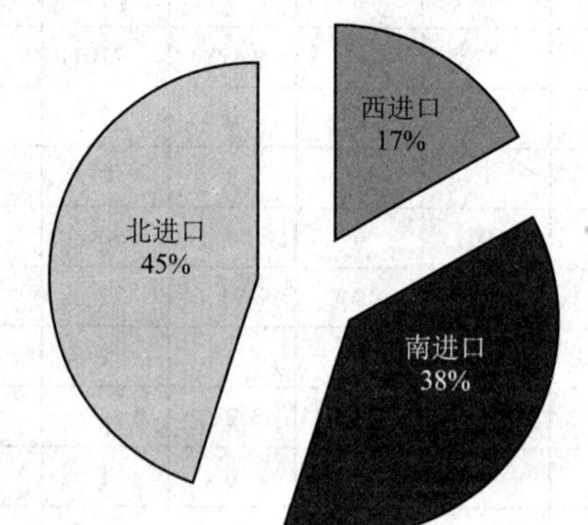

图 3–31 嘉和路口各进口道交通流量比例

嘉和路口高峰小时交通流量情况见图 3–32。

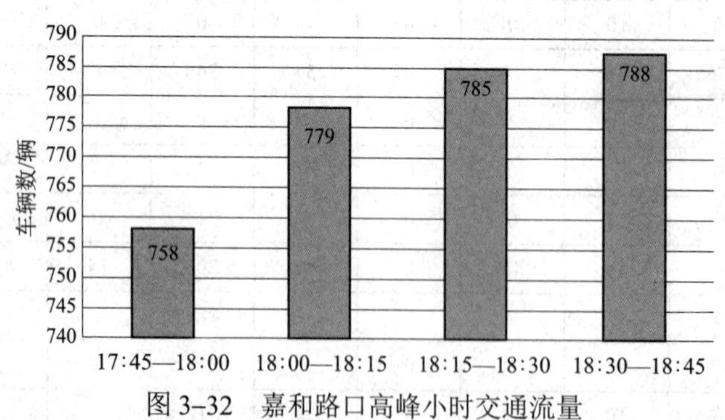

图 3–32 嘉和路口高峰小时交通流量

嘉和路口早高峰剩余承载力与饱和度情况见表 3–10。嘉和路口施工区域见图 3–33。嘉和路口施工区域对南北进口的压缩情况见图 3–34。嘉和路口施工区域对西进口的压缩情况见图 3–35。嘉和路口南进口车辆调头情况见图 3–36。嘉和路口北进口车辆调头的冲突情况见图 3–37。

表 3–10　嘉和路口早高峰剩余承载力与饱和度分析表

进口道	流向	通行能力/（pcu/h）	实际交通量/（pcu/h）	剩余承载力/（pcu/h）	饱和度
北	直行	1 039	852	187	0.82
	左转	788	718	70	0.91
	直行+左转	1 827	1 570	257	0.86
南	右转	413	293	120	0.71
	左转	1 497	524	973	0.35
	右转+左转	1 910	817	1 093	0.43
西	直行	1 263	973	290	0.77
	右转	2 318	649	1 669	0.28
	直行+右转	3 581	1 622	1 959	0.45
路　口		7 318	4 009	3 309	0.55

图 3–33　嘉和路口施工区域示意图

图 3–34　嘉和路口施工区域对南北进口的压缩示意图

图 3–35　嘉和路口施工区域对西进口的压缩示意图

嘉和路口的南出口与西进口交叉处存在南北长 66 m、东西长 110 m 的施工区域，对嘉和路口的交通产生了严重影响。

图 3–36　嘉和路口南进口车辆掉头实拍图

南、北进口的调头车辆对交通流有明显阻碍。

（4）存在的交通组织问题：① 施工区对交叉口的不良影响；② 南、北进口的调头车辆对交通流有阻碍作用；③ 西进口的行人很容易与右转车辆发生冲突；④ 南进口路段普遍存在占用非机动车道停车的问题。

图 3–37　嘉和路口北进口车辆掉头的冲突实拍图

课堂提问：

针对上述交通组织问题，你认为可以采取哪些措施来改善交通状况？

2. 角门路口交通分析

角门路口是角门路与西单延长线（马家堡西路）平交的双丁字形路口（东西方向有中央隔离带相隔），见图 3–38 和图 3–39。角门路口中，东西方向出入口均为单车道，宽度是 2.5 m；南北方向均为 3 车道，南北方向进出口车道由内向外的宽度分别是 3.2 m、3.2 m、4 m。其中，东西两口处的绿化隔离带与非绿化隔离带的距离是 6.5 m。角门路口交通流量见图 3–40。

图 3–38　角门路口位置图

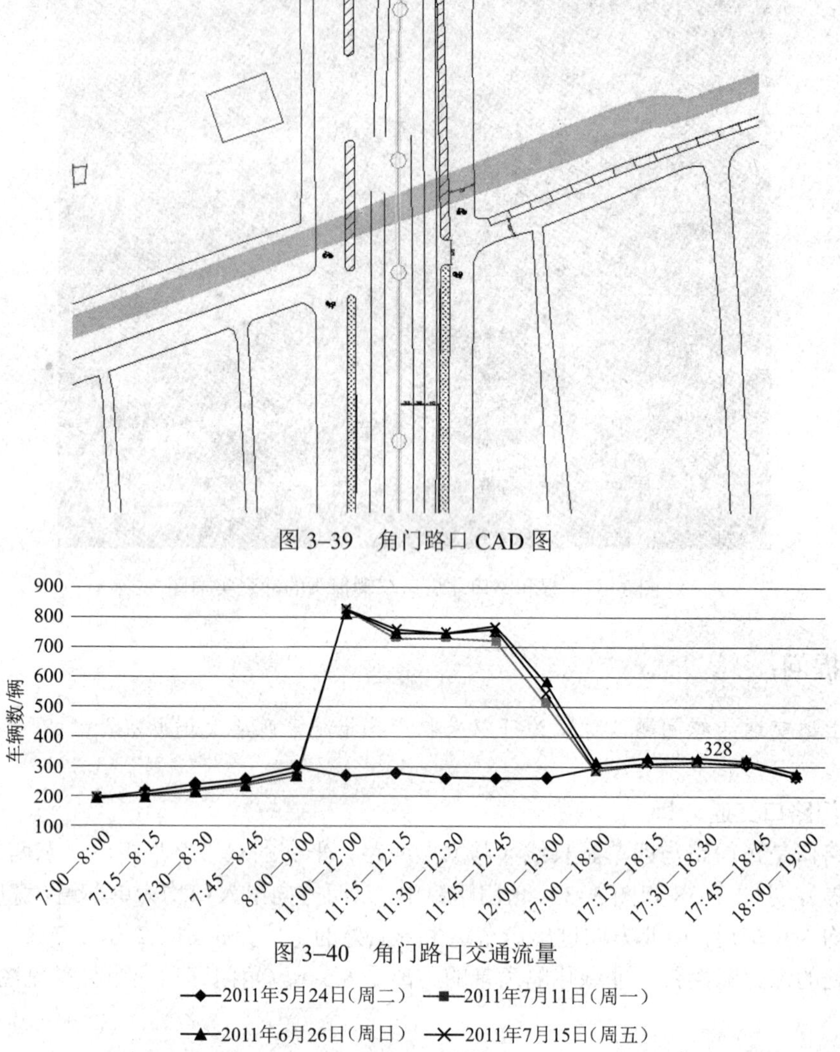

图 3–39　角门路口 CAD 图

图 3–40　角门路口交通流量

角门路口早高峰主要进口道交通流量比例情况见图 3–41。角门路口高峰小时交通流量情况见图 3–42。角门路口存在的交通问题见图 3–43。

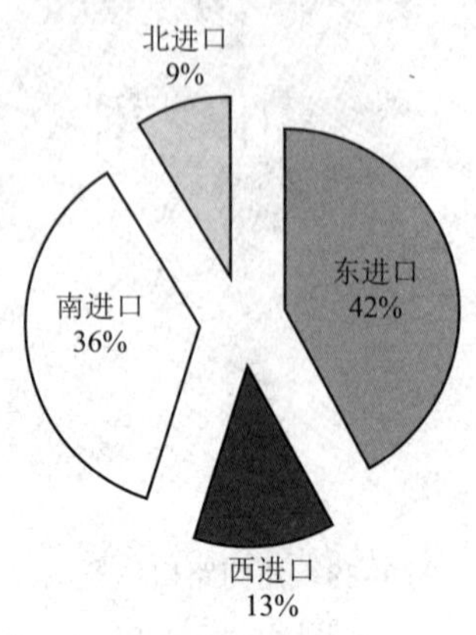

图 3–41　角门路口早高峰主要进口道交通流量比例

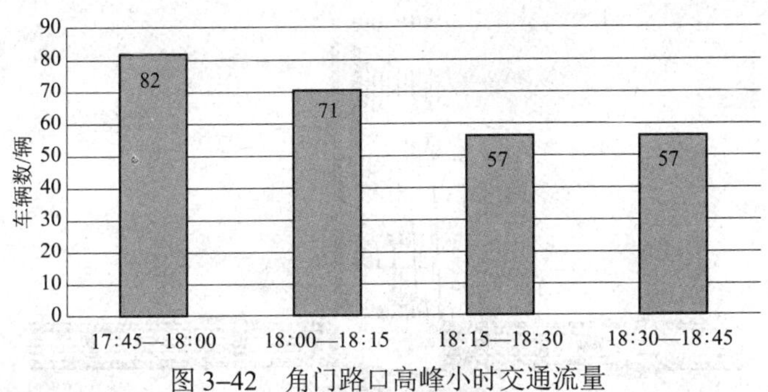

图 3–42 角门路口高峰小时交通流量

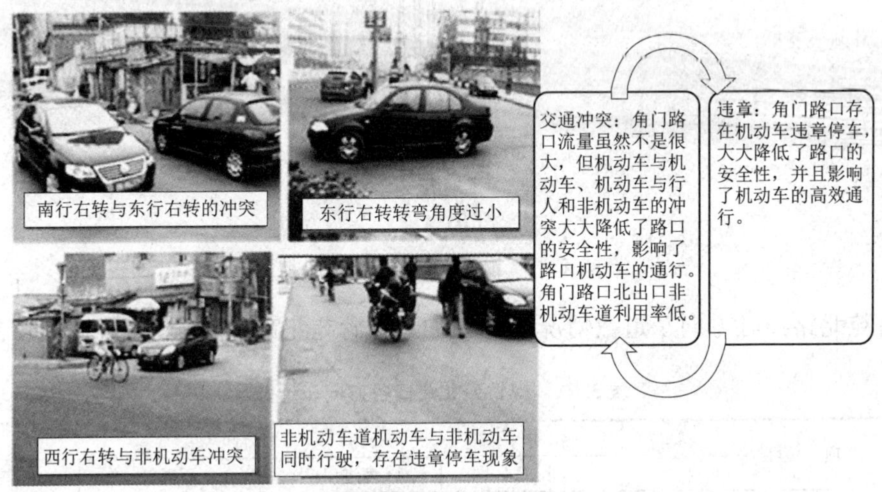

图 3–43 角门路口存在的交通问题示意图

课堂提问：

针对上述交通组织问题，你认为可以采取哪些措施来改善交通状况？

3. 枫竹苑北路口交通分析

枫竹苑北路口空间位置情况见图 3–44 和图 3–45。

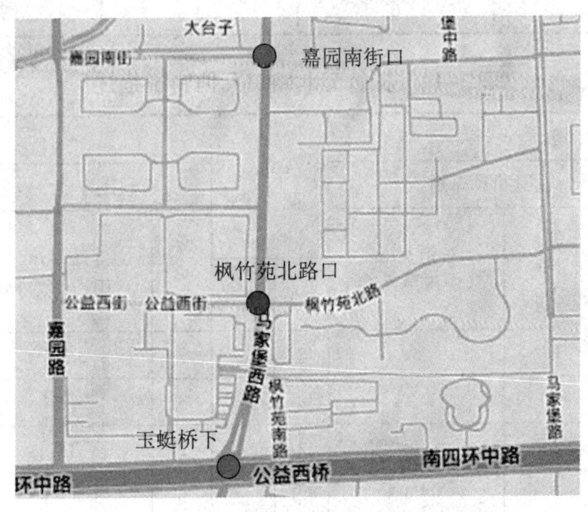

图 3–44 枫竹苑北路口位置图

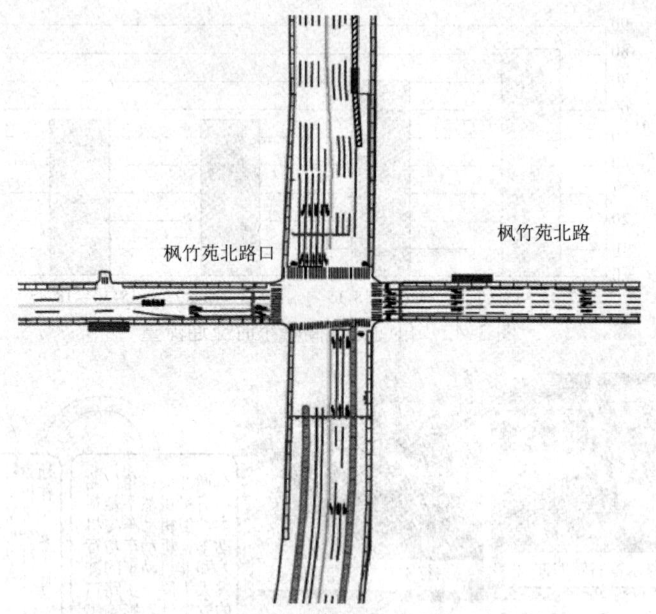

图 3–45 枫竹苑北路口 CAD 图

枫竹苑北路口各方向车道数情况见表 3–11。枫竹苑北路口几何特征描述见表 3–12。

表 3–11 枫竹苑北路口各方向车道数

项目		道路方向			
		北进口	南进口	西进口	东进口
进口车道	机动车直行	3	1	0	1
	机动车右转	1	0	1	1
	机动车直右	0	1	0	0
	机动车左转	1	1	0	1
	机动车直左	0	0	1	0
	非机动车道	1	1	1	1
总计		6	4	3	4

表 3–12 枫竹苑北路口几何特征描述

方向	出口道					中间隔离带		进口道				
	非机动车道/m	机非隔离带		机动车道				机动车道		机非隔离带		非机动车道/m
		类型	尺寸/m	车道数	车道宽/m（由内至外）	类型	尺寸/m	车道数	车道宽/m（由内至外）	类型	尺寸/m	
东	3.1	②		1	3	②		3	3/3/3	②		3.1
南	5.6	①	3	3	3/3/4	②		3	3/3/4	①	3	5.5
西	3.4	②		2	3/3	②		2	3/3	②		3.0
北	3.4	②		4	3/3/3/3	②		5	3/3/3/3/3	②		3.4

注：隔离带类型编号为 ① 绿化带；② 护栏；③ 黄线；④ 无。

枫竹苑北路口机动车流量情况见表 3–13。枫竹苑北路口车辆排队长度情况见表 3–14。枫竹苑北路口高峰小时交通流量情况见图 3–46。

表 3–13　枫竹苑北路口机动车流量

项　目		道　路　方　向															
		东进口				西进口				南进口				北进口			
时间段	车型	左	直	右	调头	左	直	右	调头	左	直	右	调头	左	直	右	调头
7:00—7:15	小型车	26	25	38	0	16	14	17	0	23	174	46	1	43	136	44	18
	中型车	1	3	1	0	0	1	0	0	0	8	1	1	2	3	0	0
	大型车	0	0	0	0	1	4	1	0	0	1	0	0	0	1	0	0
	公交车	0	9	0	0	0	4	4	0	0	1	1	0	0	0	0	0
7:15—7:30	小型车	45	35	47	0	17	14	30	0	36	204	48	12	39	194	40	14
	中型车	2	6	0	0	2	2	1	0	3	8	0	0	1	9	0	1
	大型车	0	0	1	0	0	3	1	0	0	0	1	0	1	1	0	0
	公交车	0	4	0	0	0	2	4	0	0	1	1	0	0	3	0	0
7:30—7:45	小型车	47	38	41	0	13	28	35	0	34	171	54	14	42	184	39	13
	中型车	3	6	1	0	1	4	2	0	1	11	1	0	4	12	0	1
	大型车	0	0	0	0	1	1	1	0	1	0	0	0	0	1	1	0
	公交车	0	4	0	0	0	3	2	0	0	0	1	0	1	0	0	0
7:45—8:00	小型车	40	43	32	0	20	28	23	0	25	178	35	16	60	211	45	19
	中型车	4	3	0	0	1	2	2	0	3	6	2	1	4	5	2	1
	大型车	0	4	0	0	0	1	1	0	0	2	0	1	1	1	2	0
	公交车	0	6	0	0	0	2	3	0	0	1	1	0	0	0	0	0
8:00—8:15	小型车	29	41	43	0	20	32	20	0	33	185	55	11	38	191	38	22
	中型车	1	4	1	0	0	2	2	0	1	7	3	0	1	6	0	1
	大型车	0	2	0	0	0	1	0	0	0	2	4	1	0	0	0	0
	公交车	0	7	0	0	0	2	4	0	0	0	0	0	0	1	0	0
8:15—8:30	小型车	40	24	48	0	15	19	22	0	29	198	39	11	47	144	36	17
	中型车	0	3	3	0	3	3	3	0	1	10	3	2	1	9	2	1
	大型车	0	0	1	0	0	0	0	0	0	1	1	0	0	0	0	0
	公交车	0	4	0	0	0	3	3	0	0	1	1	0	0	1	0	0
8:30—8:45	小型车	41	23	19	0	13	21	17	0	24	170	33	13	52	138	37	20
	中型车	1	6	0	0	0	3	0	0	1	13	2	0	1	8	3	1
	大型车	0	2	2	0	0	1	0	0	1	0	0	0	1	0	0	0
	公交车	0	7	0	0	0	2	3	0	0	1	1	0	0	0	0	0
8:45—9:00	小型车	43	38	31	0	14	24	16	0	39	181	30	11	44	151	30	11
	中型车	1	0	2	0	1	2	0	0	2	13	3	0	9	5	2	1
	大型车	0	1	0	0	0	0	1	0	0	0	0	0	0	0	1	0
	公交车	0	7	0	0	0	2	3	0	0	1	2	0	0	1	0	0

表 3-14 枫竹苑北路口车辆排队长度 单位：m

项目	北进口			东进口					
	直			直			右		
时间段	最大值	平均值	最小值	最大值	平均值	最小值	最大值	平均值	最小值
7:00—7:15	45	35	20	45	32	20	50	22	5
7:15—7:30	60	55	45	60	45	30	50	25	10
7:30—7:45	85	63	40	40	33	30	20	15	10
7:45—8:00	105	90	80	45	33	25	10	10	10
8:00—8:15	100	82	70	40	33	30	20	15	10
8:15—8:30	90	52	30	35	27	15	15	13	10
8:30—8:45	45	40	35	45	33	15	15	12	10
8:45—9:00	60	40	25	30	23	15	20	13	10
项目	西进口			南进口					
	直			直			右		
时间段	最大值	平均值	最小值	最大值	平均值	最小值	最大值	平均值	最小值
7:00—7:15	45	35	20	45	40	35	40	23	15
7:15—7:30	50	33	5	55	52	50	50	33	15
7:30—7:45	35	25	15	60	45	35	35	22	15
7:45—8:00	40	30	15	40	37	30	40	25	10
8:00—8:15	45	40	35	45	43	40	40	28	20
8:15—8:30	75	42	15	45	38	35	40	32	25
8:30—8:45	40	28	20	45	37	25	30	25	20
8:45—9:00	40	17	0	40	35	30	15	12	5

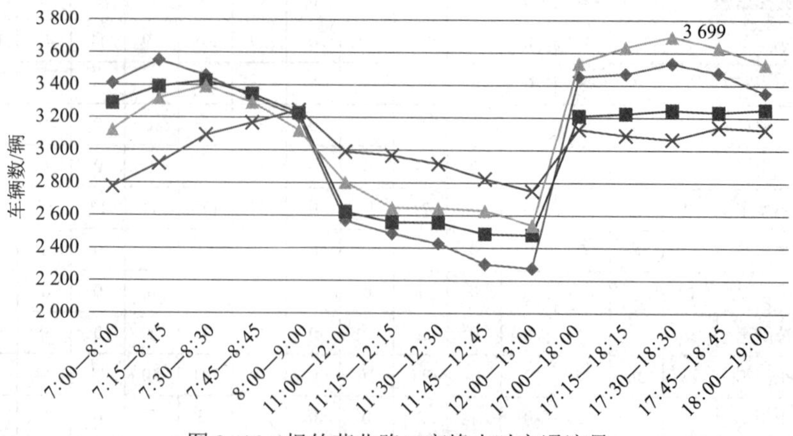

图 3-46 枫竹苑北路口高峰小时交通流量

枫竹苑北路口车辆平均排队长度和最大排队长度情况见图 3–47。枫竹苑北路口高峰小时不同时段交通流量变化情况见图 3–48。

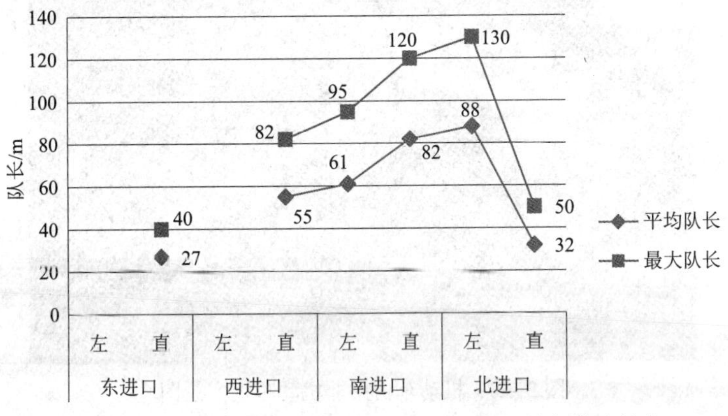

图 3–47　枫竹苑北路口车辆平均排队长度和最大排队长度

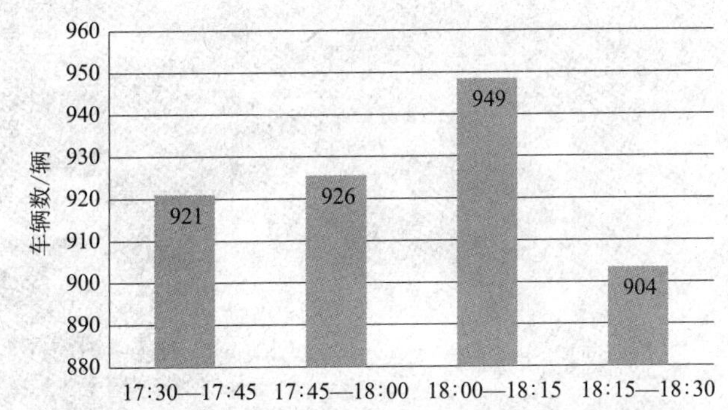

图 3–48　枫竹苑北路口高峰小时不同时段交通流量变化

该路口存在 4 种交通组织问题：① 东进口公交车进站占用机动车道，见图 3–49；② 机动车占用非机动车道，见图 3–50；③ 允许调头，但路窄调头困难，见图 3–51；④ 北进口小区机动车出入干扰道路行车，见图 3–52。

图 3–49　东进口公交车进站占用机动车道实景图

图 3-50 机动车占用非机动车道实景图

图 3-51 调头实景图

图 3-52 北进口小区机动车出入干扰道路行车

课堂提问：

针对上述交通组织问题，你认为可以采取哪些措施来改善交通状况？

3.3.2　区域交通组织案例

1. 北京国际展览中心交通组织案例

北京国际展览中心交通拥堵情况见图 3–53。

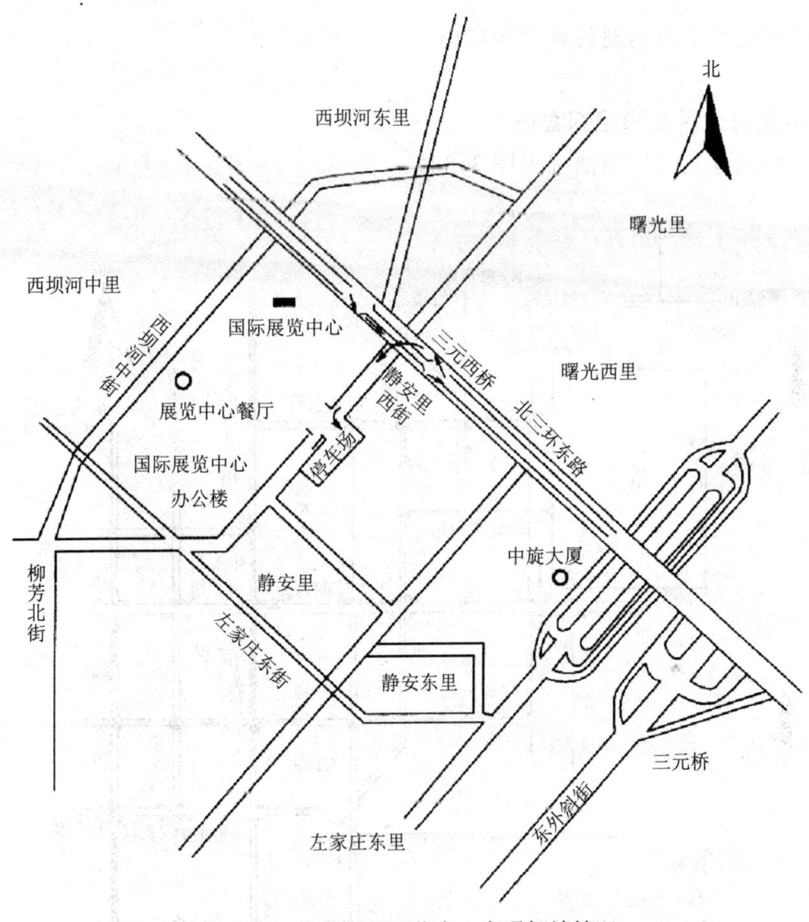

图 3–53　北京国际展览中心交通拥堵情况

（1）案例背景。

① 北京，2002 年 6 月 6 日—6 月 14 日举办第七届国际汽车展览会。

② 参展商 1 200 余家，大型跨国集团 22 家，展会面积达 75 000 m^2。

③ 每天接待参观人数超过 10 万人。

（2）需要解决的问题。

① 国展中心共有停车位 300 个，无法满足大型展览的需要。在前六届车展中，参观人员无处停车。

② 在前六届车展中，国展中心门口秩序混乱，甚至影响北三环路的畅通。

（3）拥堵的主要原因。

① 停车泊位严重不足。

② 国展中心门口车辆左转进出停车场，影响对向直行车辆行驶。

③ 由于停车场建在国展中心马路对面，从停车场出来的参观人群需横穿马路，造成交通秩序混乱。

④ 三元西桥下信号灯放行的通行能力有限，到达车流超过通行能力，造成拥堵。

课堂讨论：

由学生提出缓解上述问题的建议和理由。

2. 北京中关村地区交通组织案例

北京中关村地区交通拥堵情况见图 3–54。

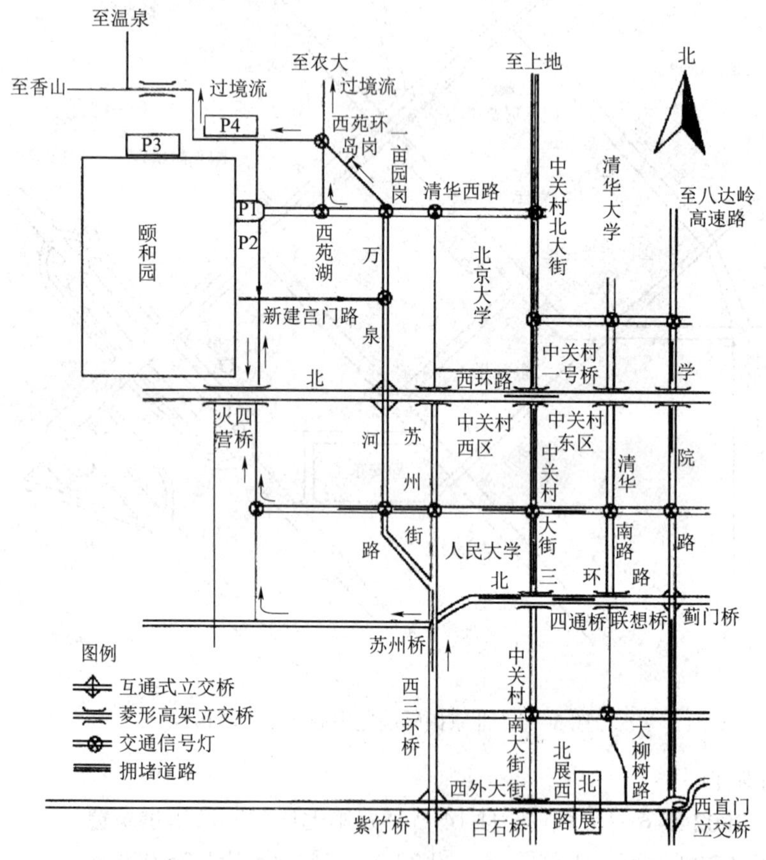

图 3–54　北京中关村地区交通拥堵情况

（1）案例背景。

① 中关村位于北京市西北角，区域内有清华、北大、人大等高校，中科院几十所科研机构，以及上地高新技术产业开发区，区内人口密集。

② 区内交通拥堵主要集中在南北向的中关村大街上，特别是与北三环相交的四通桥、与北四环相交的中关村一号桥两座主立交桥上。

（2）拥堵的主要原因。

① 中关村地区的超强度开发，产生巨大的交通需求，是产生供需倒置式交通拥堵的直接

原因。

② 中关村知名度高，成为强大的交通吸引源，是产生供需倒置交通拥堵的间接原因。

③ 中关村交通的边界制约点在西直门立交桥。

④ 中关村夹在市区与颐和园、香山中间，中关村大街上的交通流有一半以上是过境交通流，增加了该区域的交通压力。

⑤ 中关村大街上有公交线路 33 条，日配载量为 6 600 车次，平峰时形成公交“列车”，高峰时形成公交“墙”。一个只能停 4 辆公交车的站台上面要竖 30 多条公交车的站牌，公交车你争我抢，阻断正常的社会交通。

课堂讨论：

由学生提出缓解上述问题的建议和理由。

第一次课程作业

（1）选题：自选交通小区或交叉路口，分组调研，描述交通现状，发现存在的交通组织问题，提出改进和优化方案，并分组撰写报告和制作 PPT。

（2）分组：2～4 人一组，自由组合，自选组长，注明分工。

（3）任务：每组提交电子版的报告和 PPT，课上用 PPT 介绍（每组 5 ~ 6 min），然后回答老师和同学的提问。

第 4 章 城市交通控制

4.1 城市交通控制概述

4.1.1 交通信号控制的基本概念

交通信号灯及其控制技术随着社会的发展而发展。早期的交通信号灯只有红、绿两种灯色，绿色表示允许通行，红色表示禁止通行。后来由于车辆不断增多及驾驶员争道，因此出现了红、黄、绿三种灯色的交通信号灯。黄灯对驾驶员争道起预警作用，黄灯亮表示红灯即将亮，车辆须停止。随着交通事业的发展，在交叉路口，各个方向的车—车冲突、人—车冲突问题越来越突出，这就要求对车流、人流在时间上进行更加严格的分离。为了适应这种发展的需要，信号配时技术的研究得到不断进步，相继出现了各种时间分离方法。同时，由于电子技术的不断发展，也为设计适应需要的交通信号控制机及车辆检测器提供了条件，先后出现了不同种类的交通信号控制设备，如机械控制器、电机控制器、电子控制器，直至计算机控制系统，相应地产生了符合多种时间分离方法的多样化的现代信号灯。除了红、黄、绿三色灯以外，还出现了指示方向的箭头灯、闪烁灯及倒计时指示灯等。

1. 信号灯的含义

1）非闪灯

（1）绿灯：通行。

（2）红灯：不许通行，车辆不能超过停止线。

（3）黄灯：车辆应停止，除非已经接近停止线，无法安全制动的车辆可以开出停止线。

2）闪灯

（1）闪红灯：警告车辆不能通行。

（2）闪黄灯：车辆可以通行，但必须小心。

3）箭头灯

（1）绿色箭头灯：车辆只允许沿箭头方向行驶。

（2）红色或黄色箭头灯：仅箭头所指方向起红灯或黄灯作用。

4）专用于自行车的信号灯

信号灯上加有自行车的图案。

2. 设置交通信号控制的利弊

1）利

（1）确保辅路的通行时间。

（2）从时间上分离不同方向的车流。

（3）提高通行能力。

2）弊

（1）额外的时间损失（启动损失、全红时间）。

（2）交通量较少时，闯红灯的车辆更危险。

3. 我国交通信号的设置依据

（1）机动车信号灯设置条件：高峰小时和 12 h 交通流量超过一定数值时。

（2）交叉口非机动车信号灯设置条件：有分道线，道路宽度大于 15 m。

（3）交叉口人行横道灯设置条件：行人高峰小时流量大于 500 人次/h。

（4）交叉口车道信号灯设置条件：分道控制的交叉口。

（5）路段人行横道灯和车道信号灯设置条件：交叉口间距大于 500 m，高峰小时车流量大于 750 辆，12 h 流量超过 8 000 辆，行人高峰小时流量超过 500 人次/h。

4. 信号灯的控制类型

1）按控制范围分

（1）单个交叉口的交通控制。每个交叉口的交通控制信号只按照该交叉口的交通情况独立运行，不与其邻近交叉口的控制信号有任何联系，称为单个交叉口交通控制，也称为单点信号控制，俗称“点控制”。这是交叉口交通信号控制的最基本的形式。从技术上讲，它又分为离线点控制和在线点控制。

（2）干道交叉口信号联动控制。把干道上若干连续交叉口的交通信号通过一定的方式连接起来，同时对各交叉口设计一种相互协调的配时方案，各交叉口的信号灯按此协调方案联合运行，使车辆通过这些交叉口时，不致经常遇上红灯，称为干道信号联动控制，也叫“绿波”信号控制，俗称“线控制”。

（3）区域交通信号控制系统。以某个区域中所有信号控制交叉口作为协调控制的对象，称为区域交通信号控制系统，俗称“面控制”。控制区内各受控交通信号都受交通控制中心的集中控制。对范围较小的区域，可以整区集中控制；对范围较大的区域，可以分区分级控制。分区的结果往往使面控制成为一个由几条线控制组成的分级集中控制系统，这时，可认为各线控制是面控制中的一个单元。有时分区成为一个点、线、面控制的综合性分级控制系统。

2）按控制方法分

（1）定时控制。交叉口交通信号控制机均按事先设定的配时方案运行，也称定周期控制。一天只用一个配时方案的，称为单段式定时控制；一天按不同时段的交通量采用几个配时方案的，称为多段式定时控制。

（2）感应控制。感应控制是在交叉口进口道上设置车辆检测器，信号灯配时方案由计算机或智能化信号控制机计算，可随检测器检测到的车流信息而随时改变的一种控制方式。感应控制的基本方式是单个交叉口的感应控制，简称单点感应控制。单点感应控制随检测器设置方式的不同，可分为：① 半感应控制，只在交叉口部分进口道上设置检测器的感应控制；② 全感应控制，在交叉口全部进口道上都设置检测器的感应控制。

（3）自适应控制。把交通系统作为一个不确定系统，能够连续测量其状态，如车流量、停车次数、延误时间、排队长度等，逐渐了解和掌握对象，把它们与希望的动态特性进行比较，并利用差值改变系统的可调参数或产生一个控制，从而保证不论环境如何变化，均可使控制效果达到最优或次优的一种控制方式。

5. 交通信号的控制模式

1）周期控制模式

交通参数中交通流量 Q 与占有率 O 是两个重要参数，周期控制模式是通过实时采集车辆到达信息，经过参数辨识得出交通量 Q 与占有率 O 之间的关系，根据 Q–O 关系求得控制量（周期）的大小，实现自适应控制。Q–O 关系用曲线表示如图 4–1 所示。Q–O 曲线上不同段反映了不同的交通状况。通过图 4–1 可见，交通量随占有率的增加而增加；当占有率 $O=O_m$ 时，到达最大通行能力 Q_m；当占有率 $O>O_m$ 时，交通量随占有率的增加而降低。

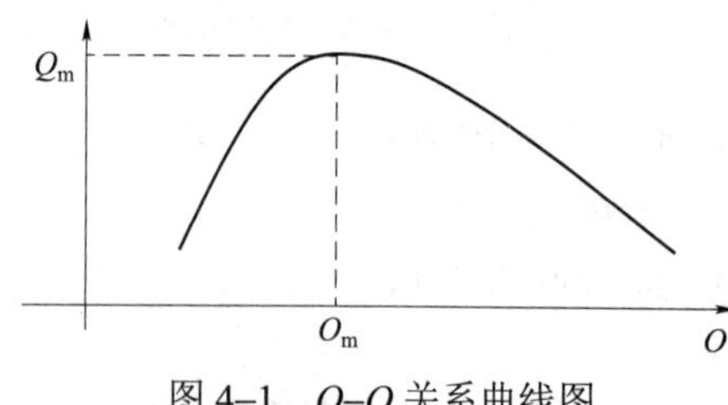

图 4–1　Q–O 关系曲线图

2）相位差与绿信比控制模式

除了周期之外，相位差和绿信比也是交通信号控制最重要的控制参数。相位差决定于路口之间几何间距及系统的车流宏观平均速度。如果系统具有相对稳定的交通行为，平均车速也视为定值，那么相位差也应该是不变值。然而由于协调控制，周期长短在变化，要保持确定的相位差，就必须实现相位差跟踪控制。要注意的是，相位差的频繁变化对系统协调控制不利，应根据实际需要对相位差进行锁定控制。

绿信比控制分为宏观绿信比控制和微观绿信比控制。宏观绿信比控制对应于方案选择，微观绿信比控制对应于多相位控制中每一个相位状态绿信比的微调控制。在微观绿信比控制中主要考虑是否延长或缩短可变步伐的绿信比。在绿信号结束之前，若车辆检测器检测到有车辆，就需要延长绿信号时间；如果没有检测到车辆，就缩短绿信号时间。为了使系统控制过程保持稳定，由感应控制引起的时间差必须设法在指定的步伐加以补偿，使信号周期保持固定。

3）时间表控制模式

在这种控制方式下，系统采用感应控制和方案选择相结合。根据平时收集到的交通信息，总结出一套适合于交叉口在不同时间段内（高峰期及非高峰期）的交通控制方案，将这些方案设置于控制系统内。在实时控制时，系统根据车辆检测器实时采集数据选择方案，在此基础上进行感应信号控制。一旦车辆检测器出现故障，也可以根据平时积累的交通规律数据按预定的方案进行信号控制。

4）子区域连接控制模式

当考虑区域交通控制系统时，在控制区域范围内可以根据区域内交通状况把许多路口划分为不同的周期子区。一个周期子区可以由两个以上路口组成，也可以由单一路口组成。在一个周期子区内必有一个关键路口。这些关键路口都应安装车辆检测器。关键路口收集的交通数据决定了该子区的控制方案。同一周期子区内又划分为不同的相位差——绿信比子区。

4.1.2　交通信号控制的基本原理

1. 基本概念

信号周期（C）：信号色灯显示一个循环所需的时间。

信号相位：同时获得通行权的车流或行人进路的组合。

相位数（n）：不同进路通行权组合的数目。

相序：不同相位获得通行权的先后顺序。

其他：绿灯时间（G）、黄灯时间（A）、红灯时间（R）、全红时间（r）。

两相位信号的基本相位情况见图 4–2。两相位信号的基本相位配时情况见图 4–3。有全红两相位信号配时情况见图 4–4。

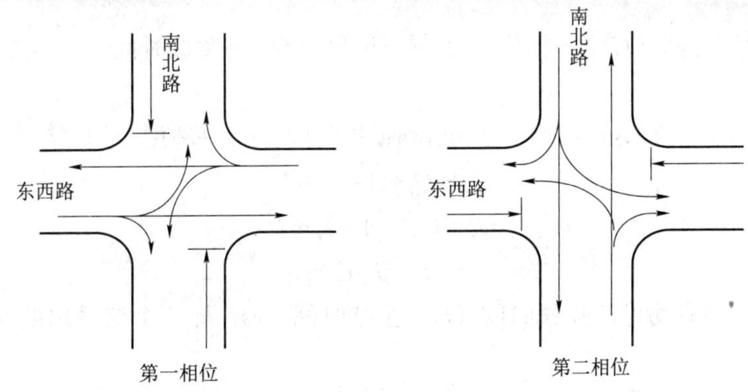

图 4–2　两相位信号的基本相位图

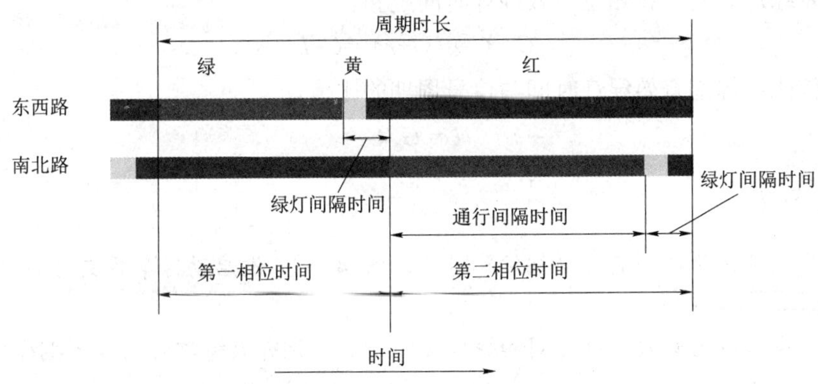

图 4–3　两相位信号的基本相位配时图

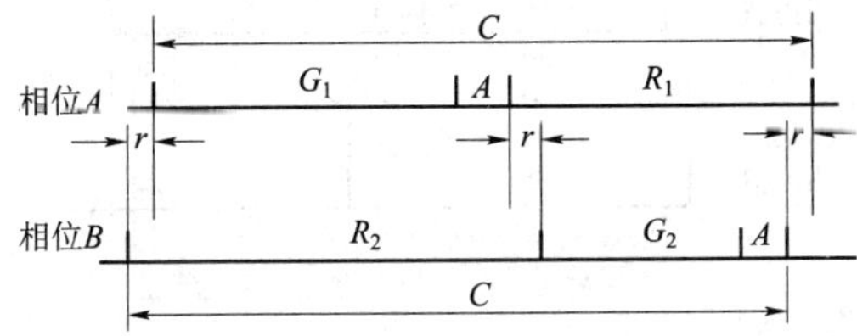

图 4–4　有全红两相位信号配时示意图

绿灯间隔时间（E）：一个信号相位绿灯时间结束，到下一个信号相位绿灯时间开始之间的时间间隔，见图 4–5。

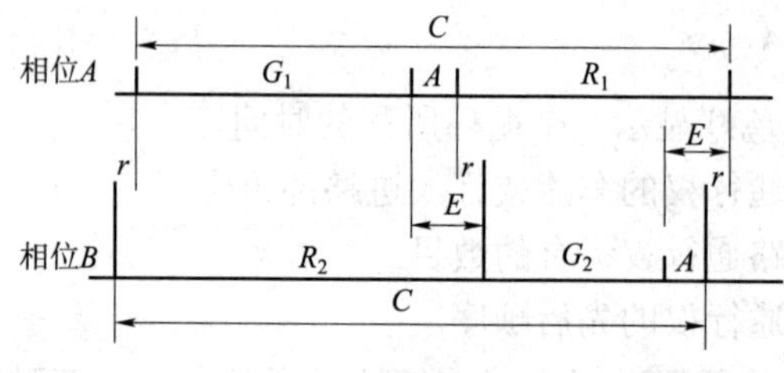

图 4–5　绿灯时间间隔（E）示意图

相位有效绿灯时间（G_{ei}）：绿灯信号时段内能充分利用（有车辆通过交叉口）的时间。

相位有效绿灯时间（G_{ei}）=相位 i 的绿灯时间（G_i）+黄灯时间（A）–启动停车损失时间（l）

启动停车损失时间（l）=启动损失时间（l_1）+清尾时间（l_2）

$$G_{ei}= G_i+A-l_1-l_2 \tag{4–1}$$

$$G_i = G_{ei}-A+l_1+l_2 \tag{4–2}$$

$$u_i=G_{ei}/C \tag{4–3}$$

相位损失时间=启动停车损失时间（l）+全红时间（r），即一个信号周期内，不能被充分利用的时间。

周期损失时间：$L= n（l+r）$　（4–4）

周期有效绿灯时间：各相位有效绿灯时间之和。

$$G_e=C-n（l+r）=C-L \tag{4–5}$$

周期绿信比：周期有效绿灯时间与信号周期的比值。

$$U= G_e/C \tag{4–6}$$

课堂练习 1

已知：两相位信号控制交叉口相位配时（见图 4–6），设启动停车损失时间 l=4 s，全红时间 r=1 s。

求：（1）各相位的有效绿灯时间和绿信比；（2）周期有效绿灯时间和周期绿信比。

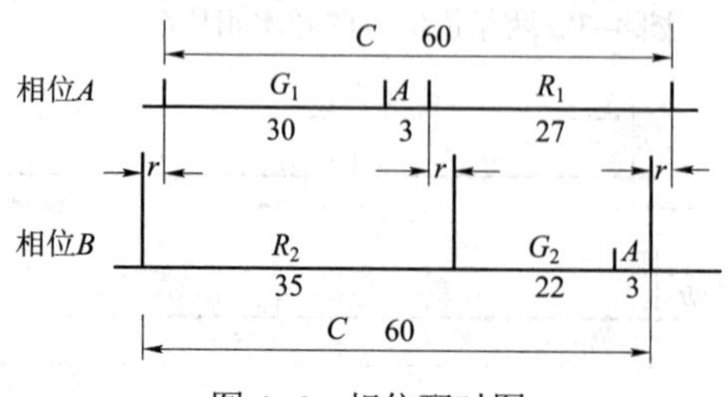

图 4–6　相位配时图

2. 饱和流率的测算

$$S = 3\,600/h_0 \tag{4-7}$$

式中：S ——车道饱和流率，辆/h；

h_0 ——饱和车头时距，s。

根据图 4–7、图 4–8 和表 4–1 的内容测算饱和车头时距，其中车头时距观测数据见图 4–7，车头时距分布情况见图 4–8，平均车头时距观测数据见表 4–1。

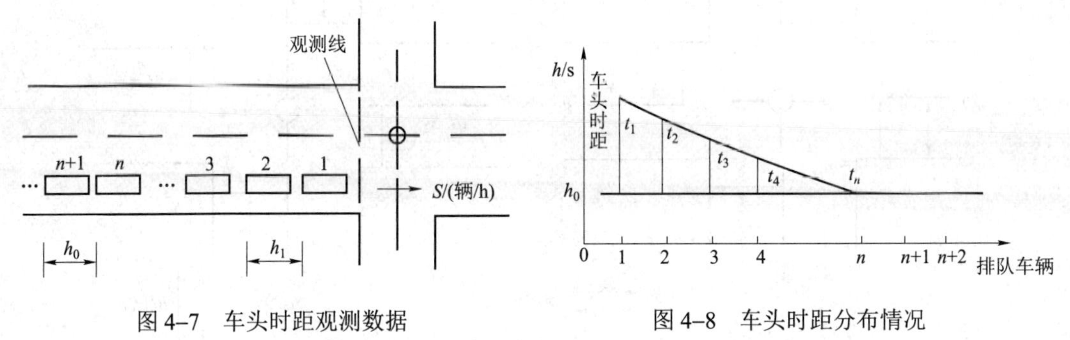

图 4–7　车头时距观测数据　　　　图 4–8　车头时距分布情况

表 4–1　平均车头时距观测数据

排队车辆序号	车头时距（h_0+t_i）/s	损失时间（t_i）/s
1	3.8	1.4
2	3.3	0.9
3	2.9	0.5
4	2.6	0.2
5	2.5	0.1
≥6	2.4	0

4.2　城市交通控制的基本方法——定时控制

4.2.1　定时控制的特点

（1）固定的信号周期、固定的绿信比。

（2）全天可以是一个配时方案，也可以分时段采用多个方案。

（3）每个时段内使用固定的配时方案。

（4）配时方案根据交叉口历史数据确定。

（5）配时方案的切换可以是手动或自动进行。

（6）定时控制信号机安装简单、维护方便、成本低。

4.2.2 确定关键车道

在图 4–9 中，每个信号相位均有两个方向的车道放行，每个车道有各自的流率比（q_i/S_i，q_i为车辆到达率，S_i为饱和流率），取其中比值最高的车道，作为各自相位的关键车道。

两个关键车道的组合，构成交叉口的关键车道组。由关键车道组来确定交叉口的信号配时。

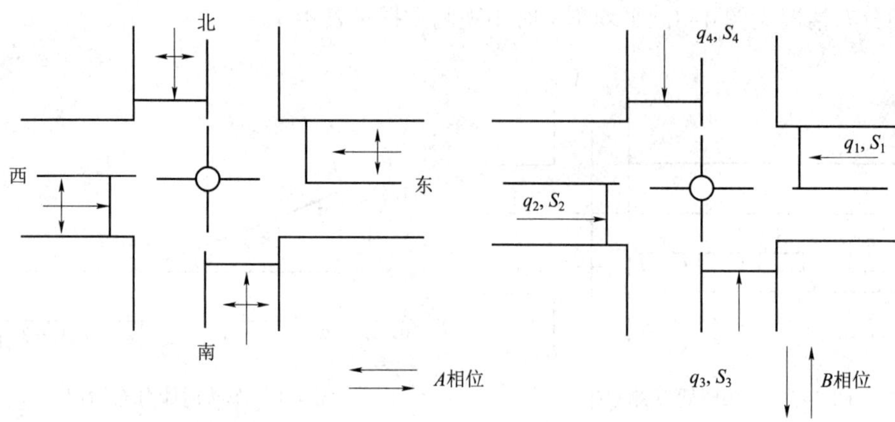

图 4–9　确定关键车道示意图

课堂练习 2

已知：图 4–10 为信号控制相位 A 和相位 B，以及每个相位包含的车道，各进口道饱和流率均为 S。

求：相位 A 和相位 B 的关键车道。

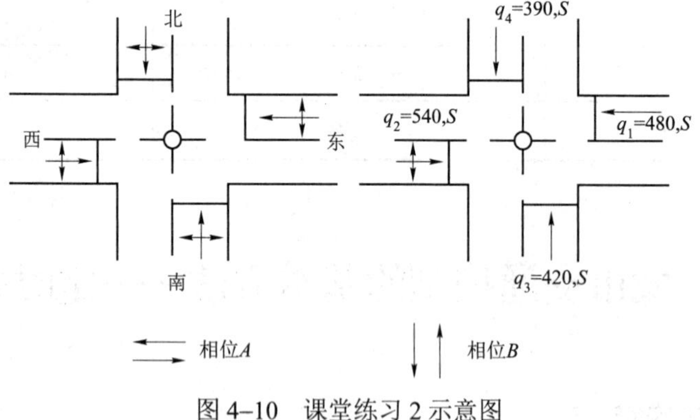

图 4–10　课堂练习 2 示意图

4.2.3 最短信号周期

$$C_m = \frac{L}{1-Y} \tag{4–8}$$

式中：C_m——最短信号周期；

L——周期损失时间；

Y——交叉口关键进口道总流率比。

图 4–11 为最短信号周期的确定。

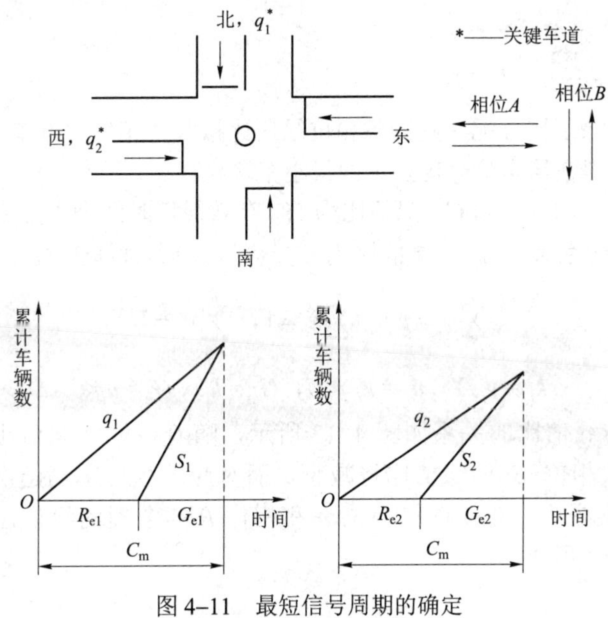

图 4–11　最短信号周期的确定

课堂练习 3

已知：两相位控制的交叉口，$q_1 = 504$ 辆/h，$q_2 = 360$ 辆/h，$S = 1\,440$ 辆/h，$S_1 = S_2 = S$，$L = 10$ s。
求：该交叉口的最短信号周期 C_m。

4.2.4 信号周期优化

优化交叉口的信号配时方案使车辆延误最小。图 4–12 为通行能力、车辆延误与信号周期的关系。韦伯斯特算法的最佳信号周期 C_0 经验计算公式为：

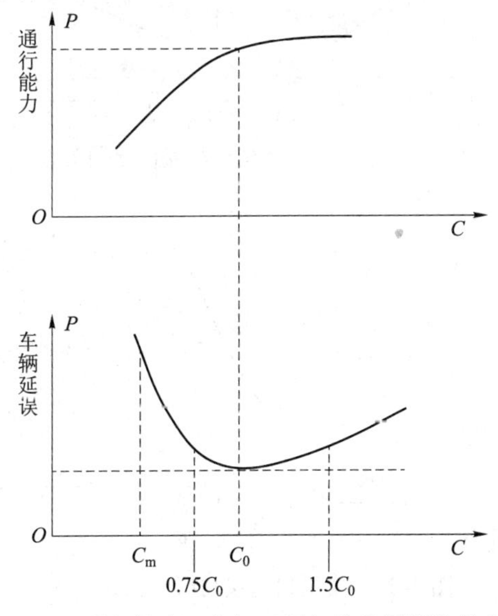

图 4–12　通行能力、车辆延误与信号周期的关系图

$$C_0 = \frac{1.5L+5}{1-Y} \tag{4-9}$$

4.2.5 绿信比的分配

韦伯斯特算法的绿信比分配原则为各相位绿信比按照各相位关键车道流率比之间的比例进行分配，这样可获得在给定信号周期下的最小车辆延误。

设有 n 个相位，周期时长为 C，绿信比为 U，有效绿灯时间为 G_e，相位 i 的关键车道流率为 y_i，绿信比分配系数为 k_i，绿信比为 u_i，有效绿等时间为 G_{ei}，则：

$$\sum_{i=1}^{n} y_i = Y,\ \sum_{i=1}^{n} k_i = 1,\ \sum_{i=1}^{n} u_i = U$$

$$k_i = y_i / Y,\ u_i = k_i \times U,\ G_{ei} = k_i \times G_e = u_i \times C$$

相位车辆延误与绿信比的关系如图 4–13 所示，随着相位 A 绿信比的增加，其相位车辆延误减小；同时，相位 B 的绿信比将减小，而对应的相位车辆延误会增加。为了使交叉口的总体车辆延误减少，需要选择相位 A 和相位 B 的合理的绿信比，交叉口延误与绿信比的关系如图 4–14 所示。

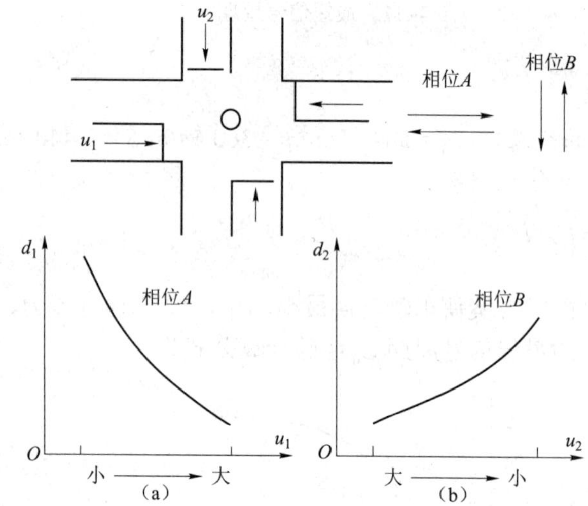

图 4–13　相位车辆延误与绿信比的关系

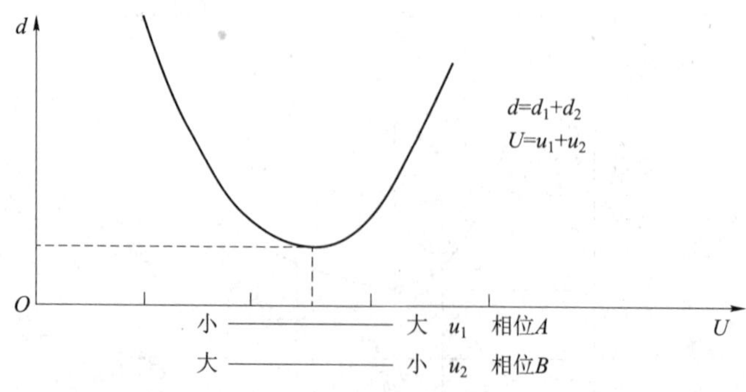

图 4–14　交叉口延误与绿信比的关系

课堂练习 4

已知：两相位控制交叉口，相位 1 的关键车道流率 y_1=0.35，相位 2 的关键车道流率 y_2=0.25，周期损失时间 L=10 s，启动停车损失时间 l=4 s，黄灯时间 A=3 s。

求：用韦伯斯特算法，计算最佳周期、各相位的绿信比和绿灯时间。

4.2.6　评价信号控制交叉口的交通效益指标

（1）通行能力。

（2）饱和度。

（3）行程时间。

（4）延误。

（5）停车次数。

（6）停车率。

（7）排队长度。

（8）油耗。

4.2.7　配时的基本方法

1. 信号相位基本方案

（1）确定原则：信号相位与交叉口渠化同步、根据左右转交通流设置专用左右转车道和相位。

（2）新建交叉口信号相位方案见表 4–2。

表 4–2　新建交叉口信号相位方案

进口车道数	渠化方案	信号相位数	进口车道数	渠化方案	信号相位数
5	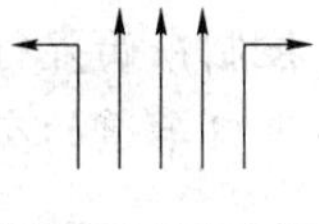	4	3	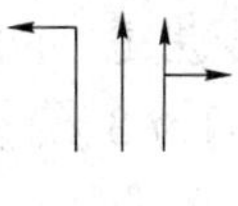	4
4	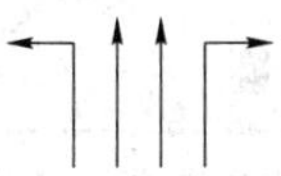	4	2	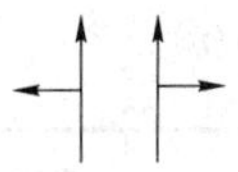	2

2. 设计交通量

$$q_{dmn} = 4 \times Q_{15mn} \tag{4–10}$$

式中：q_{dmn}——配时时段中，进口道 m 流向 n 的设计交通量（pcu/h）；

Q_{15mn}——配时时段中，进口道 m 流向 n 的高峰小时中最高 15 min 的流率（pcu/15 min）。

当没有达到最高 15 min 的流率时，可以按下式估算：

$$q_{dmn} = \frac{Q_{mn}}{f_{mn}} \tag{4–11}$$

式中：Q_{mn} ——配时时段中，进口道 m 流向 n 的高峰小时交通量（pcu/h）；

f_{mn} ——配时时段中，进口道 m 流向 n 的高峰小时系数，主要进口道取 0.75，次要进口道取 0.8。

各类进口车道的基本饱和流量见表 4–3。

表 4–3 各类进口车道的基本饱和流量 单位：pcu/h

车道类型	直行车道	右转车道	左转车道
基本饱和流量	1 400～2 000，平均 1 650	1 550	1 300～1 800，平均 1 550

3. 服务水平评估

$$d=d_1+d_2+d_3 \tag{4–12}$$

式中：d ——各车道平均信控延误（s/pcu）；

d_1——均匀延误（s/pcu）；

d_2——随机附加延误（s/pcu）；

d_3——初始排队附加延误（s/pcu）。

延误—服务水平的关系见表 4–4。

表 4–4 延误—服务水平表 单位：s

服务水平	*A*	*B*	*C*	*D*	*E*	*F*
每车信控延误	≤10	11～20	21～35	36～55	56～80	＞80

课堂练习 5

已知：信号控制交叉口设置三相位，南北上下行各两车道，东西上下行各一车道。相位 1 控制南北直行专用道，相位 2 控制南北左转专用道，相位 3 控制东西直行和左转混用道。启动停车损失时间为 3 s、黄灯时间 2 s、绿灯间隔时间 3 s。各进口车道的交通流量和饱和流量见表 4–5。

表 4–5 各进口车道的交通流量和饱和流量

项　　目	南直行进口	北直行进口	南左转进口	北左转进口	东进口	西进口
交通流量/（pcu/h）	360	380	260	300	350	410
饱和流量/（pcu/h）	1 400	1 500	1 300	1 350	1 500	1 550

求：（1）画三相位进路图；（2）计算交叉口周期（按照韦伯斯特算法的最佳周期）；（3）计算各相位绿信比；（4）计算各相位绿灯时间；（5）画三相位配时图。

4.3　城市交通控制的基本方法——感应控制

4.3.1　基本工作原理

相位 i 基本参数包括：初始绿灯时间（G_{is}）、单位绿灯延长时间（G_{io}）、最短绿灯时间（$G_{i\min}$）、最长绿灯时间（$G_{i\max}$）。

各参数满足关系：$G_{i\min} \leqslant G_i \leqslant G_{i\max}$，$G_{i\min} = G_{is} + G_{io}$，

$$G_i = G_{is} + k\,G_{io},\ k > 1,\ k \in \mathbf{N}$$

上述变量之间的关系如图 4–15 所示。

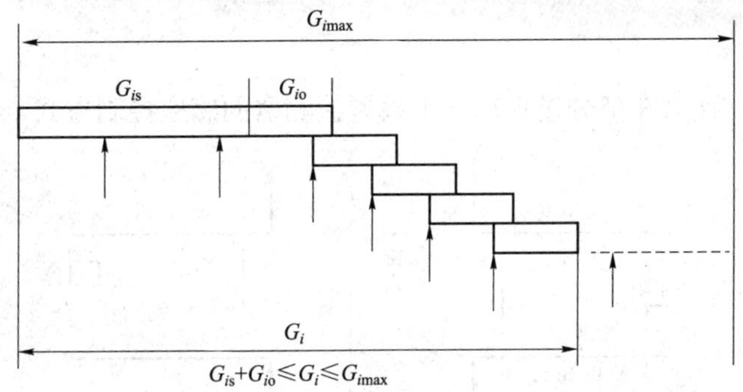

图 4–15　交通信号感应控制原理示意图

1. 初始绿灯时间

（1）保证停止线和检测器之间的车辆全部驶出停止线。

（2）保证行人安全过街。

（3）保证非机动车安全过街。

距离与时间的对应关系如表 4–6 所示。

表 4–6　距离与时间的对应关系

随检测器位置而定的初始绿灯时间	
检测器与停止线间距/m	初始绿灯时间/s
0～12	8
13～18	10
19～24	12
25～30	14
31～36	16

2. 单位绿灯延长时间

（1）能使车辆从检测器位置开出停止线。

（2）尽量不产生绿灯损失。

（3）注意被检测的车道数。

3. 最短绿灯时间

任意信号相位放行车辆的最短时间：保证初始绿灯时间结束时，后续到达的车辆能安全通过。

最短绿灯时间=初始绿灯时间+单位绿灯延长时间

$$G_{i\min} = G_{is} + G_{io} \tag{4-13}$$

4. 最长绿灯时间

最长绿灯时间一般为 30～60 s，也可以分别设定高峰时的最长绿灯时间和平峰时的最长绿灯时间。

4.3.2 半感应控制

1. 特点

半感应控制是一种只在部分进口车道上设置检测器的感应控制方式，如图 4–16 所示。

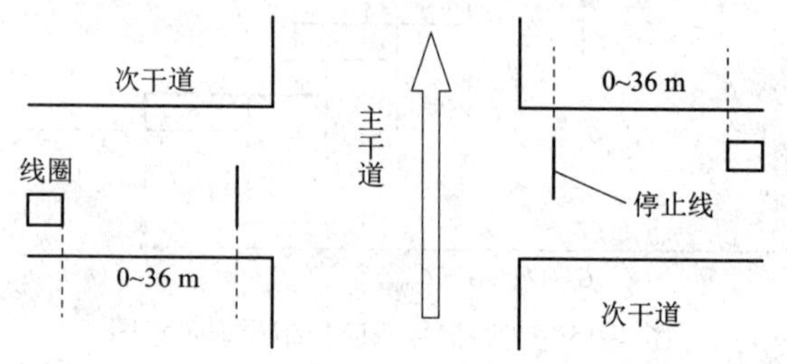

图 4–16 半感应控制示意图

2. 适用情况

半感应控制适用于主次道路相交且交通量变化较大的交叉口。其控制原理如图 4–17 所示。

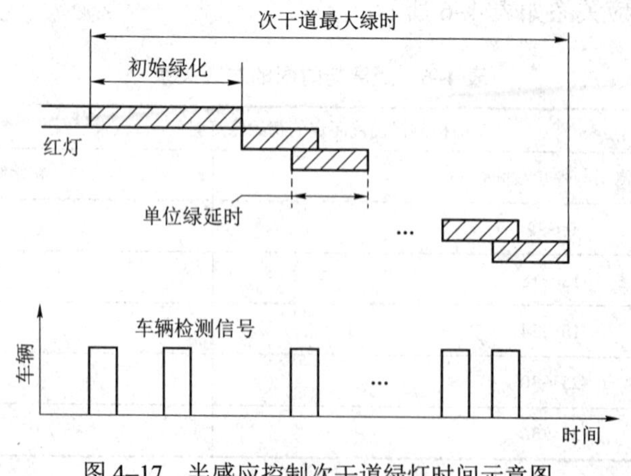

图 4–17 半感应控制次干道绿灯时间示意图

1. 检测器在次要道路上的半感应控制

（1）控制方式。

① 平时主路总是绿灯，对次路预置最短绿灯时间。

② 当次路检测到车辆到达时，次路为绿灯，如果没有后续车辆，则立即转换为主路绿灯；否则，次路到达最短绿灯时间时，强制改变相位。其控制流程如图 4–18 所示。

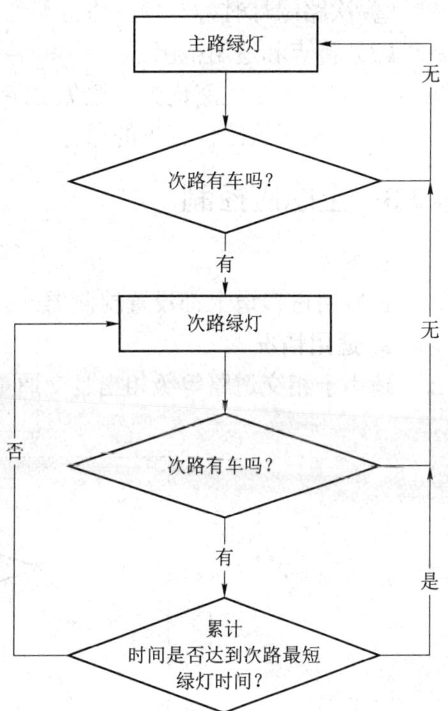

图 4–18　次路检测器半感应控制流程图

（2）特点和适用范围。

① 实质上是次路优先，只要次路有车就会打断主路。

② 次路非机动车需要等待较长时间，只有机动车到达时，才能随机动车通过交叉口。

③ 只在特殊地方适用，消防队、救护车和重要机关的出入口。

2. 检测器在主要道路上的半感应控制

（1）控制方式。

① 平时主路总是绿灯，当检测器在一段时间内检测不到主路有车时，才转换相位让次路通车。其控制流程如图 4–19 所示。

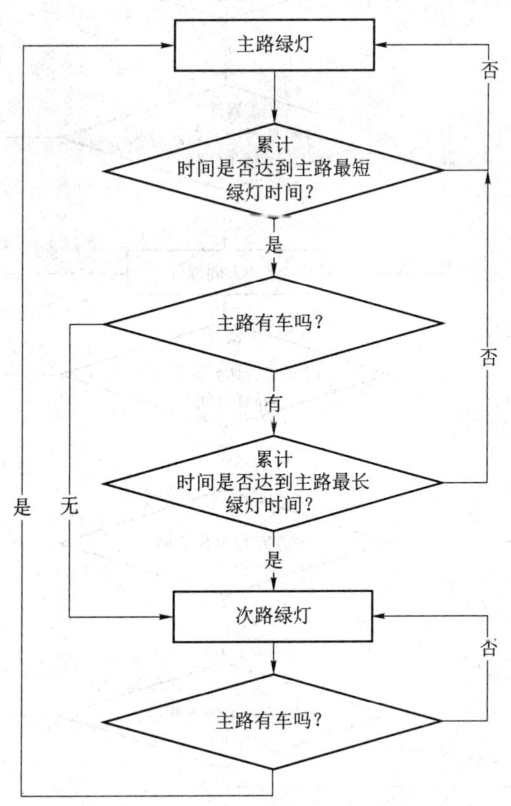

图 4–19　主路检测器半感应控制流程图

② 次路绿灯时，一旦主路检测到车辆到达，信号相位立即转换为主路通车。

（2）特点和适用范围。

① 实质上是主路优先，避免主路车流被次路车辆打断。

② 有利于次路自行车的通行。

4.3.3 全感应控制

1. 特点

在所用进口道上都设置检测器。

2. 适用情况

适用于相交道路等级相当且交通量变化较大的交叉口。其控制流程如图 4–20 所示。

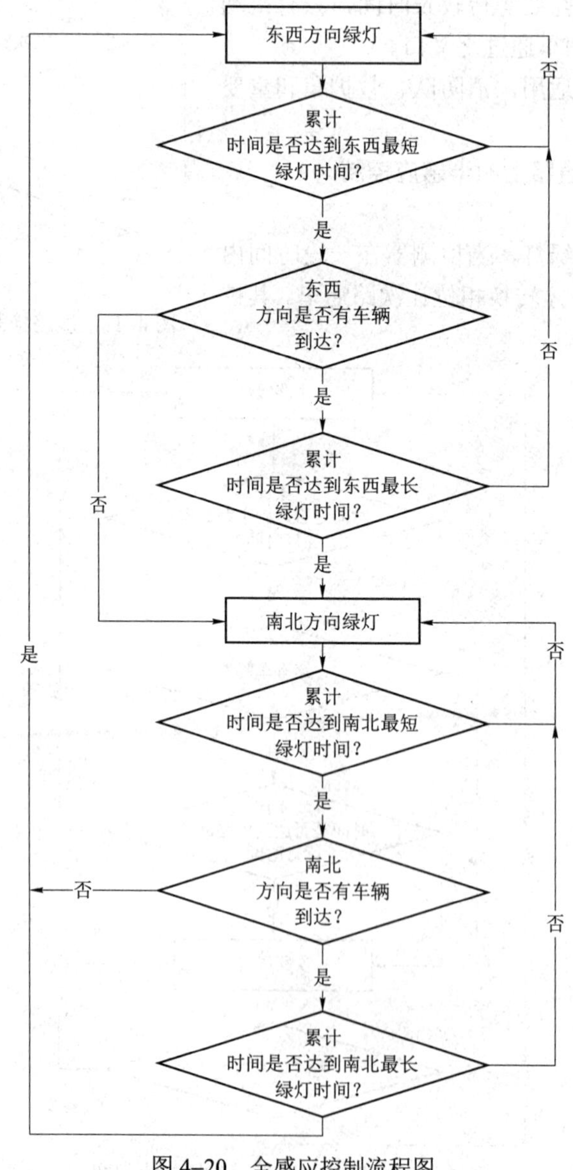

图 4–20　全感应控制流程图

课堂练习 6

（1）全感应信号控制，有 n 个相位，画出信号控制流程图；

（2）全感应信号控制，有 n 个相位，给出信号周期的计算方法。

4.3.4　各类信号控制的特点

1. 定时控制

（1）有利于信号协调。

（2）不受检测器影响。

（3）适于大量且行人到达呈均匀分布的交通处。

（4）经济方便。

2. 感应控制

（1）适用于交通量变化大、变化不规则、难以用定时控制处理的路口。

（2）在不适宜信号联动的干线使用。

（3）便于特殊信号控制。

（4）使于确保主路畅通。

（5）适用于几个流向的交通量时有时无、多变的复杂交叉口。

（6）适合在主次道路相交，只在次路有车辆和行人时才中断主路交通的路口。

4.4　城市交通控制的基本方法——干线协调控制

4.4.1　信号控制系统的基本参数

1. 周期时长

在信号控制系统中，为使各交叉口的交通信号协调，各个交通信号的周期时长必须是统一的。为此，必须先按单点定时信号的配时方法，根据系统中各交叉口的布局及交通流向、流量，计算出各个交叉口交通信号所需的周期时长，然后从中选出最大的周期时长作为这个系统的周期时长，需要周期时长最大的这个交叉口叫作关键交叉口。在近代控制系统中，对有些交通量较小的交叉口，实际需要周期时长接近于系统周期时长的一半，可把这些交叉口的信号周期时长设定为系统周期时长的半数，这样的交叉口叫作双周期交叉口。

2. 绿信比

在信号控制系统中，各个信号的绿信比是根据各个交叉口各个方向交通流量的流量比来确定的，因此，控制系统中，各个交叉口信号的绿信比不一定相同。

3. 相位差

相位差又称为“时差”，有绝对相位差和相对相位差之分。绝对相位差是指各个信号的绿灯或红灯的起点或终点相对于某一个标准信号绿灯或红灯的起点或终点的时间之差。相对相位差是指相邻两信号的绿灯或红灯的起点或终点之间的时间之差。相对相位差等于两个信号绝对相位差之差。

以红灯终点为标准的时差与以绿灯终点为标准的时差是相等的，一般多用于线控制系统中确定信号时差；以红灯起点或绿灯起点为标准的时差，一般多用于面控制系统中确定信号时差；各信号的绿信比相等时，各不同标准点的时差都相等，一般多用绿灯起点或终点作为时差的标点，这被称为绿时差。

4. 系统速度

系统速度又称带速度，它的确定一般有两种方法：一是人为规定速度，这种方法反映了道路管理部门和交通参与者的主观愿望，在交通量很大的情况下不一定能够实现；二是以车流的自然速度为系统速度，它需要根据道路状况不断调整，才能更好地适应路况。

在图 4–21 中，以交叉口 1 的主路方向的信号配时为基准时间，则时间 A1 是交叉口 2 主路方向信号配时的绝对相位差，时间 A2 是交叉口 3 主路方向信号配时的绝对相位差，时间 A3 是交叉口 4 主路方向信号配时的绝对相位差。时间 B1 则是交叉口 2 主路方向信号配时与交叉口 1 主路方向的信号配时的相对相位差，时间 B2 是交叉口 3 主路方向信号配时与交叉口 2 主路方向的信号配时的相对相位差。

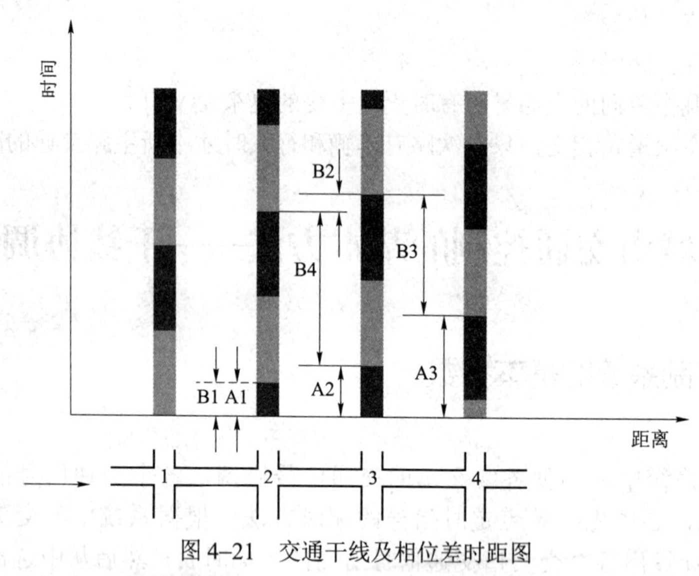

图 4–21 交通干线及相位差时距图

4.4.2 定时线控协调控制方式

1. 单向交通街道

$$O_f = \frac{S}{v} \times 3\,600 \tag{4–14}$$

式中：O_f ——相邻信号的相位差，s；

S ——相邻信号的间距，km；

v ——线控协调车辆可连续通过的车速，km/h。

2. 双向交通街道

当交叉口间距相等且各信号周期都是协调周期时长一半的整数倍时，可获得理想效果。

1）同步式协调控制

$$S = vC/3\,600 \qquad (4\text{–}15)$$

S——相邻信号的间距，km；

v——线控协调车辆可连续通过的车速，km/h；

C——相位时长，s。

2）交互式协调控制

$$S = vC/(2\times 3\,600) \qquad (4\text{–}16)$$

S——相邻信号的间距，km；

v——线控协调车辆可连续通过的车速，km/h；

C——相位时长，s。

4.4.3 定时线控协调控制的配时设计方法

1. 时间—距离图

时间—距离图如图 4–22 所示。

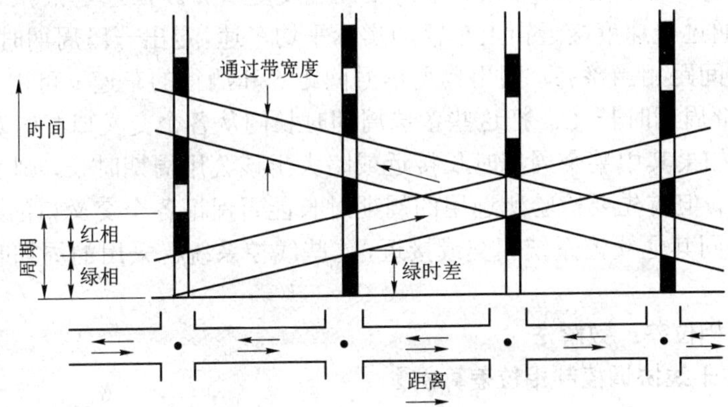

图 4–22　时间—距离图

2. 配时所需的数据

（1）交叉口间距。

（2）街道及交叉口布局。

（3）交通量。

（4）交通管理规则。

（5）车速和延误。

3. 计算候选配时方案

（1）按单点控制方式，确定每个交叉口的周期时长。

（2）以最大周期时长交叉口为关键交叉口，以此周期时长为系统候选周期时长。

（3）计算各交叉口的各相位绿信比和绿灯显示时间。

（4）关键交叉口的绿灯显示时间就是各交叉口对干道方向必需的最短绿灯时间。

$$g_{\mathrm{m}} = g_{\mathrm{me}} - I_{\mathrm{m}} + l \qquad (4\text{–}17)$$

$$g_{me}=(C_m-L_m)\frac{\max\{y_m,y'_m\}}{Y_m}$$

式中：g_m——关键交叉口主干道方向显示的绿灯时间，s；

g_{me}——关键交叉口主干道方向的有效绿灯时间，s；

I_m——关键交叉口绿灯间隔时间，s；

l——启动损失时间，s；

C_m——系统周期时长，s；

L_m——关键交叉口总损失时间，s；

y_m,y'_m——关键交叉口主干道方向的流量比；

Y_m——关键交叉口最大流量比之和。

（5）同上一步，计算非关键交叉口次要方向上的显示绿灯时间。

（6）令非关键交叉口的周期时长与关键交叉口一致。

4. 选定周期时长

交通信号协调控制系统中的系统周期时长，不仅决定各交叉口信号配时的结果，还与取得适用的时差有关，所以在协调系统时差时要经过反复试算。在选定试算周期时长时，常用的依据是：使通过带速度接近街上车辆的实际平均车速，定出一段周期时长的备选范围。如果系统中信号间距相当整齐，则用典型信号间距 S 和测得的车速 v 可由式（4–15）和式（4–16）定出一批周期时长 C。把这些备选周期时长同从各个交叉口配时算得的所需系统周期时长对比，如果其中某个周期时长接近或略大于该公用周期时长，则选用此周期时长作为试算的基础，但首先要检验所选用的周期时长能否保证各个交叉口的有效运行。如果设计的线控系统同其他线控系统相交或接近，这些线控系统已采用的周期时长就可定为系统的周期时长。

5. 确定信号相位差：数解法

【数解法确定干线协调控制相位差算例】

已知：A、B、C、D、E、F、G、H 共 8 个交叉口，它们之间的距离分别为 350 m、400 m、160 m、540 m、280 m、280 m、270 m。计算得到关键交叉口的周期时长为 80 s，相应的系统带速为 40 km/h（11.1 m/s）。

求：各个交叉口的相位差。

解：

（1）计算 a 列，$S=vC/2\approx 11\times 80/2=440$ m（取有效数字 44），这就是说，相距 440 m 信号的时差，正相当于交互式协调的时差（错半个周期）；相距 880 m 的信号，正好是同步式协调的时差（错一个周期）。以 A 为起始信号，则其下游同 A 相距 $vC/2$、vC、$3vC/2$ 处……即为正好能组成交互式协调或同步协调的“理想信号”的位置。考察下游各实际信号位置同各理想信号错移的距离，显然，此错移距离越小则信号协调效果越好。然后将 $vC/2$ 的数值在允许范围内变动，逐一计算协调效果最好的各理想信号的位置，以求得实际信号间协调效果最好的双向时差。以 44±10 作为最适当的 $vC/2$ 的变动范围，即 34 ~ 54，将此范围填入表 4–7 a 列内，a 列内各行数字即为假定“理想信号”的间距。

表 4–7　数解法确定信号时差

	A	B	C	D	E	F	G	H
a	35	40	16	54	28	28	27	b
34	1	7	23	9	3	31	24	14
35	0	5	21	5	33	26	18	13
36	35	3	19	1	29	21	12	9
37	35	1	17	34	25	16	6	10
38	35	37	15	31	21	11	0	11
39	35	36	13	28	17	6	33	11
40	35	35	11	25	13	1	28	12
41	35	34	9	22	9	37	23	13
42	35	33	7	19	5	33	18	14
43	35	32	5	16	1	29	13	13
44	35	31	3	13	41	25	8	12
45	35	30	1	10	38	21	3	11
46	35	29	45	7	35	17	44	12
47	35	28	44	4	32	13	40	15
48	35	27	43	1	29	9	36	18
49	35	26	42	47	26	5	32	21
50	35	25	41	45	23	1	28	22
51	35	24	40	43	20	48	24	20
52	35	23	39	41	17	45	20	17
53	35	22	38	39	14	42	16	14
54	35	21	37	37	11	39	12	15

（2）计算 a 列各行，以 a = 34 的一行为例，AB 交叉口实际间距为 35，同理想信号间距 34 的差值是 1，将 1 填入 AB 间的一列内。B 同其理想信号点的错移距离为 1，即 B 前移 10 m 就同 A 正好组成交互式协调。

B、C 原间距为 40，则 1+40–34=7，即 C 同其理想信号点的错移距离为 7，将 7 填入 BC 间的一列内。

C、D 原间距为 16，则 7+16–34 = –11，即 D 点要后移 11，才同其理想信号点相合，可同 A、B、C 各信号组成交互式协调，则将同 C 点组成同步协调，此时 D 距 C 的理想信号点为 7+16=23，记入 CD 间的一列内。

D、E 原间距为 54，则 23+54–34=43，距理想信号的间距太大，所以再减去一个理想信号的距离，即 43–34=9，记入 DE 间的一列内。

依此类推，计算至 G、H 间的一列。a=34 这一行的计算结束。

以下再计算 a 列内 a=35～54 各行，同样把计算结果记入相应的位置内。

（3）计算 b 列，仍以 a=34 一行为例，将实际信号位置与理想信号的挪移量，按顺序排列（从小到大），并计算各相邻挪移量之差，将此差值之最大者记入 b 列。a=34 一行的 b 值为 14。计算方法如表 4–8 所示。

表 4–8　b 值计算过程

A	B	F	C	E	D	H	G	A
0	1	3	7	9	23	24	31	34
	1	2	4	2	14	1	7	3

（4）确定最合适的理想信号位置：当 a=50 时，b=22 为最大值。取 b 为最大值时，对应 a 的值，即可得 A～H 各信号到理想信号的挪移量最小，即当 $vC/2$=500 m 时，可以得到最好的系统协调效率，如图 4–23 所示。图上 GF 间同理想信号间的挪移量之差最大，为 22，则理想信号同 G 间的挪移量为：（a–b）/2 =（50–22）/2=14，即各实际信号距理想信号的挪移量最大为 14。

理想信号距 G 为 140 m，则距 A 为 130 m，即自 A 前移 130 m 为第一理想信号，然后依次每 500 m 将各理想信号列在各实际信号间，如图 4–24 所示。

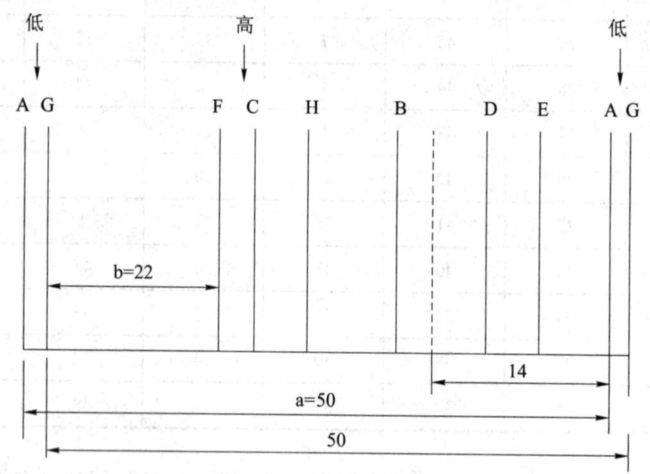

图 4–23　理想信号位置

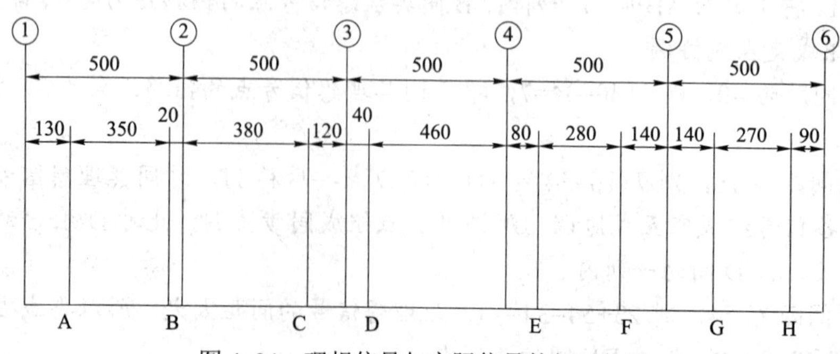

图 4–24　理想信号与实际信号的相对位置

（5）连续行驶通过带：把理想信号依次列在最靠近的实际信号下面（表 4–9 第 2 行），再把各信号在理想信号的左、右位置填入表 4–9 第 3 行。把各交叉口信号配时计算所得的主干道绿信比列入表 4–9 第 4 行。因实际信号与理想信号位置不一致所造成的绿时损失，列入表 4–9 第 5 行。从各交叉口的计算绿信比减去其绿时损失即为各交叉口的有效绿信比，列入表 4–9 第 6 行，则连续通过带的带宽为左、右两端有效绿信比最小值的平均值。此例从表 4–9 中可知，连续通过带的带宽为交叉口 A 的有效绿信比 29%与交叉口 H 的有效绿信比 32%的平均值。

（6）求时差：从表 4–9 可见，合用一个理想信号的左、右相邻实际信号间，应采用同步式协调；其他各实际信号间都用交互式协调，因此，每隔一个理想信号的实际信号间又是同步式协调。此例中，凡奇数理想信号相应的实际信号间为同步协调；而偶数理想信号相应的实际间为交互式协调。因此，相应于奇数理想信号的实际信号的时差为 100%–0.5λ%；相应于偶数理想信号的实际信号的时差为 50%–0.5λ%。表 4–9 第 7 行为求得的时差值。

如保持原定周期时长，则系统带速须调整为：

$$v = 2s/C = 2\times500/80 = 12.5\ \text{m/s} = 45\ \text{km/h}$$

表 4–9 计算绿时差

交叉路口	A	B	C	D	E	F	G	H
理想信号	①	②	③	③	④	⑤	⑤	⑥
各信号位置	右	左	左	右	右	左	右	左
绿信比 λ/%	55	60	65	65	60	65	70	50
损失/%	26	4	24	8	16	28	28	18
有效绿信比/%	29	56	41	57	44	37	42	32
绿时差/%	72.5	20.0	67.5	67.5	20.0	67.5	65.0	25.0

以上计算结果，如图 4–25 所示。

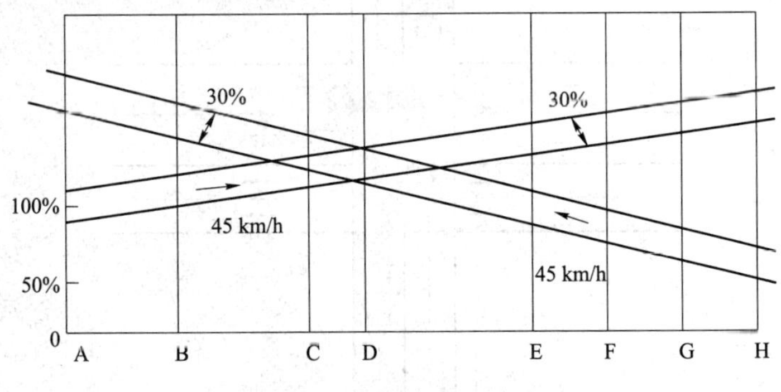

图 4–25 数解法计算结果

4.4.4 选用线控系统的依据

（1）车流的到达特性：脉冲式到达。

（2）信号交叉口之间的距离：不宜超过 600 m。

（3）街道运行条件：单向交通效果好。

（4）信号的分相：相位少有利于线控。

（5）交通随时间的波动：高峰期交通量大，容易形成车队。

4.5 城市交通控制的基本方法——单交叉口智能控制

4.5.1 思路

（1）提高交叉口绿灯时间的利用效率。

（2）充分利用实时交通数据。

（3）对现有控制方式有所改进。

（4）采用智能化信号控制算法。

4.5.2 主要方法

（1）模糊控制。

（2）神经网络控制。

（3）遗传算法控制。

单交叉口感应式信号控制原理如图 4–26 所示。单交叉口感应式信号控制仿真过程如图 4–27 所示。

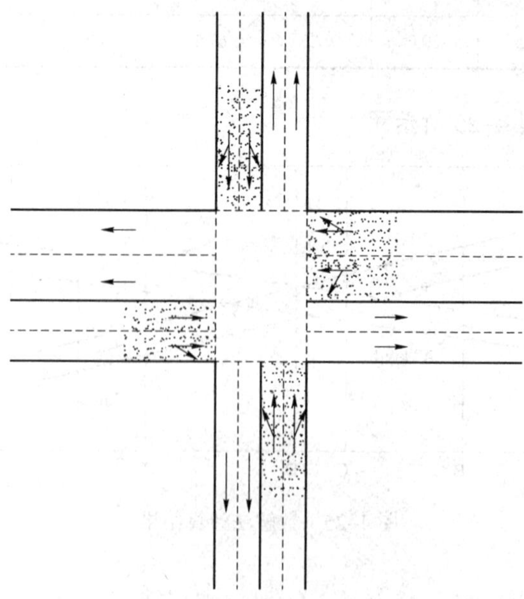

图 4–26 单交叉口感应式信号控制原理图

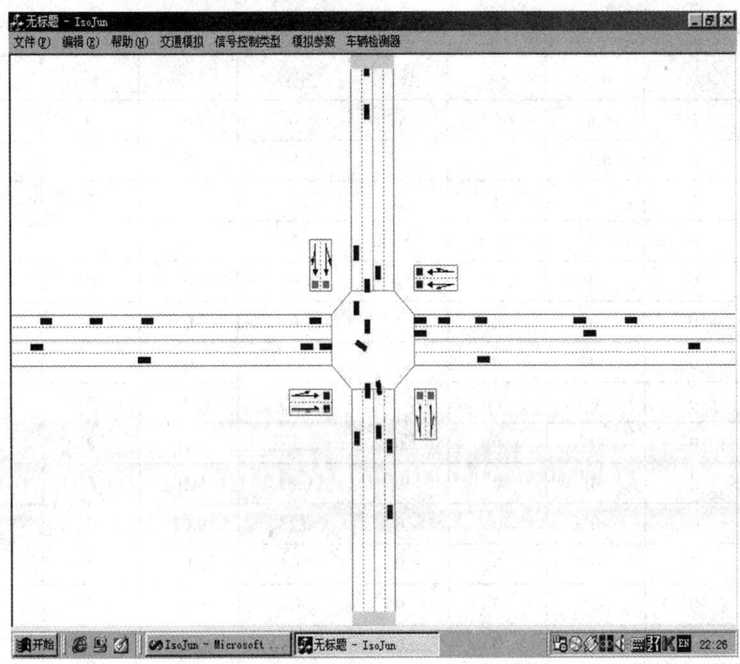

图 4–27　单交叉口感应式信号控制仿真过程图

4.5.3　方法建立过程

（1）对车辆到达状态进行分类，并确定隶属度函数取值方法，具体方法见图 4–28 和表 4–10。

（2）确定控制规则集——不变规则集和可变规则集，见表 4–11 和表 4–12。

（3）构造信号控制规则集的自学习算法。

（4）进行仿真实验和算法改进。

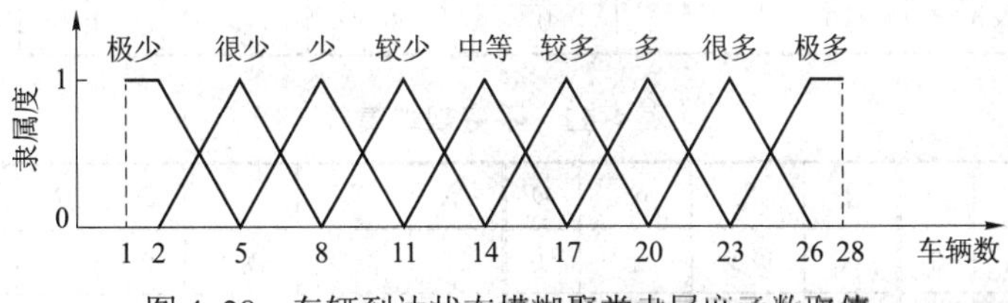

图 4–28　车辆到达状态模糊聚类隶属度函数取值

表 4–10　车辆到达状态模糊聚类隶属度函数值

车数	无	极少	很少	少	较少	中等	较多	多	很多	极多
0	1	0	0	0	0	0	0	0	0	0
1	0	1	0	0	0	0	0	0	0	0
2	0	1	0	0	0	0	0	0	0	0
3	0	0.67	0.33	0	0	0	0	0	0	0
4	0	0.33	0.67	0	0	0	0	0	0	0
5	0	0	1	0	0	0	0	0	0	0

续表

车数	无	极少	很少	少	较少	中等	较多	多	很多	极多
6	0	0	0.67	0.33	0	0	0	0	0	0
7	0	0	0.33	0.67	0	0	0	0	0	0
8	0	0	0	1	0	0	0	0	0	0
9	0	0	0	0.67	0.33	0	0	0	0	0
10	0	0	0	0.33	0.67	0	0	0	0	0
11	0	0	0	0	1	0	0	0	0	0
12	0	0	0	0	0.67	0.33	0	0	0	0
13	0	0	0	0	0.33	0.67	0	0	0	0
14	0	0	0	0	0	1	0	0	0	0
15	0	0	0	0	0	0.67	0.33	0	0	0
16	0	0	0	0	0	0.33	0.67	0	0	0
17	0	0	0	0	0	0	1	0	0	0
18	0	0	0	0	0	0	0.67	0.33	0	0
19	0	0	0	0	0	0	0.33	0.67	0	0
20	0	0	0	0	0	0	0	1	0	0
21	0	0	0	0	0	0	0	0.67	0.33	0
22	0	0	0	0	0	0	0	0.33	0.67	0
23	0	0	0	0	0	0	0	0	1	0
24	0	0	0	0	0	0	0	0	0.67	0.33
25	0	0	0	0	0	0	0	0	0.33	0.67
26	0	0	0	0	0	0	0	0	0	1
27	0	0	0	0	0	0	0	0	0	1
28	0	0	0	0	0	0	0	0	0	1
＞28	0	0	0	0	0	0	0	0	0	1

表 4–11　不变规则集

序	S_c	S_n	D	序	S_c	S_n	D	序	S_c	S_n	D	序	S_c	S_n	D
1	无	无	0	11	极少	无	1	21	很少	较多	0	31	少	极多	0
2	无	极少	0	12	极少	极少	1	22	很少	多	0	32	较少	无	1
3	无	很少	0	13	极少	中等	0	23	很少	很多	0	33	较少	极少	1
4	无	少	0	14	极少	较多	0	24	很少	极多	0	34	较少	很少	1
5	无	较少	0	15	极少	多	0	25	少	无	1	35	较少	少	1
6	无	中等	0	16	极少	很多	0	26	少	极少	1	36	较少	较少	1
7	无	较多	0	17	极少	极多	0	27	少	很少	1	37	较少	很多	0
8	无	多	0	18	很少	无	1	28	少	少	1	38	较少	极多	0
9	无	很多	0	19	很少	极少	1	29	少	多	0	39	中等	无	1
10	无	极多	0	20	很少	很少	1	30	少	很多	0	40	中等	极少	1

续表

序	S_c	S_n	D	序	S_c	S_n	D	序	S_c	S_n	D	序	S_c	S_n	D
41	中等	很少	1	51	较多	中等	1	61	很多	无	1	71	极多	极少	1
42	中等	少	1	52	较多	较多	1	62	很多	极少	1	72	极多	很少	1
43	中等	较少	1	53	多	无	1	63	很多	很少	1	73	极多	少	1
44	中等	中等	1	54	多	极少	1	64	很多	少	1	74	极多	较少	1
45	中等	极多	0	55	多	很少	1	65	很多	较少	1	75	极多	中等	1
46	较多	无	1	56	多	少	1	66	很多	中等	1	76	极多	较多	1
47	较多	极少	1	57	多	较少	1	67	很多	较多	1	77	极多	多	1
48	较多	很少	1	58	多	中等	1	68	很多	多	1	78	极多	很多	1
49	较多	少	1	59	多	较多	1	69	很多	很多	1	79	极多	极多	1
50	较多	较少	1	60	多	多	1	70	极多	无	1				

注：表中 S_c 为当前绿灯相位到达车辆数；S_n 为下一个相位到达车辆数；D 为决策变量，取值是 1 时表示延长当前相位的绿灯时间，取值为 0 时表示结束当前相位的绿灯时间。

表 4–12　可变规则集

序	S_c	S_n	D	序	S_c	S_n	D	序	S_c	S_n	D	序	S_c	S_n	D
1	极少	很少	0、1	7	少	较少	0、1	13	中等	较多	0、1	19	多	很多	0、1
2	极少	少	0、1	8	少	中等	0、1	14	中等	多	0、1	20	多	极多	0、1
3	极少	较少	0、1	9	少	较多	0、1	15	中等	很多	0、1	21	很多	极多	0、1
4	很少	少	0、1	10	较少	中等	0、1	16	较多	多	0、1				
5	很少	较少	0、1	11	较少	较多	0、1	17	较多	很多	0、1				
6	很少	中等	0、1	12	较少	多	0、1	18	较多	极多	0、1				

为了使信号控制效果能够在实际控制的过程中不断地改善，采用遗传算法改进规则。方案群体规模 n=16，每个方案的模拟时间 T=10 min，种群规模 2M=18，新个体规模 M=9，变异率 μ=0.015。

4.5.4　信号控制规则集的自学习算法——遗传算法

（1）生成 n 个初始规则集，其中可变规则集中的 D 值随机产生，每个规则集作为一个独立的信号控制决策方案。

（2）对每个方案进行模拟时间 T 的信号控制，并记录每个方案的车辆总停车等待时间作为评价指标。

（3）n 个方案都顺序进行了模拟时间的信号控制后，按照平均每车停车等待时间的大小，将 n 个方案从小到大排序。

（4）每个方案的适应度为 F_k，遗传概率为 H_k，（k=1，2，…，n）。

$$F_k = n - i + 1,\quad H_k = \frac{2F_k}{n(n+1)},\quad \sum_{k=1}^{n} H_k = 1 \tag{4–18}$$

其中，i 是按照平均每车停车等待时间从小到大排序后的序号。

（5）根据每个方案的遗传概率按照轮盘赌的方式从初始群体中选取 $2m$ 个方案作为种群。

（6）在避免相同方案配对的前提下，以随机的方式将种群中的 $2m$ 个方案配对，产生 m 对父代方案。每对父代方案产生一个子方案，子方案中可变规则集的 D 值以相同的概率（0.5）用随机的方式从两个父代方案中继承。

（7）全部 m 个子方案生成后，以变异率 μ 对这些方案中可变规则集的 D 值进行变异处理。

（8）用新产生的 m 个方案替换原群体中控制指标最差的 m 个方案，形成由 n 个方案组成的新一代群体。

（9）不断重复以上步骤。自学习效果见图 4–29 和图 4–30。

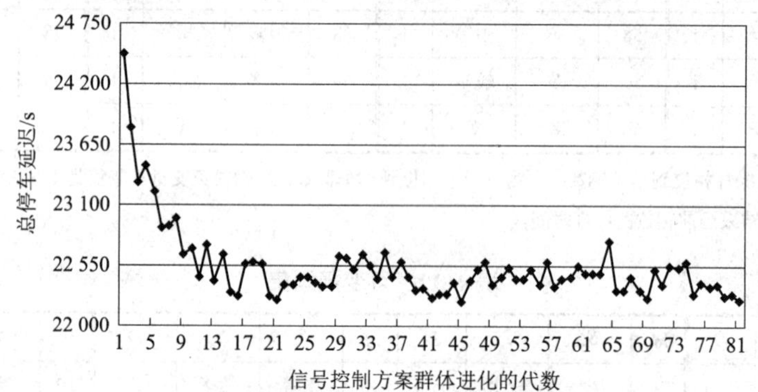

图 4–29　交通信号自学习控制过程效果曲线图

（交通量：3 960 辆/h）

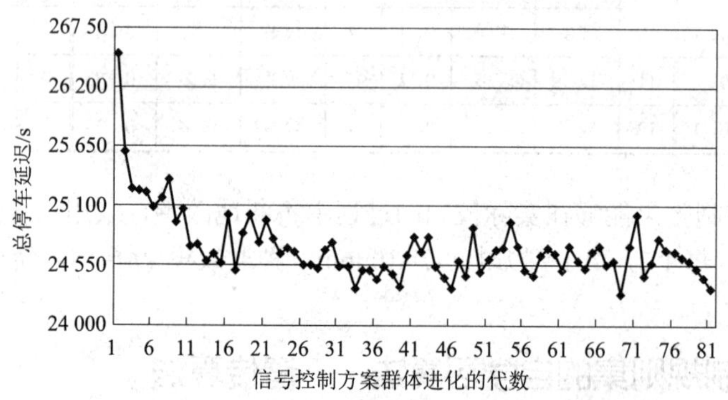

图 4–30　交通信号自学习控制过程效果曲线图

（交通量：4 320 辆/h）

自学习控制方法与定时控制、感应控制的效果比较图见图 4–31。通过图中的三条曲线说明自学习控制方法在控制效果方面与传统控制方式之间的区别，其中感应控制优于定时控制，自学习控制方法优于感应控制和定时控制；随着交通量的增大，感应控制的效果逐渐与定时控制接近，当交通量趋于饱和时，这两条曲线几乎相交；自学习控制方法在交通量较小时略优于感应控制，随着交通量的增加，自学习控制方法逐渐明显优于感应控制，当交通量接近饱和时，自学习控制方法已经显著优于感应控制。

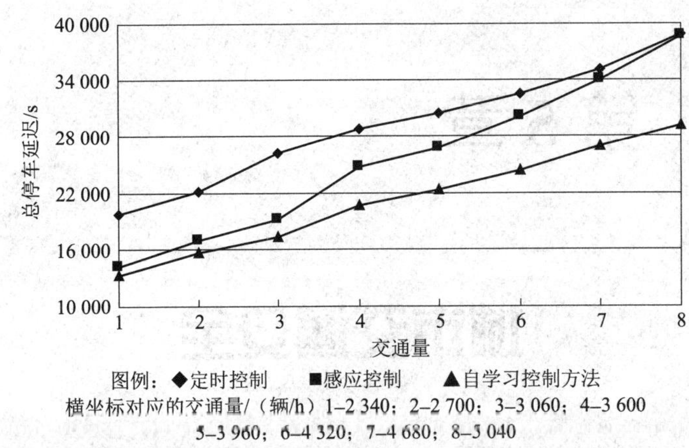

图例：◆定时控制　■感应控制　▲自学习控制方法
横坐标对应的交通量/（辆/h）1–2 340；2–2 700；3–3 060；4–3 600
5–3 960；6–4 320；7–4 680；8–5 040

图 4–31　自学习控制方法与定时控制、感应控制的效果比较图

第二次课程作业

（1）选题：自选一个灯控交叉路口，分组调研、描述交通信号配时现状，根据特定指标评价当前信号配时方案是否合理，合理则阐述理由；不合理则提出改进和优化方案，并分组撰写报告和制作 PPT。

（2）分组：2～4 人一组，自由组合，自选组长，注明分工。

（3）任务：每组提交电子版的报告和 PPT，课上用 PPT 介绍（每组 5～6 min），然后回答老师和同学的提问。

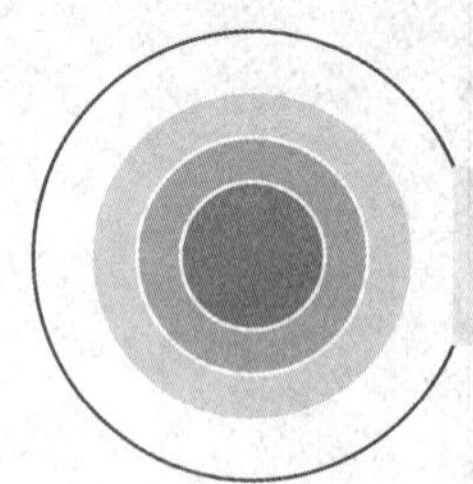

第 5 章

城市交通安全

课堂提问：

你认为哪些原因会引发交通事故？

5.1 城市交通安全概述

5.1.1 基本概念

（1）绝对安全：指没有危险、不受威胁、不出事故，即消除能导致人员伤害、发生疾病、死亡，或造成设备财产破坏、损失，以及危害环境的条件。

（2）相对安全：安全是相对的，绝对安全是不存在的。相对安全是指判明的危险性不超过允许限度的情况。

（3）危险：指在生产活动过程中，人或物遭受损失的可能性超出了可以接受的范围的一种状态。

（4）风险：就安全而言，风险是描述系统危险程度的客观量。

（5）事故：指与系统设计条件具有不可容忍的偏差并可能带来损失的事件。

5.1.2 安全的含义和特点

（1）这里讨论的安全是指生产领域的安全问题，不涉及军事或社会意义的安保，也不涉及与疾病有关的安全。

（2）安全不是瞬间的结果，而是对于某种状态的描述。

（3）安全是相对的，绝对安全是不存在的。

（4）构成安全问题的矛盾双方是安全与危险，而非安全与事故。因此，衡量一个生产系统是否安全，不应仅仅依靠事故指标。

（5）不同时代、不同领域可接受的损失水平是不同的，因而衡量系统的安全标准也不同。

5.1.3 风险的含义和特点

（1）风险是对一个系统内出现有害事件或非正常事件可能性的量度。

（2）风险可以被定义为发生一次事故的后果大小与该事故出现概率的乘积，即：

$$R（风险）=P（概率）\times C（后果） \tag{5-1}$$

（3）从整个系统的角度出发，风险表达式如下：

$$R=f(R_1,R_2,R_3,R_4,R_5) \tag{5-2}$$

式中：R_1——人的因素；

R_2——设备因素；

R_3——环境因素；

R_4——管理因素；

R_5——其他因素。

5.1.4 事故的含义和特点

（1）事故是违背人们意愿的一种现象。

（2）事故是不确定事件，其发生形式既受必然性的支配，但也不可避免地受到偶然性的影响。

（3）安全是相对的，绝对安全是不存在的。

（4）事故发生的原因有三类：目前尚未认识到的原因；已经认识到，但目前不可控制的原因；已经认识到，可以控制但是未能有效控制的原因。

（5）事故一旦发生，可以造成以下几种后果：人受到伤害，物受到损失；人受到伤害，物未受损失；人未受伤害，物受到损失；人和物均未受到伤害或损失。

5.1.5 安全与危险的关系

$$S（安全性）=1-D（危险性） \tag{5-3}$$

课堂提问：

危险、风险、事故三者的区别和联系是什么？

海因里希的事故因果连锁效应见图 5–1。博德的事故因果连锁效应见图 5–2。这两个图都说明事故的发生是一系列因素造成的，既有人的因素，又有环境因素。

亚当斯的事故因果理论则从目标、组织、机能三个角度对事故的起因进行考察，分为管理失误、现场失误、事故、伤害和损坏等多个方面，具体内容如表 5–1 所示。在该理论中，将事故的直接原因，即人的不安全行为和物的不安全状态称为现场失误，并对现场失误的原因进行了深入的研究：现场失误是由企业领导者及事故预防人员的管理失误造成的。管理失误反映企业管理系统中的问题，它涉及管理体制，包括如何有组织地进行管理工作，确定怎样的管理目标，如何计划、实现确定的目标等。管理体制反映作为决策中心的领导人的信念、目标和规范，它决定各级管理人员安排工作的轻重缓急、工作基准和指导方针等重大问题。

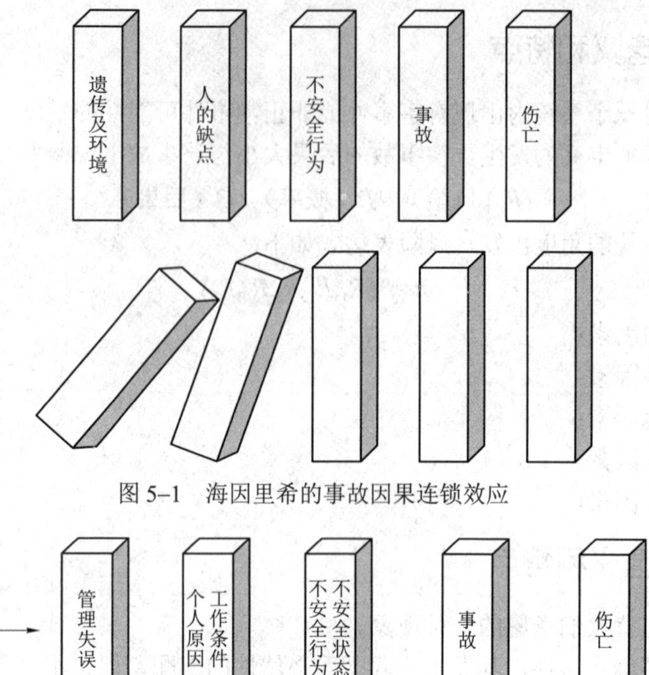

图 5–1　海因里希的事故因果连锁效应

图 5–2　博德的事故因果连锁效应

表 5–1　亚当斯的事故因果理论

管理体制	管理失误		现场失误	事故	伤害或损坏
目标	领导者在下述方面决策错误或没做决策	安全技术人员在下述方面出现管理失误或疏忽	不安全行为	—	伤害
组织	政策： 目标 权威 责任 职责	行为： 责任 权威 规则 指导	不安全状态	事故	损坏
机能	注意范围： 权限授予	主动性： 积极性 业务活动	—	—	—

瑟利模型（如图 5–3 所示）是典型的根据人的认知过程分析事故起因的理论。该模型将事故的发生过程分为危险出现（指形成潜在危险）和危险释放（指危险由潜在状态变为现实状态）两个阶段。这两个阶段都包含感觉（对事故的感知）、认知（对事件的理解）和行为响应过程。在危险出现阶段，如果人的信息处理环节都正确，危险就能被消除或控制；反之，就会使参与者面临危险。在危险释放阶段，如果人的信息处理过程都正确，则人员虽然面临显示出来的危险，但仍然可以避免危险释放出来，不会带来伤害；反之，危险就会转化为伤害或损害。

安德森模型（如图 5–4 所示）在瑟利模型的基础上增加了一组问题，涉及危险线索的来源及可观察性、运动系统内的波动，以及控制或减少这些波动使人与人的行为的波动相一致，并对工作过程提出了 8 个问题。对模型中的每个问题，如果回答是肯定的，则能保证系统安

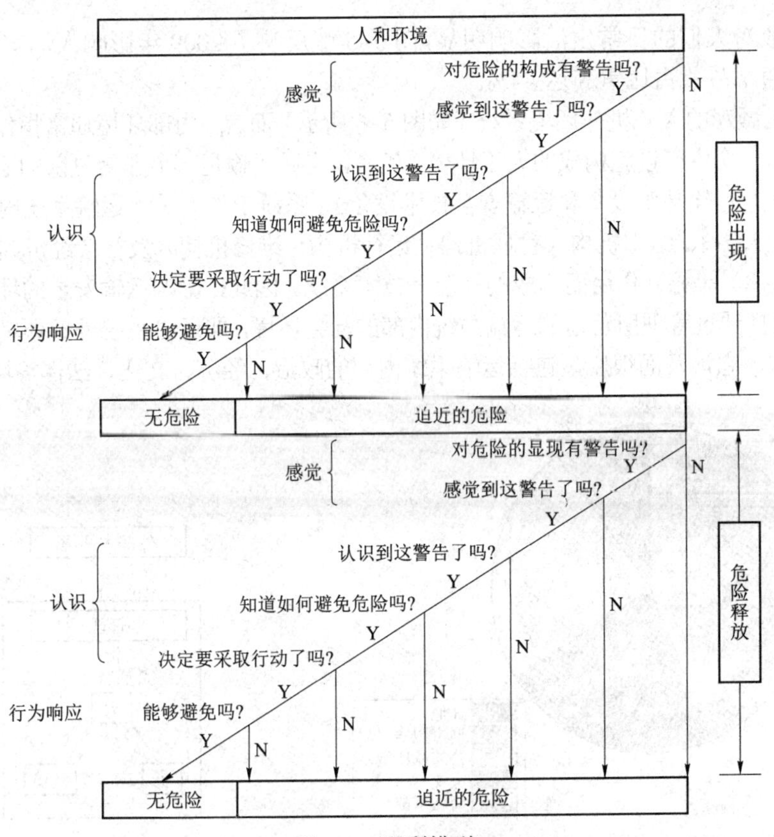

图 5–3 瑟利模型

全可靠运行（图中沿斜线前进）；如果对问题①～④、⑦～⑧做出否定回答，则会导致系统产生潜在的危险；如果对问题⑤做出否定回答，则跨过问题⑥、⑦而直接回答问题⑧；如果对问题⑥做出否定回答，则要进一步回答问题⑦，才能继续系统的发展。

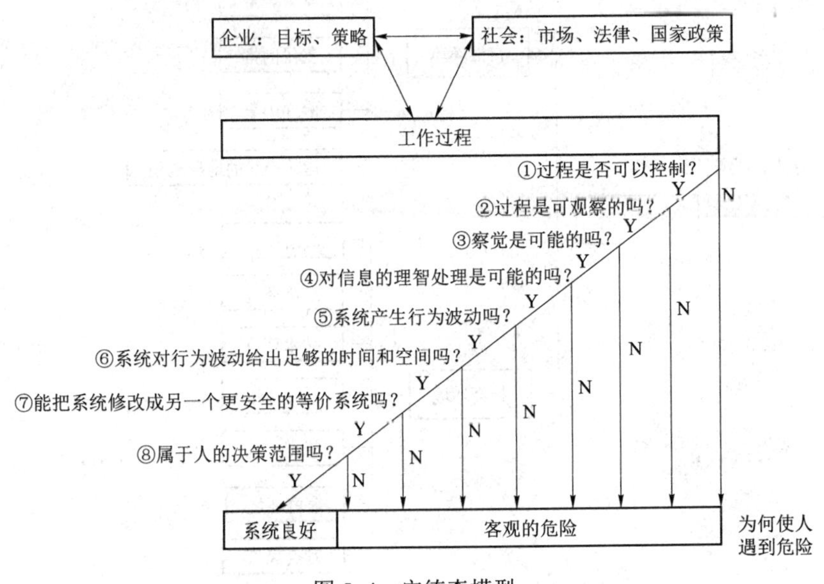

图 5–4 安德森模型

交通事故对人们的日常生活影响明显，图 5–5 就反映了 2009 年影响人们安全感的主要因素，其中交通事故所占比重高达 44%。

对于一般微观的人—机—环境系统（如图 5–6 所示）而言，内部环境通常指作业环境，包括周围的空间和一切生产设施构成的人工环境。但是，交通运输是一个非常复杂的宏观大系统，它是由系统硬件（运输基础设备和运输安全技术设备）、系统工作人员（运输系统内的各级管理人员和基层作业人员）、组织机构（管理机构、运行机构、维修机构）及社会经济因素（政治、经济、文化、法律）等相互作用而构成的社会—技术系统。因此，影响运输安全的环境不仅仅是作业环境，还包括通过管理所营造的运输系统内部的社会环境，即运输系统外部环境因素在运输系统内部的反映，它涉及面很广，包括运输系统内部的政治、经济、文化、法律等环境。

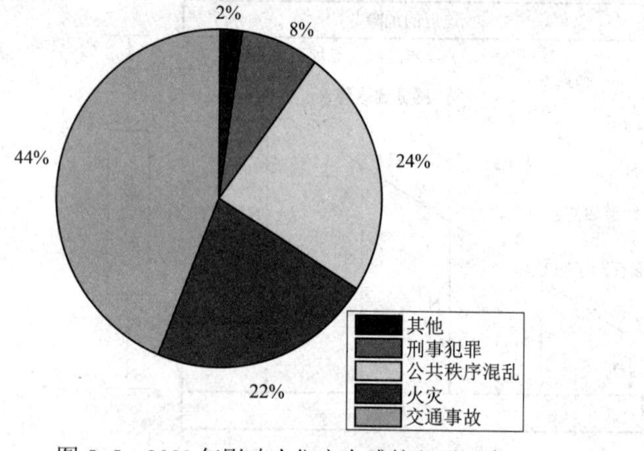

图 5–5 2009 年影响人们安全感的主要因素

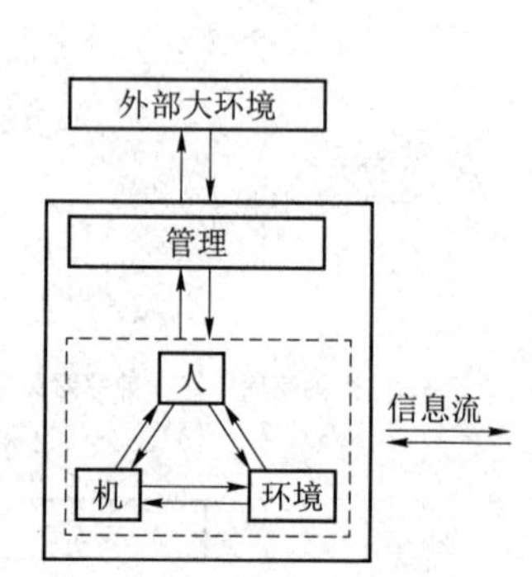

图 5–6 人—机—环境系统

影响运输安全的外部环境包括自然环境和社会环境，如图 5–7 所示。自然环境是指自然

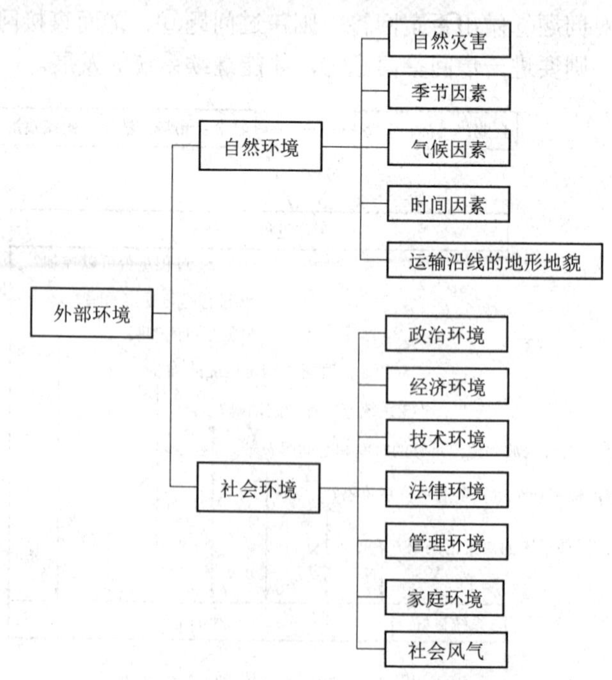

图 5–7 影响运输安全的外部环境

界产生的、人类目前难以改变的环境。自然环境对运输安全的影响很大。例如：自然灾害对暴露在大自然中的线路构成极大的威胁。另外，季节因素（春、夏、秋、冬）、气候因素（风、雷、雨、电、雾、霜、冰等）、时间因素（白天、黑夜）及运输沿线的地形地貌也是不可忽视的事故诱因。社会环境包括生活的政治环境、经济环境、技术环境、法律环境、管理环境，以及家庭环境、社会风气等，它们对运输安全具有不同程度的影响，较为直接的影响是运输线路沿线治安和站场的秩序状况。

交通运输安全管理是指管理者按照安全生产的客观规律，对运输系统的人、财、物、信息等资源进行计划、组织、指挥、协调和控制，以达到减少和避免交通事故的目的。

管理具有计划、组织、指挥、协调、控制的职能，管理使人、机器和环境组成一个能够有效实现预期目标的系统。虽然人、机、环境常常是造成事故的直接原因，而管理看似是间接原因，追根溯源却是本质上的原因。因为前者都是受后者“管理”要素支配的，所以安全工作的关键是管理。

管理对运输安全的重要性主要体现在三个方面：一是管理有助于提高运输系统内部人员、设备和环境的安全性；二是管理具有协调运输系统内人、机、环境之间关系的功能；三是管理具有优化运输系统人—机—环境整体功能的能力。影响运输安全的管理因素很多（如图 5–8 所示），主要有安全组织、安全法制、安全信息、安全技术、安全教育和安全资金。

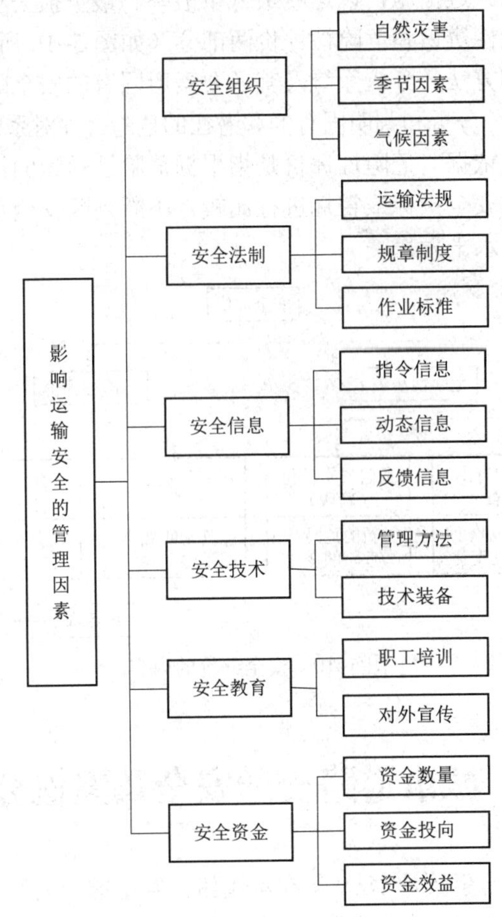

图 5–8　影响运输安全的管理因素

运输安全保障系统是指配置在运输系统上，起保障运输安全作用的所有方法和手段。它一方面保证运输系统内部人员和设备的安全性；另一方面保证运输系统不会受到外部环境的威胁。从管理的对象和要素出发，可将运输安全保障系统划分为不同层次的两个子系统：安全总体管理子系统和安全对象管理子系统（如图 5–9 所示）。安全对象管理子系统可以细分为人员安全保障子系统、设备安全保障子系统和环境安全保障子系统。

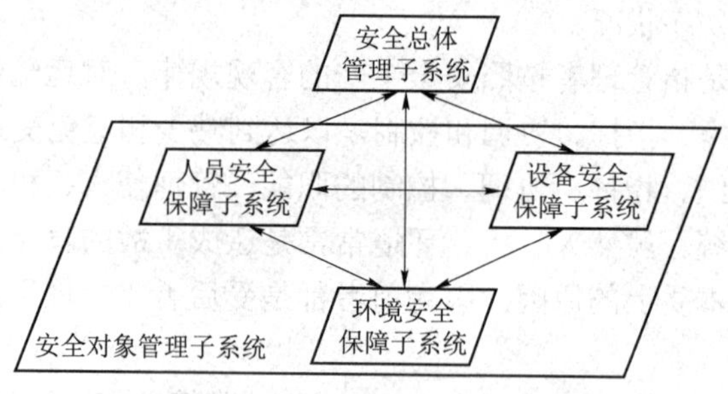

图 5–9 运输安全保障系统结构

安全评价也称为危险评价或风险评价，是对系统中固有或潜在的危险因素进行定性和定量分析，得出系统发生危险的可能性及其后果的严重程度的评价。通过与评价标准的比较得到系统的危险程度，给出改进措施，以达到最低事故率、最少损失和最优安全投资的目的。安全评价的内容包括危险性辨识和危险性评价两部分（如图 5–10 所示）。危险性辨识是指利用安全系统工程的理论和方法，分析系统及其各要素所固有的安全隐患，揭示系统的各种危险性，通过一定手段测定、分析和判明固有的和潜在的危险，并对系统中已查明的危险进行量化处理，为评价提供数量依据。危险性评价是指根据危险性辨识的结果，采取各种措施减少或消除危险，并与设定的安全指标或目标进行比较，不断判断安全水平，直到达到社会允许的危险水平或规定的安全水平为止。

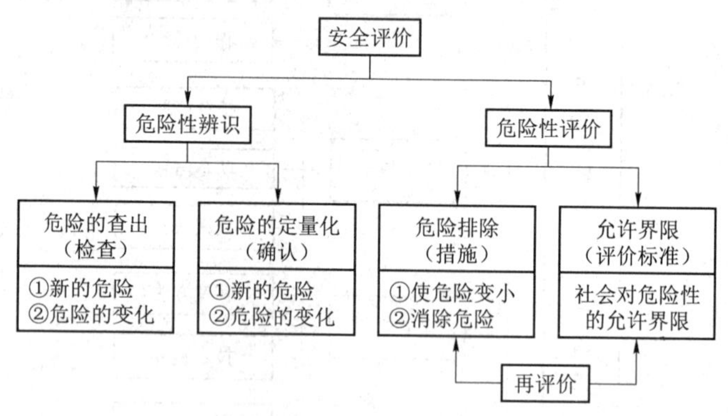

图 5–10 安全评价的内容

5.2 城市道路交通安全及案例分析

历史上第一起道路交通事故是 1899 年在美国纽约发生的一名妇女被汽车撞倒后身亡。自有道路交通事故死亡记录以来，全世界累计死于道路交通事故的人数已经超过 3 350 万人。

近几十年，全世界每年平均有 60 万人死于道路交通事故。图 5–11 和图 5–12 分别反映美国和英国道路交通事故的变化趋势。

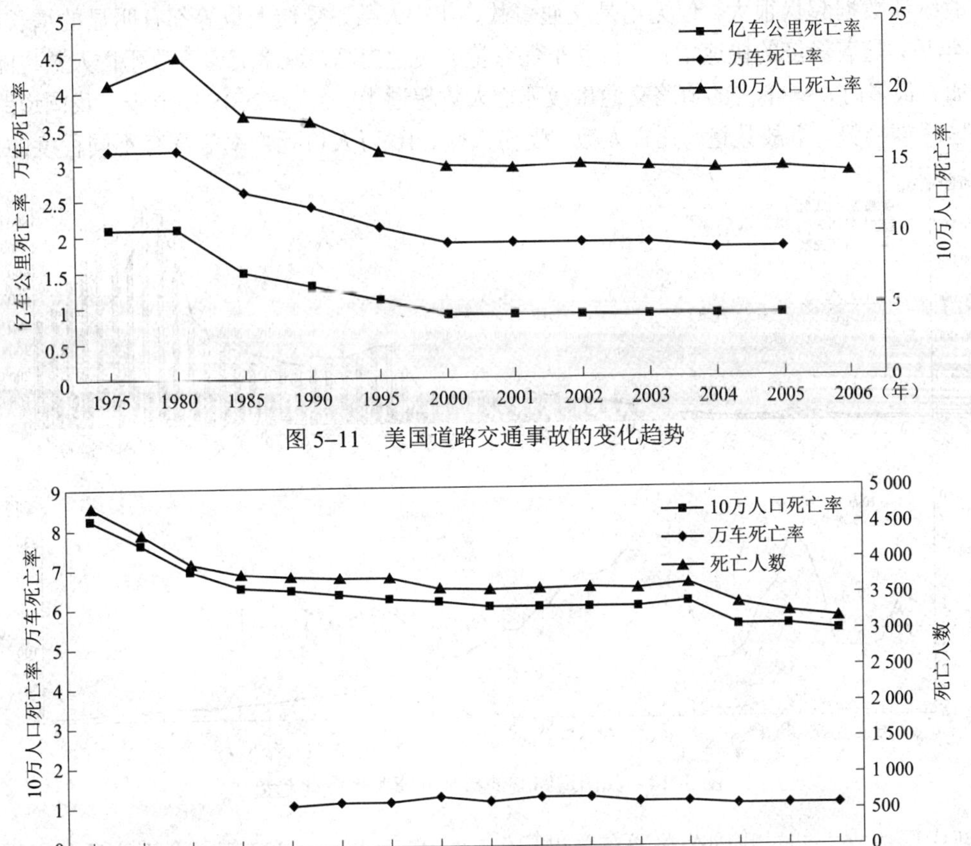

图 5–11　美国道路交通事故的变化趋势

图 5–12　英国道路交通事故的变化趋势

从图 5–13 的各国道路交通事故 10 万人口死亡率中可以看到，瑞典是世界上道路交通事故率较低的国家。1996—2003 年，瑞典道路交通事故死亡人数一直维持在每年 550 人左右，2006 年仅为 480 人。

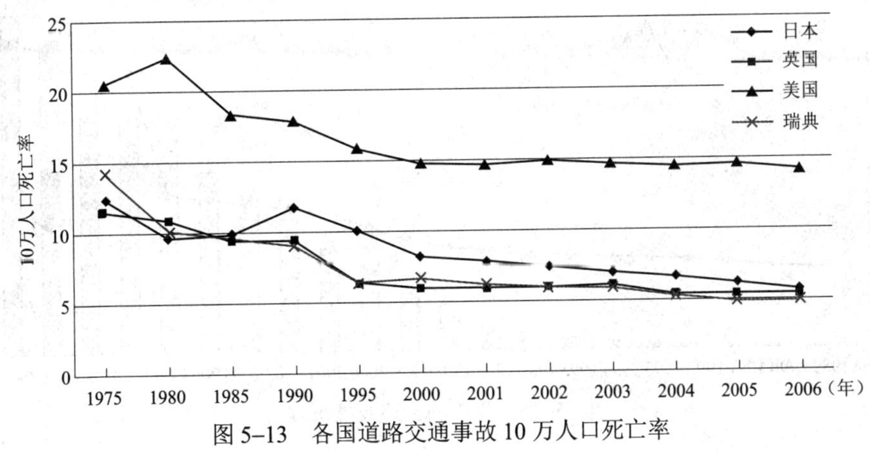

图 5–13　各国道路交通事故 10 万人口死亡率

图 5–14 则反映了我国道路交通事故和事故率变化趋势。新中国成立以来，我国道路交通事故呈先升后降的总体趋势，并随着社会经济情况发生很大的起伏。1990 年之前我国道路交通事故统计数据起伏很大，但无论是交通事故、死亡人数、受伤人数等都有明显的增长趋势。1991 年后，随着经济的快速增长、机动车保有量的飞速提高，道路交通事故死亡人数也随之急剧增加。最多时，一年内的道路交通事故死亡人数超过 10 万人。2005 年至今，我国道路交通事故呈回落趋势，事故数量、死亡人数、受伤人数、10 万人口死亡率等都有不同程度的下降。

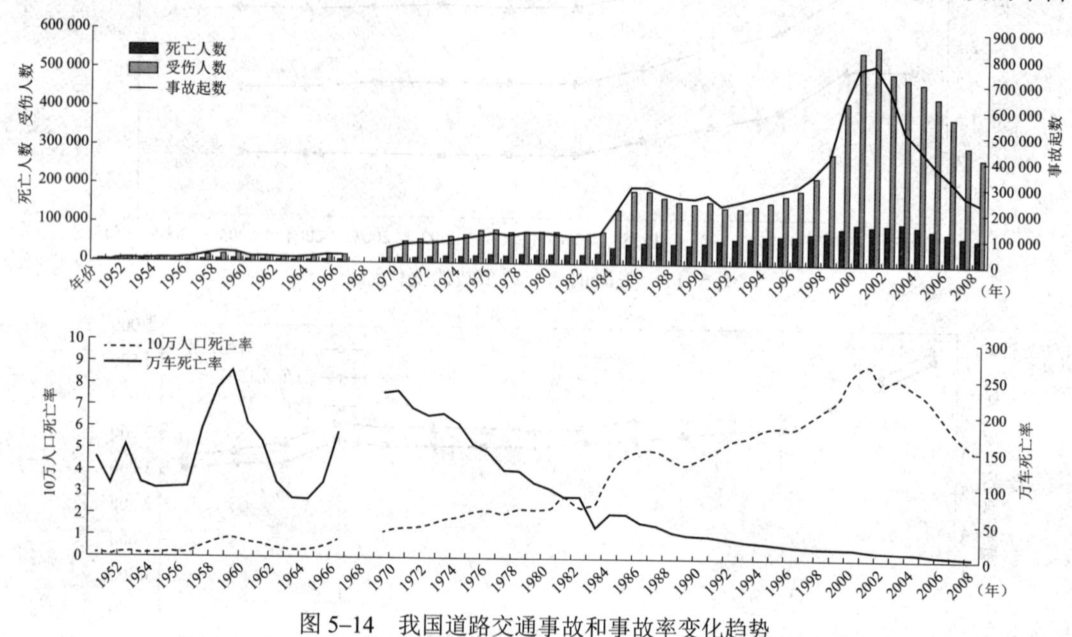

图 5–14 我国道路交通事故和事故率变化趋势

新中国成立之初，我国公路通车总里程仅为 8.07 万 km。1987 年，全国通车总里程达到 98 万 km，二级以上公路 2.9 万 km。1988 年，上海至嘉定高速公路建成通车，结束了我国没有高速公路的历史。经过 5 年的建设，高速公路就达到了 2.9 万 km。至 2010 年，高速公路通车里程达到 7.41 万 km。至 2009 年，全国公路通车总里程已超过 370 万 km。我国的公路发展历程如图 5–15 所示。

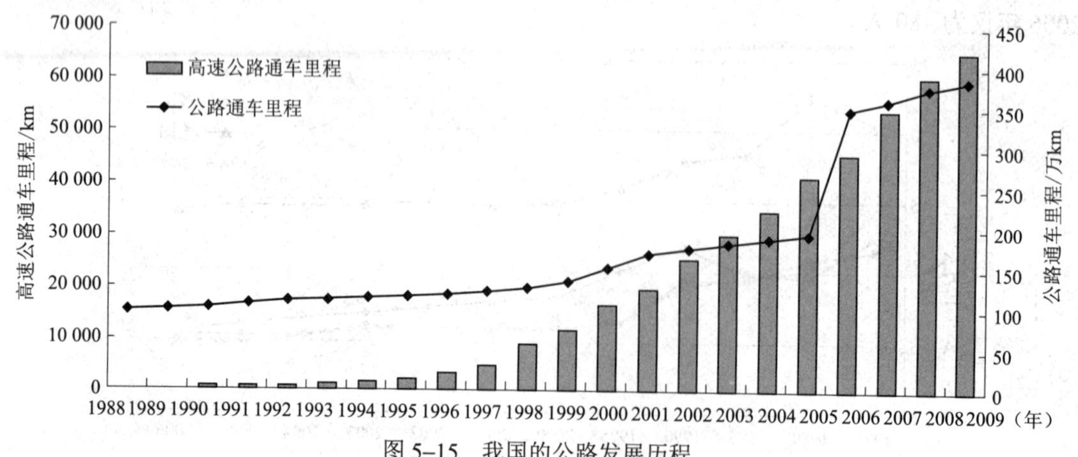

图 5–15 我国的公路发展历程

虽然我国在改革开放后公路进入快速发展时期，尤其是高速公路的建设更是提前十几年完成国家的规划，但是，与发达国家相比，还是存在较大的差距，从图 5–16 可以看出，我国的机动化程度与英国、日本、美国等相比，仍有数倍的差距。

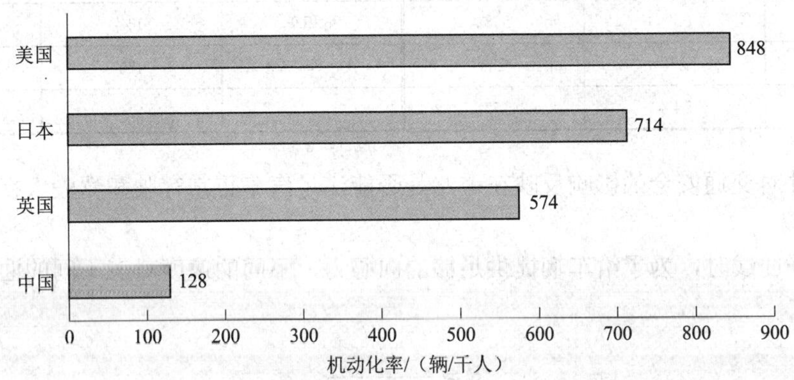

图 5–16　2008 年我国与发达国家机动化程度对比

在道路安全方面，从表 5–2 的道路交通事故死亡率统计中不难发现，我国除了 10 万人口死亡率比美国低之外，其他道路交通事故死亡率指标均明显高于美国、日本、英国等发达国家。

表 5–2　道路交通事故死亡率　　单位：%

国别	10 万人口死亡率	万车死亡率	亿车公里死亡率
中国	6.18	5.11	3.80
美国	13.61	1.61	0.85
日本	4.50	0.63	0.75
英国	4.98	0.87	0.57

在道路交通系统分析中，美国人哈顿将人、车、路在交通事故中的相关关系用矩阵表示，发明了著名的“哈顿矩阵”模型，如表 5–3 所示。这个模型说明了事故前、事故中和事故后三个阶段中相互作用的三个基本要素——人、车、路的相互关系。美国人 Treat 和英国人 Sabcy 通过对大量交通事故的深入研究，得出各种因素对交通事故的影响程度，如表 5–4 所示。

表 5–3　哈顿矩阵

因素	事故前	事故中	事故后
人	培训、安全教育、行车态度、行人和骑车人的着装	车内位置和坐姿	紧急救援
车	主动安全（制动、车辆性能、车速、视野）、相关因素（交通量、行人等）	被动安全（车辆防撞结构、安全带等）	抢救
路	道路交通标志线、几何线性、路面性能、视距、安全评价	路侧安全、安全护栏	道路交通设施的修复

表 5–4 各种因素对交通事故的影响程度

原因	Sabey 的结论	Treat 的结论	原因	Sabey 的结论	Treat 的结论
路	2%	3%	人和车	4%	6%
人	65%	57%	路和车	1%	1%
车	2%	2%	人、车、路	1%	3%
路和车	24%	37%			

道路条件对交通安全的影响反映在道路是否能满足汽车正常行驶和驾驶人视觉、心理和反应的需要。

在通过平曲线时，为了给车辆提供足够的向心力，不同的速度对应不同的曲线半径，其计算公式为：

$$R=\frac{V^2}{127(\mu+i)} \tag{5–4}$$

式中：R——路段运行速度要求的曲线半径，m；

V——路段设计速度，km/h；

μ——横向力系数；

i——路拱横坡度。

μ 的大小影响驾驶人和乘客的情绪和舒适感，如表 5–5 所示。

表 5–5 μ 与驾驶人的感觉

μ	驶过曲线时的感觉	皮肤对电流的反应相对值
0.01	稍感到有曲线，驾驶人不紧张	1.00
0.15	稍感到有曲线，驾驶人不大紧张，没有不舒适感	1.05～1.10
0.20	感到通过曲线，驾驶人明显紧张，稍有不稳定	1.10～1.25
0.25	40%的人感到不舒适，驾驶人相当紧张	1.25～1.40
0.30	所有通过曲线的人，都感到不舒适	1.50
0.35	非常不舒适，很紧张，有侧滑危险，不稳定	1.70
0.40	站不住，欲倒，车有倾覆的危险	＞1.70

在纵断面为凸形路段，上下坡衔接处的竖曲线上，驾驶人的视线会受到阻碍。当竖曲线半径较小时，视野变小，视距满足不了要求，带来了安全隐患；同样，在凹形路段，下坡衔接处的竖曲线上，白天视野开阔，而在夜间汽车车灯照射范围受到阻碍，驾驶人的视线会受到上跨天桥、路边树木等物的遮挡，视距满足不了要求（如图 5–17 所示）。

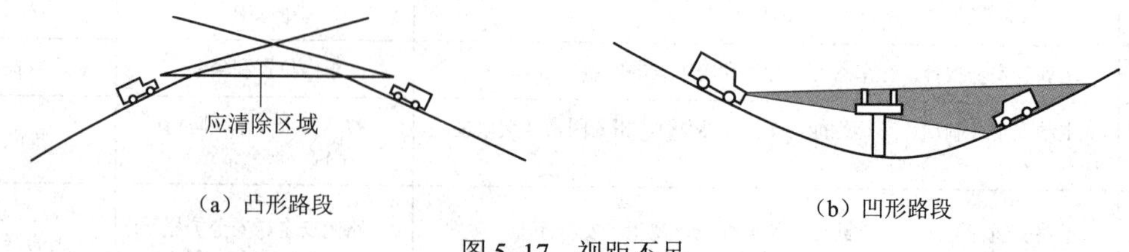

（a）凸形路段 （b）凹形路段

图 5–17 视距不足

国内外道路交通事故的统计资料表明，道路平面线性上视距不足反映出来的道路交通事故，没有纵断面线性上的视距不足反映得明显。而竖曲线的视距越短，交通事故越频繁。竖曲线上不同视距下的事故率见表 5–6。

表 5–6　竖曲线上不同视距下的事故率　　单位：%

视距/m	每百万公里交通事故率	
	凸形路段	凹形路段
＜240	2.4	1.5
240～450	1.9	1.2
450～750	1.5	0.8

路面是道路的行车部分，对道路交通安全具有特殊的作用。路面的平整度、抗滑性和排水性对行车安全影响最为明显。良好的路面应当是宽度满足行车要求、坚实、平整、没有凹坑、耐磨、具有一定的抗滑性能的刚性体或柔性体。它能提供给车辆安全、快捷、舒适的行车条件。在雨雪天气下，路面湿滑，交通事故会明显增加（如表 5–7 所示）。

表 5–7　路面状况与交通事故率关系　　单位：%

路面状况	每百万车公里交通事故率	路面状况	每百万车公里交通事故率
干燥	1.6	降水或雨雪	8.0
湿润	3.2	结冰	12.8

在高速行驶的汽车遇到紧急状况需要立即停车时，必须经过驾驶人的反应后才能开始制动，在反应的同时，车辆还会继续行驶一段距离。表 5–8 给出了不同反应时间、行驶速度对应的行驶距离。

表 5–8　不同反应时间、行驶速度对应的行驶距离　　单位：m

反应时间/s	车速/（km/h）					
	50	60	70	80	90	100
0.3	4.17	5.00	5.80	6.67	7.50	8.33
0.4	5.56	6.67	7.78	8.89	10.00	11.11
0.5	6.95	8.34	9.72	11.11	12.50	13.89
0.6	8.34	10.00	11.67	13.33	15.00	16.67
0.7	9.73	11.67	13.60	15.35	17.50	19.45
0.8	11.12	13.34	15.56	17.78	20.00	22.22
0.9	12.51	15.00	17.50	20.00	22.50	25.00
1.0	13.90	16.67	19.40	22.22	25.00	27.78

交通事故还与驾驶人的年龄有关，不同年龄段的驾驶人具有不同的心理特征，产生不一样的驾驶行为，从而引发的交通事故率也不尽相同（如表 5–9、表 5–10 所示）。

表 5–9　各年龄组驾驶人的交通事故情况　　单位：%

年龄组	被调查人数 *A*	发生事故数 *B*	相对事故率 *B*/*A*
29 岁以下	15.2	23.9	1.6
30～45 岁	49.3	41.0	0.8
46～65 岁	32	31.1	1.0
65 岁以上	3.5	4.0	1.1
合计	100	100	1.0

表 5–10　年龄与交通事故的关系

项目	20 岁以下	20～24 岁	25～29 岁	30～39 岁	40～49 岁	50～59 岁	60～69 岁	70 岁以上	合计
责任驾驶人数	1 358	5 628	7 640	17 426	15 513	8 226	3 154	821	59 757
无责任驾驶人数	1 381	8 037	14 054	35 960	33 225	15 457	5 399	806	113 304
责任率/%	98	70	54	46	47	53	72	101	53

性格是人对客观现实稳定的态度和与之相适应的习惯性行为方式与心理特征，是个性的重要方面。气质主要指情绪反应的特征。喜欢冒险的性格是导致交通事故的主要原因之一。性格和气质与交通事故的关系如表 5–11 所示。

表 5–11　事故多发组和无事故组的心理特点与性格特性的比较

项　目	事故多发组	无事故组
知识水平	低	高
人与人关系	关系淡薄、不太亲密	关系融洽、亲密
个人欲望	强烈、易冲动	少
攻击性	强	不强
情绪稳定性	不稳定	稳定
感受性	过敏、容易改变气氛	正常
相互理解	困难	可能
虚荣心	强	不强
快乐的追求	强	不强
神经质症状	强	不强
把握事态	主观、单一	客观、综合
适应性	异常	正常
社会的同情心	弱	强
安全态度	冒险性	安全为首位
安全教育观念	轻视	重视
交通法规观念	轻视	重视
注重生命观念	缺少	强烈
事故责任感、反省态度	缺乏	强烈

续表

项　　目	事故多发组	无事故组
性格倾向	外向	内向
协调性	弱	强
以自我为中心	强	弱
自我控制	困难	可能
驾驶技术的自信心	逞能	正常
活动性	大	小

下雨天会出现一种“水滑”现象：高速行驶的车辆轮胎与路面之间的积水不能得到及时排除，雨水卡进轮胎与路面之间，从而产生向上的力量使车辆上浮，车轮失去与路面的附着力，此时，车辆的转向制动将失效，车辆因失控而容易发生交通事故。水滑现象如图 5–18 所示。

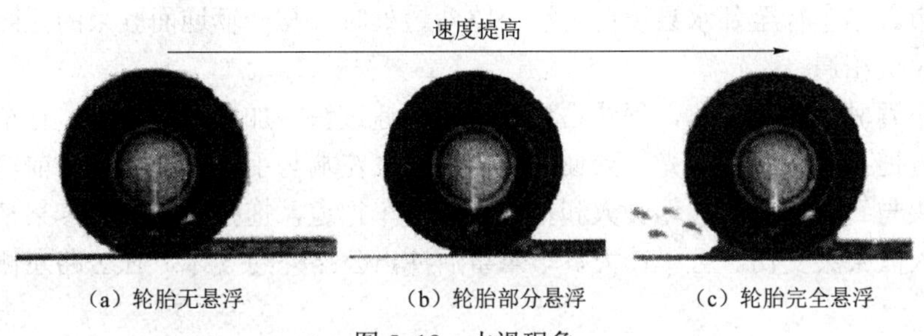

（a）轮胎无悬浮　（b）轮胎部分悬浮　（c）轮胎完全悬浮

图 5–18　水滑现象

酒精对人体会造成影响，随着人体血液中酒精浓度的升高，人的反应、判断力、协调性等都会下降，导致交通事故发生的概率也会随之上升。表 5–12 反映了血液中酒精浓度与交通事故及其危害的关系。

表 5–12　血液中酒精浓度与交通事故及其危害的关系

血液中的酒精浓度/%	发生事故的危险程度		
	死亡事故	受伤事故	损物事故
0.00	1.00	1.00	1.00
0.01	1.20	1.16	1.07
0.02	1.45	1.35	1.15
0.03	1.75	1.75	1.24
0.04	2.10	1.83	1.33
0.05	2.53	2.21	1.43
0.06	3.05	2.47	1.53
0.07	3.67	2.87	1.65
0.08	4.42	3.33	1.77
0.09	5.32	3.87	1.90
0.10	6.40	4.50	2.04

续表

血液中的酒精浓度/%	发生事故的危险程度		
	死亡事故	受伤事故	损物事故
0.11	7.71	5.23	2.19
0.12	9.29	6.08	2.35
0.13	11.18	7.07	2.52
0.14	13.46	8.21	2.71
0.15	16.21	9.55	2.91

事故案例一

1. 事故概况

8 月 22 日凌晨 6 点，万县地区外贸汽车队驾驶人龚某某驾驶五十铃大货车由万县市运载百货到重庆市。当车行至邻水县境内汉渝公路弯道处时，与一辆迎面驶来的无照明灯光装置的手扶式拖拉机相遇。

由于汽车驾驶人疲劳开车，侵线占道行驶，车速过快，加之晨雾较浓，行车视距严重不足，并且对方拖拉机无照明灯光，致使汽车前保险杠左端与手扶式拖拉机右前轮相撞。手扶式拖拉机机头与驾驶座脱离，驾驶人和拖斗被撞出车行道，拖拉机驾驶人寥某某当场死亡，驾驶座乘车人熊某某受伤。五十铃大货车肇事后冲出公路外约 5 米，在公路左侧路肩外农田里受阻停下。

2. 事故分析

（1）道路：路况正常、半径 200 米的弯道。

（2）天气：晴天，夏季凌晨，天黑雾浓，能见度较差、视线不良。

（3）车辆：五十铃大货车工况正常；手扶式拖拉机车况基本正常。

（4）汽车驾驶人：驾驶人龚某某，男，24 岁，实习驾驶人，于 21 日晚 8 点 30 分从万县出发，22 日凌晨 2 点曾停车吃过一个西瓜，然后继续开车行驶至凌晨 6 点肇事。在此期间，驾驶人已连续熬夜行驶近 10 个小时，由于疲劳驾驶，精力不足，加之雾天超速行驶，弯道占线而肇事。

（5）拖拉机驾驶人：驾驶人廖某某，男，25 岁，在肇事当日凌晨驾驶无照明灯光装置的手扶式拖拉机行驶于公路。夜间行驶，仅靠随身提带的手电筒照明。经现场调查证实，事故发生时，恰遇驾驶人未打手电筒，因而在天黑雾浓，能见度及视线严重不良的情况下肇事。

（6）其他：事故发生时乘坐于汽车驾驶室和拖拉机驾驶座的搭车人，未有违章行为，与此次事故无责任关系。

3. 事故结论

汽车驾驶人龚某某严重违反《中华人民共和国道路交通安全法实施条例》第四十六条“机动车行驶中遇有下列情形之一的，最高行驶速度不得超过每小时 30 公里：（三）遇雾、雨、雪、沙尘、冰雹，能见度在 50 米以内时”的规定，疲劳驾车，雾夜超速占线行驶而肇事，汽车驾驶人龚某某应负此次事故的主要责任。拖拉机驾驶人廖某某违反《中华人民共和国道路交通安全法》的规定，雾夜驾驶无照明灯光装置的拖拉机行驶于公路而肇事，应负此次事故的次要责任。

课堂提问：

（1）在造成此交通事故的原因中，人的因素有哪些？

（2）在造成此交通事故的原因中，车辆和环境的因素有哪些？

事故案例二

1. 事故概况

驾驶人鲁安驾驶东风牌汽车，从铜川返回部队营区。当车由西向东行驶时，驾驶人发现前方有几辆小推车靠道路的南边由东向西拉运土，驾驶人将车靠公路左（北）边行驶。当越过小推车后，驾驶人又发现对面有几辆自行车迎面而来。当驾驶人突然发现其中有一辆自行车摇摆时，急忙向右侧打转向盘，紧急制动，但结果还是和自行车碰撞，造成骑车人（孙奇，男，19 岁，中学生）死亡。

2. 事故原因

（1）这段公路道路宽阔、视线良好、路面平整，无限速标志，是有效路面为 6 米宽的一般公路。汽车是偏向路的左侧行驶的，这不符合《中华人民共和国道路交通安全法》第三十六条“根据道路条件和通行需要，道路划分为机动车道、非机动车道和人行道的，机动车、非机动车、行人实行分道通行。没有划分机动车道、非机动车道和人行道的，机动车在道路中间通行，非机动车和行人在道路两侧通行”的规定。

（2）当时车的时速达 60 公里以上，这又不符合《中华人民共和国道路交通安全法实施条例》第四十五条“机动车在道路上行驶不得超过限速标志、标线标明的速度。在没有限速标志、标线的道路上，机动车不得超过下列最高行驶速度：（一）没有道路中心线的道路，城市道路为每小时 30 公里，公路为每小时 40 公里；（二）同方向只有 1 条机动车道的道路，城市道路为每小时 50 公里，公路为每小时 70 公里”的规定。

（3）据勘测，汽车稍偏左行驶，自行车属车辆临近时截头猛拐；自行车仍占有有效路面 1.95 米，土路肩 1.85 米。

3. 事故结论

（1）汽车驾驶人无视交通法规的限速规定，超速行驶，负有过失责任，应该负本事故的一半责任。

（2）自行车也应负本事故的一半责任。

课堂提问：

（1）在造成此交通事故的原因中，人的因素有哪些？

（2）在造成此交通事故的原因中，车辆和环境的因素有哪些？

事故案例三

1. 事故概况

2002 年 12 月 21 日晚 8 点，薄雾。驾驶人何天池（1998 年入伍，23 岁），驾驶解放 141 载货汽车由西向东行驶，与蒲城运输公司驾驶人赵程刚（男，36 岁）驾驶的轻型客车相会时，两车均违章相互侵占对方路面发生肇事，轻型客车报废，乘客 21 人中死亡 4 人，重伤 2 人，轻伤 9 人。

2. 事故原因

（1）轻型客车驾驶人由东向西行驶，从现场丈量和分析计算得知，该车的时速接近 60 公里，慢弯道会车左转小弯侵占对方左（逆）行路线的路面，应负本事故的主要责任。

（2）解放 141 载货汽车驾驶人超越前方同行的小型四轮拖拉机时，距右转弯道过近，视距受限。当发现轻型客车驾驶人左转小弯侵占路面时，便迅速向右打转向盘，急忙制动，此时左后轮仍占据道路面中心线还未驶离，所以载货汽车驾驶人应负次要责任。

课堂提问：

（1）在造成此交通事故的原因中，人的因素有哪些？

（2）在造成此交通事故的原因中，车辆和环境的因素有哪些？

事故案例四

1. 事故概况

前后两辆小轿车 A、B 均以 90 公里的时速在高速公路上自西向东行驶。后车 B 的左前轮轮胎突然爆破，发出很大声响。B 车驾驶员确认左前轮轮胎爆破后，立即紧握转向盘稳住方向，准备向路肩区靠拢。同时向后方观察有无后续车辆，但未认真观察前车动态。前车 A 的驾驶人听到轮胎爆破声响后，吃惊之余，怀疑自己的轮胎出了问题，于是立即减速，但未注意观察后方。当 A 车车速降至每小时 60 公里时，B 车恰好从后面赶来撞在 A 车后部，发生追尾。

2. 事故原因

（1）当后车驾驶人听到声响和感到车辆倾斜后，立刻意识到是自车轮胎爆破，并采取稳住方向向路肩靠拢的措施，在这种情况下，这些措施是正确的；为防止被后续车辆追尾而向后观察也是必要的。但由于情绪过于紧张，注意力只集中于后方却忽略了前方，结果导致事故。

（2）前车驾驶人听到巨大声响后，误认为自车的轮胎出了问题，陷于惊慌之中，在不了解后方车辆动态的情况下实施制动减速，以致后车追尾碰撞。

3. 事故结论

前后两车各有一半的责任。

课堂提问：

（1）在造成此交通事故的原因中，人的因素有哪些？

（2）在造成此交通事故的原因中，车辆和环境的因素有哪些？

事故案例五

1. 事故概况

某军区通信士官训练大队专业军士驾驶人严某驾驶 212 型指挥车，送该大队高级工程师傅某、政治教研室副营职教员樊某、军士长苟某 3 人上班途中，行至新都至成都市一级公路三河场收费站前 1 公里处，严某在有雾、视线不良的情况下，高速占线超越两辆车后，与迎面驶来的四川省盐亭县汽车队的一辆长途汽车相撞，事故造成死亡 4 人、重伤 2 人。

2. 事故原因

驾驶人严某违反《中华人民共和国道路交通安全法实施条例》第四十六条“机动车行驶中遇有下列情形之一的，最高行驶速度不得超过每小时 30 公里，其中拖拉机、电瓶车、轮式专用机械车不得超过每小时 15 公里：（三）遇雾、雨、雪、沙尘、冰雹，能见度在 50 米以内时”的规定。根据事故现场丈量计算该车当时的时速在 50 公里左右，并长时间占据公路有效路面的中心线，是肇事的引起者，所以该车驾驶人应负本次事故的全部责任。

课堂提问：

（1）在造成此交通事故的原因中，人的因素有哪些？

（2）在造成此交通事故的原因中，车辆和环境的因素有哪些？

5.3　城市轨道交通安全及案例分析

城市轨道交通安全保障系统具有两个基本作用：一是要保证内部人员设备安全，要能转场运转；二是要排除外在因素对系统的干扰，不受外部环境的威胁。做到上述两个方面，就可以认为安全保障系统是健全的，能够发挥其正常功能。该系统是对反馈控制和前馈控制的综合，也就是一种前馈—反馈耦合控制系统。

城市轨道交通安全保障系统输入—输出关系如图 5–19 所示。作为反馈控制，将系统输出的信息通过反馈回路传输到系统的输入端，与系统的目标进行比较，若发现偏差，采取适当的措施纠正偏差，使系统接近预期的目标，但这种控制是在偏差产生后进行的，具有滞后的特点，这是反馈控制无法克服的缺点。前馈控制则是根据预测信息，采取相应的纠偏措施。实施反馈—前馈耦合的控制方式，可以增强系统的抗干扰能力，提高系统的稳定性。

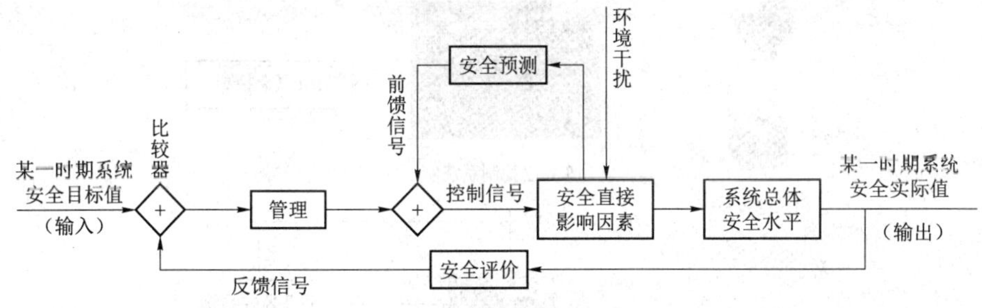

图 5–19　城市轨道交通安全保障系统输入—输出关系图

列出自动控制系统（automatic train control，ATC）是列车自动运行全过程的控制系统（如图 5–20 所示）。ATC 可以实现 5 个主要功能：自动监控功能、联锁功能、列车检测功能、列车自动控制功能和列车识别功能。ATC 主要包括：列车自动防护系统（automatic train protection，ATP）、列车自动运行系统（automatic train operation，ATO）、列车自动监控系统（automatic train supervision，ATS）。

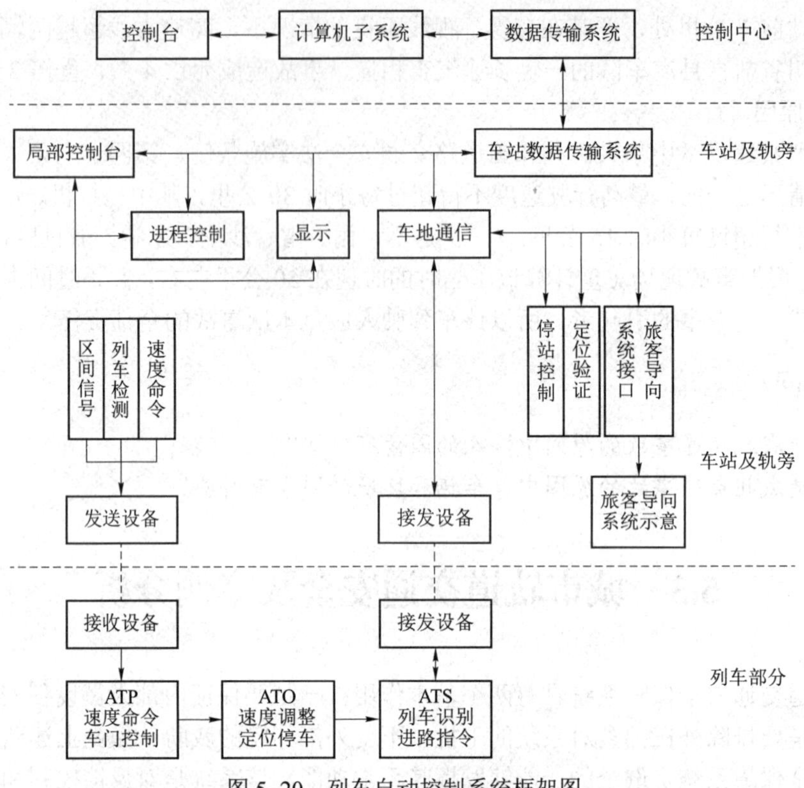

图 5–20　列车自动控制系统框架图

为了尽早探测到火灾的发生并发出火灾警报，启动防灾系统，启动有关防火、灭火装置而在建筑物中设置了一种自动消防设施，称为火灾报警系统（fire alarm system，FAS）。通过设置在建筑物中的自动火灾探测装置和手动报警装置，火灾报警系统可以在火灾发生的初期自动探测火灾，并通过报警装置发出火灾警报，组织人员撤离，同时启动防烟、排烟及防火、灭火设施等。FAS 的构成如图 5–21 所示。FAS 是一个二级监控系统，由中央级设备和车

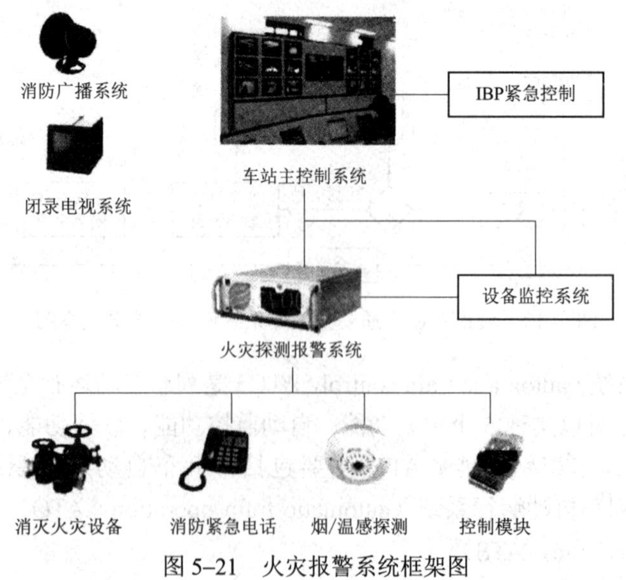

图 5–21　火灾报警系统框架图

站级设备组成。全线 FAS 由设置在控制中心的中央级监控管理系统、车站级监控管理系统、控制中心大楼和车辆段监控管理系统、车站、主变电所、集中冷站火灾报警控制盘、区间机房和车站现场探测、控制设备，以及传输网、其他相关网络和网络设备组成。

城市轨道交通的安全与众多环节有关，所有活动都高度依赖于高效、安全和可靠的人的行为。交通运营工作的各个环节、各项作业都是由人来参与并处于主导地位的，人操纵、控制、监督各种设备，完成各项作业，与环境进行信息交流，与其他作业协调一致。正是人在运营管理中的重要地位，使得人的因素在运营中发挥着关键的作用。城市轨道交通安全管理对于不同人员的素质要求如图 5–22 所示。

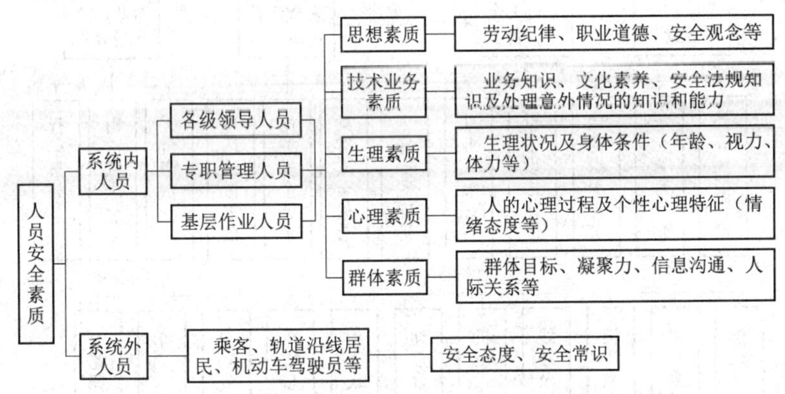

图 5–22　城市轨道交通安全管理对不同人员的素质要求

城市轨道交通系统的安全预评价是在项目可行性研究报告的基础上，根据同类项目工程建设和运营过程中已发生的相关安全事故的特点，分析和预测该项目建设中和建成后的运营中固有和可能出现的危险、有害因素，并对其进行定性、定量评价分析，以求明确危险、有害因素的种类及危害程度，从而在安全技术和管理等方面提出可行的安全对策。安全预评价作为此工程初步设计中安全方面的设计依据，有助于提高此项目的安全程度。图 5–23 为城市轨道交通系统安全预评价系统框架。

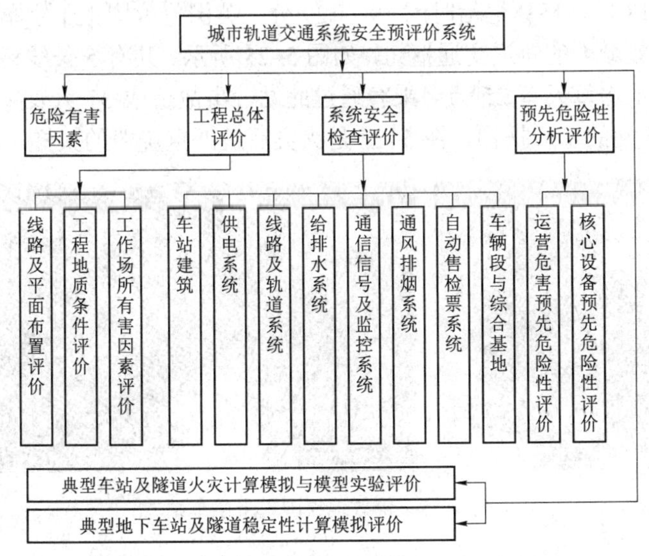

图 5–23　城市轨道交通系统安全预评价系统框架

城市轨道交通系统运营前的安全评价是在工程建成后到试运营之前，根据城市轨道交通系统设计文件及现场检查，对工程建成后存在的危险有害因素进行辨识，分析评价城市轨道交通系统设置的安全设备及设施是否满足试运营的条件，对存在的安全隐患提出安全对策及措施，确保城市轨道交通系统试运营的安全可靠。图 5–24 为城市轨道交通系统运营前安全评价系统框架。

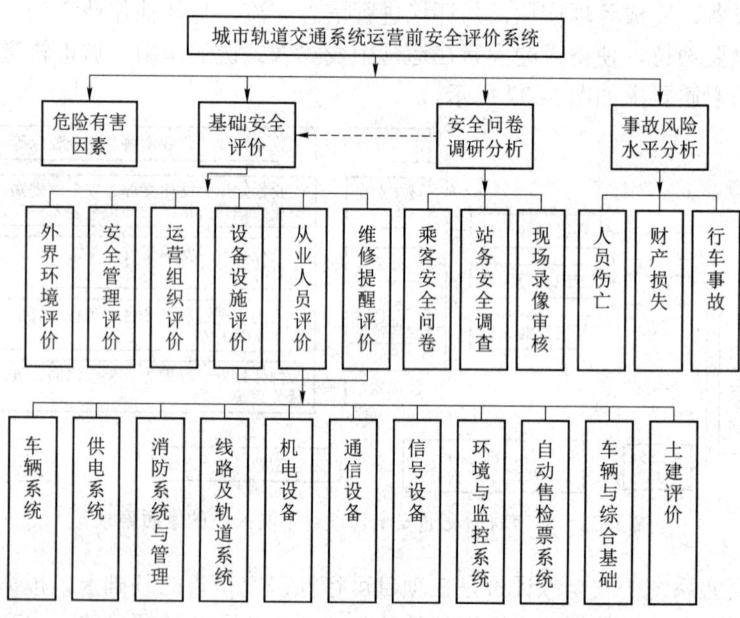

图 5–24　城市轨道交通系统运营前安全评价系统框架

案例一：英国伦敦地铁火灾事故

1. 事故概况

1987 年 11 月 18 日，格林尼治时间 19 点 29 分，英国伦敦国王十字车站发生重大火灾。国王十字车站是伦敦最大的轨道交通枢纽，如图 5–25 所示。共有 5 条线路在此交汇，并与英国铁路系统连接，平均每天有 25 万名乘客通过此站。事故造成 31 人丧生，100 多人受伤。图 5–26 是火灾前车站的木质扶梯，图 5–27 是火灾后被严重烧毁的扶梯。

图 5–25　伦敦地铁国王十字车站

图 5–26　火灾前车站的木质扶梯

图 5–27　火灾后被严重烧毁的扶梯

2. 处置措施

19 点 29 分：在国王十字车站乘客发现 4 号扶梯起火，按下紧急停止按钮，并报告车站工作人员。工作人员试图用二氧化碳灭火器灭火，但是无法接近火源。

19 点 35 分：伦敦地铁工作人员向附近消防局报告火灾，消防局立即前往救援。

19 点 39 分：警察疏散售票厅的乘客，并通过电话要求调度员命令列车在国王十字车站不要停靠，车站也停止售票。

19 点 43 分：消防员和消防车抵达国王十字车站，并命令售票厅内工作人员撤离，但未将火警通知车站内的所有员工。消防队长进入地铁内侦察火情。此时仍有列车进站和乘客上下车，但售票厅内温度急剧升高，并产生了浓烟。

19 点 45 分：第一辆消防车抵达两分钟后，尚未开始灭火，此时自动扶梯上端和售票厅发生轰燃。消防员带领部分乘客开始离开售票厅，其他乘客、部分警察及地铁员工也撤离现场。此时，有些人被严重烧伤，乘客和工作人员惊慌失措，现场十分混乱，30 名乘客当场死亡，消防队长在转移烧伤乘客时被浓烟夺取生命。被困在车站内的人们在撤离时，发现疏散通道上的两扇折叠门被锁闭，无法及时逃生。

20 点 5 分：伦敦消防总队的助理支队长到场指挥，要求增派消防力量。共有 30 辆消防车到达现场，150 名消防员参加灭火工作。

21 点 48 分：火势得到控制。

次日 1 点 46 分：火灾被扑灭，搜救工作持续到黎明。

3. 事故教训

（1）政府在地铁内的禁烟规定落实不力。

（2）木制电梯存在安全隐患。

（3）地铁工作人员的防火意识不足。

（4）地铁人员缺乏消防训练。

（5）消防组织不力。

（6）公众缺乏自救意识。

4. 事故经验

（1）消防员探明起火点后，派人封锁了危险出口，防止乘客误闯危险地带，避免伤亡人数进一步扩大。

（2）地铁公司根据火势情况，迅速组织应急调度，果断制定疏散方案，安排列车运送被困人员到达安全地带，使许多乘客和工作人员幸免于难。

5. 事故启示

（1）切实消除火灾隐患。

（2）增强轨道交通工作人员的安全意识。

（3）加强城市轨道交通消防演练，增强员工应急处理能力。

6. 事故后的改进措施

（1）此次事故后，英国政府要求在地铁系统全面禁烟。

（2）1989 年，英国政府出台了《地铁火灾预防法令》。

（3）2009 年，英国政府制定了新的《地铁车站消防安全指南》。

（4）英国地铁系统改进了安全设备并加强了对火灾的预防。

课堂提问：

（1）造成此交通事故的原因中，人的因素有哪些？

（2）造成此交通事故的原因中，设备和环境的因素有哪些？

案例二：美国纽约地铁列车相撞事故

1. 事故概况

1995 年 6 月 5 日早上 6 点 12 分左右，在纽约地铁威廉斯堡大桥通往布鲁克林区方向的 J2–125 信号灯以南约 5 米处，一列南行的 J 线地铁与一辆停驶在红色信号灯处的 M 线地铁列车尾部相撞。这起事故造成 1 人死亡，69 人受伤，列车严重损坏。图 5–28 为纽约地铁相撞事故现场情况。

图 5–28 纽约地铁相撞事故现场情况

2. 处置措施

纽约地铁列车相撞事故处置流程见表 5–13。

表 5–13　纽约地铁列车相撞事故处置流程

时间	救 援 情 况
6:12	列车发生追尾
6:14	地铁工作人员开始组织疏散乘客
6:17	纽约警察局 911 调度员接到事故报警，派员前往事故现场，并通知纽约消防局
6:22	首支消防分队到达现场
6:26	首辆救护车到达现场
6:32	紧急医疗服务机构到达事故现场，消防部门建立消防救援指挥部
9:00	纽约地铁向美国交通运输安全委员会报告，委员会成立事故调查小组
9:45	事故救援完毕

3. 事故教训

（1）列车驾驶员疲劳驾驶。

（2）地铁监控及通信系统不完善，地铁列车遇到状况紧急停车后，应立即向控制中心报告。

（3）信号机间距不合理，距离过近，不能满足紧急制动的需要。

4. 事故经验

（1）事故发生后的应急反应迅速，人员伤亡相对较少，仅 1 人死亡。首批应急救援人员在事故发生后 10 分钟赶到，事故发生后 20 分钟医疗机构人员到达现场。

（2）事故发生 3 小时内，美国交通运输安全委员会成立事故调查小组，组织专业技术人员对轨道、信号灯、列车操作过程、驾驶员行为等因素展开调查，为事故原因分析和纽约地铁的安全改进提供了依据。

（3）纽约消防局有一套专门针对地铁事故的救援预案，在此次事故中，纽约市消防局的工作十分出色。

5. 事故启示

（1）应加强通信设备和信号机的管理。实现运输统一指挥、行车调度自动化、列车运行自动化。

（2）强化对城市轨道交通列车驾驶员的培训和管理。避免疲劳驾驶，保证列车安全运行。严格规范列车驾驶员的资质。

6. 事故后的改进措施

（1）研究驾驶员疲劳机制及缓解疲劳的方式，将人为因素导致事故的可能性降到最低。

（2）改进地铁的安全系统，对纽约地铁进行大规模的速度监控，改善纽约地铁的信号机间距设置与列车制动距离的匹配关系。

课堂提问：

（1）在造成此交通事故的原因中，人的因素有哪些？

（2）在造成此交通事故的原因中，设备和环境的因素有哪些？

案例三：美国芝加哥地铁脱轨事故

1. 事故概况

2006年7月11日17点6分，芝加哥一辆北行的“蓝线”220次列车在市区的克拉克湖站和大密尔沃基站之间因设备故障发生脱轨事故，列车驾驶员立即停车。

发生事故的列车为8辆编组，当时车上共有1 000名乘客。列车后部的两个车轮脱离轨道后引发大火，致使隧道内充满浓烟，驾驶员按照程序引导乘客撤离车厢，并沿标志疏散。

事故造成市区轨道交通“蓝线”部分区间的运营暂时中断，夜间恢复单向运行。共有152人因浓烟受轻伤，2人伤势严重。

2. 处置措施

17点6分：发生脱轨事故，并发生火灾。

17点7分：列车驾驶员紧急制动，并向控制中心报告。

17点9分：运营单位向911报警中心报警，同时要求控制中心关闭地铁内的电源，停止事故发生区域的列车运营。

17点10分：消防人员和警察抵达现场。

17点14分：应急照明系统启用。

17点33分：消防人员进入隧道，并控制了火情。

3. 事故教训

（1）芝加哥地铁缺乏对轨道的日常检测。

（2）芝加哥地铁的设施存在安全隐患，轨道磨损、扣件与腐朽的枕木连接不牢靠等问题长期存在。

（3）此次事故的调查表明，轨道安全隐患是造成此次“蓝线”列车脱轨的主要原因。

4. 事故启示

（1）线路的硬件条件是城市轨道交通运营安全的重要保证。

（2）切实有效的安全管理是保障城市轨道交通运营安全的重要手段。

5. 事故后的改进措施

（1）芝加哥交通管理局对“蓝线”线路的轨道进行了详细的检查，替换了所有被腐蚀的钢轨垫板、螺钉和导轨压道板，更换了隧道内所有的照明设备。

（2）芝加哥交通管理局对工程及维修部门进行了重组，将轨道安全检查从轨道维修中独立出来。

（3）芝加哥交通管理局还修订了轨道的维修标准，以确保轨道的安全性，并要求安全部门按月提交轨道检查报告。

课堂提问：

（1）在造成此交通事故的原因中，人的因素有哪些？

（2）在造成此交通事故的原因中，设备和环境的因素有哪些？

案例四：重庆轻轨因雷击造成事故

1. 事故概况

2007 年 7 月 17 日上午 11 点 17 分，重庆佛图关山上的一棵大树被雷电击倒，并遇山体滑坡和泥石流，大树倒在重庆市轨道交通 2 号线佛图关与李子坝区间轨道上，接触网严重损坏，致使区间断电。事故发生后，重庆轨道交通 2 号线被迫全线关闭。

2. 处置措施

重庆市轨道交通因雷击造成事故的处置流程见图 5–29。

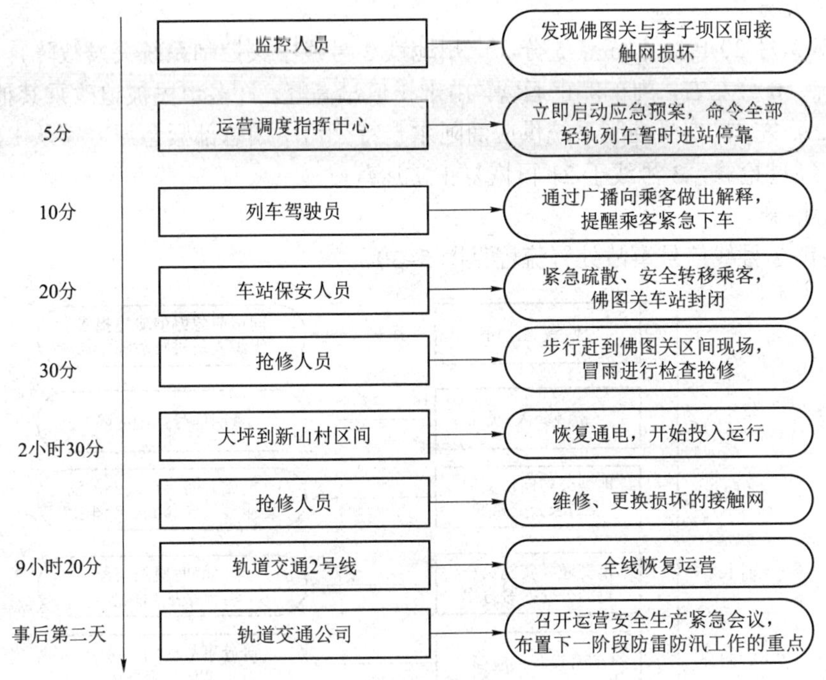

图 5–29 重庆市轨道交通因雷击造成事故的处置流程图

3. 事故教训

（1）重庆地处山区，地形连绵起伏，轻轨沿线树木高大繁茂，存在极大的遭遇雷击的可能性。

（2）重庆轻轨沿线由于防雷设施不到位，避雷针、接地防雷装置的数量严重不足，山体土质遇暴雨松动滑坡，造成本次停运事故。

4. 事故启示

（1）加大对轻轨沿线建筑物、树木等的雷击防护力度，增设防雷设备。

（2）加强轻轨列车车辆设备雷击防护，尤其是高架轨道上高速运行列车的雷电防护。

5. 事故后的改进措施

（1）重庆市防雷中心与市科委联合立项，对轻轨沿线的地理、气候、雷电活动规律等进行全方位监测。

（2）结合轻轨系统、列车系统、运行供电系统、信号系统的特点，建立了相应的雷击频率数据库，并制定了相关的应急预案。

（3）2007 年 8 月，重庆防雷中心承担了有关轻轨防雷安全的研究项目，并完成编制计划，实现轻轨从车体到轨道的全方位防雷保护。

课堂提问：

（1）在造成此交通事故的原因中，人的因素有哪些？

（2）在造成此交通事故的原因中，设备和环境的因素有哪些？

案例五：广州地铁信号故障造成事故

1. 事故概况

2009 年 3 月 20 日早上 6 点 5 分，广州地铁 3 号线中央控制系统突发故障，导致列车出现延误。6 点 40 分左右，列车停止运营，由于正值早高峰，许多市民被迫改乘其他交通工具。当天中午 12 点左右，信号控制系统供应商阿尔卡特公司中国总部紧急派专家从上海赶到广州进行处理，经过抢修，3 号线于 21 日恢复正常运营。

2. 处置措施

广州地铁 3 号线信号事故处置流程见图 5–30。

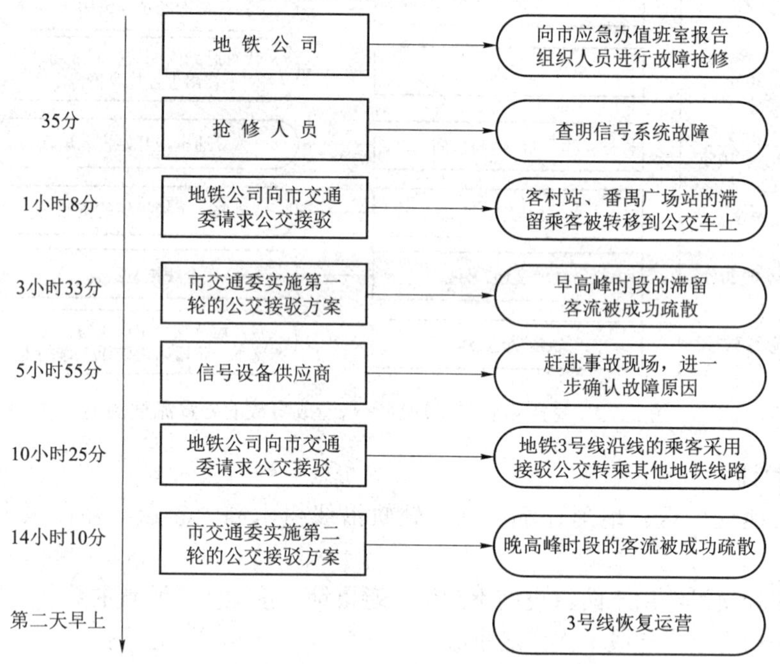

图 5–30　广州地铁 3 号线信号事故处置流程图

3. 事故教训

（1）广州地铁 3 线的故障是由中央信号控制系统引起的。

（2）阿尔卡特的信号系统在温哥华地铁的运作是中央控制，全自动无人驾驶；出于安全考虑，故障地铁将全自动驾驶与人工操作系统相结合，但是两套系统并存引发了一些技术问题。

（3）事故发生后，列车驾驶员只能用手动模式行车，行车间隔因此大大增加。

4. 事故经验

（1）事故发生后，地铁公司立即通过广播电台向广大市民播报故障信息，积极引导乘客乘坐接驳公交，同时在车站的大屏幕上播报事故信息。

（2）地铁公司表示，对于因 3 号线信号系统故障耽误乘车的旅客，可以在 7 日内到任何一个地铁站办理退票或更新手续。

（3）地铁公司表示，如果因为 3 号线信号系统故障而导致乘客上班迟到，地铁公司可以出具致歉信，致歉信的设计十分精致，附有中英文说明。

（4）地铁公司因此事故共接受乘客退票 3 331 张，免费更新车票 956 张，派送赠票 4 481 张，出具致歉信 2 407 封。

5. 事故启示

（1）尽管城市轨道交通系统采用了许多先进的设备，但这些设备仍可能存在一定的安全隐患。

（2）应不断完善安全监督和检测制度，加强人员培训，规范业务流程，增强信号维修人员对故障的处理能力，及时清除安全隐患。

课堂提问：

（1）在造成此交通事故的原因中，人的因素有哪些？

（2）在造成此交通事故的原因中，设备和环境的因素有哪些？

第三次课程作业

（1）选题：自选一项城市交通安全技术或设备、管理措施、政策，分组进行资料的收集，描述其发展沿革、国内外现状与发展趋势，并分组撰写报告和制作 PPT。

（2）分组：2～4 人一组，自由组合，自选组长，注明分工。

（3）任务：每组提交电子版的报告和 PPT，课上用 PPT 介绍（每组 5～6 min），然后回答老师和同学的提问。

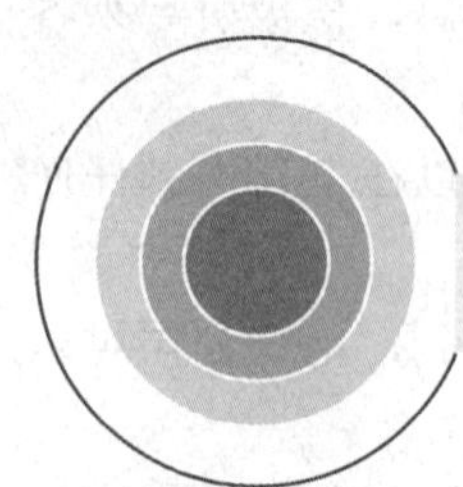

第 6 章

城市交通智能技术

课堂提问：

（1）你认为城市交通智能技术包括哪些内容？

（2）举出你认为属于城市交通智能技术的实例。

6.1　城市交通智能技术概述

6.1.1　概念

城市交通智能技术，即智能交通系统（intelligent transportation system, ITS）在城市交通领域的应用。

ITS 的设备和系统有很多种，例如：图 6–1 中的安装在机场道路的交通流信息检测设备（微波检测器）；图 6–2 中的安装在北京交管局指挥中心的公交优先监控平台；图 6–3 中的安装在白颐路的道路交通信息显示屏等。

图 6–1　安装在机场道路的交通流信息检测设备

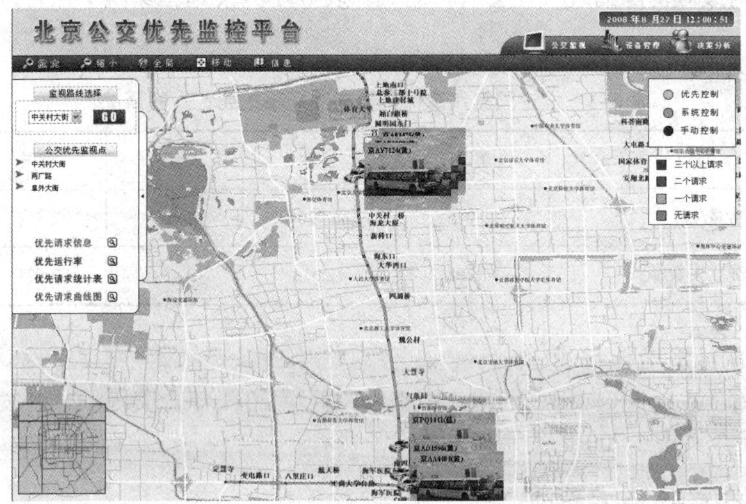

图 6–2　安装在北京交管局指挥中心的公交优先监控平台

图 6–3　安装在白颐路的道路交通信息显示屏

ITS 作为一个概念性名词出现于 20 世纪 90 年代初，但其理念早在 20 世纪 30 年代已有萌芽，当时美国通用汽车公司和福特汽车公司倡导和推广“现代化公路网”的构想，而 20 世纪 60 年代出现的静态路径诱导、计算机交通控制技术等都是 ITS 的早期表现形式。

6.1.2　ITS 发展的社会背景

1. 交通问题日益严重

伴随经济高速发展，20 世纪 70 年代的西方发达国家的交通状况不断恶化，尤其是近年来，无论是发达国家还是发展中国家，都不同程度地受到交通问题的困扰。交通拥挤、事故、环境污染已成为最难消除的现代社会公害之一。表 6–1 为发达国家汽车保有量与交通事故死亡人数情况。

表 6–1　发达国家汽车保有量与交通事故死亡人数情况

项　　目	美国	日本	德国	英国	法国
汽车保有量/万台	20 045	6 720	4 365	2 817	2 793
交通事故死亡人数/人	41 798	12 670	9 454	3 621	9 169

2. 带动新的经济增长点

美国运输部 1991 年在向国会的报告中指出，截至 2011 年，美国 ITS 开发的总投资额超过 3 000 亿美元，其中 1 700 亿美元来自最终消费者。

6.1.3　ITS 发展的技术背景

（1）计算机网络技术。

（2）通信技术。

（3）人工智能技术。

（4）自动控制技术。

（5）计算机仿真技术。

6.1.4　各国 ITS 发展情况

各国 ITS 的发展历程如图 6–4 所示。ITS 体系结构开发的一般步骤如图 6–5 所示。

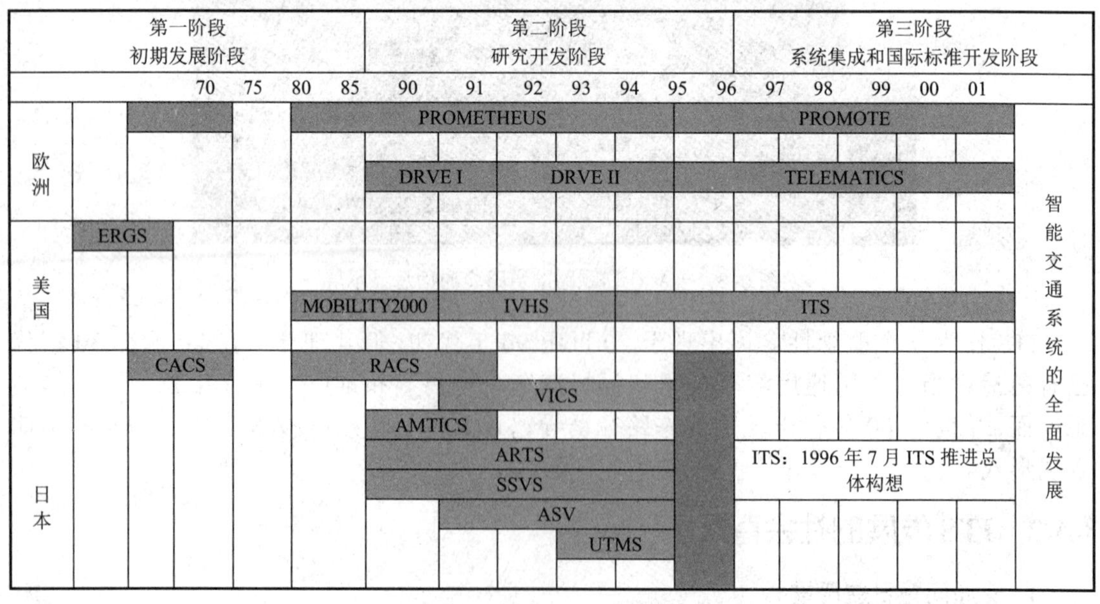

图 6–4　各国 ITS 的发展历程

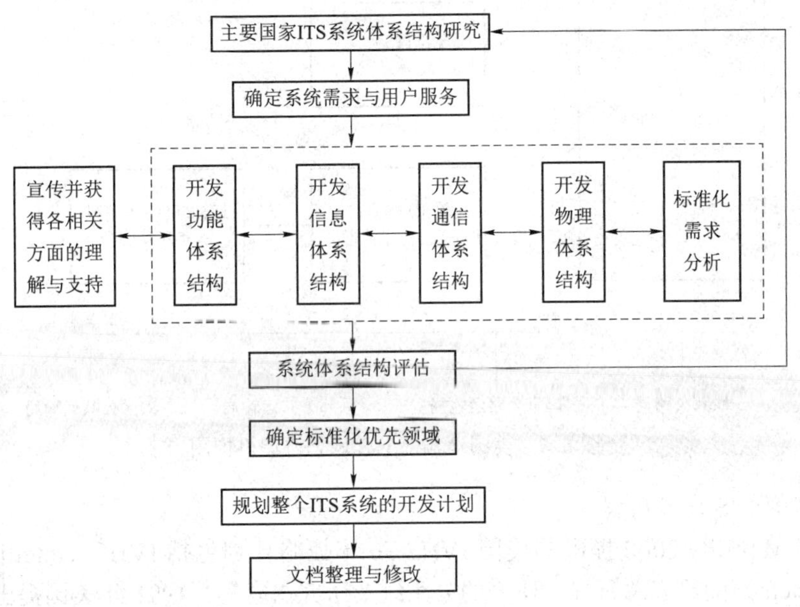

图 6–5　ITS 体系结构开发的一般步骤

1. 美国的 ITS 发展情况

美国 ITS 始于 1967 年的电子路径诱导系统（ERGS），1971 年该项目中止。

1987 年民间开始 ITS 研究，1990 年 8 月成立了专门的全国性组织 IVHS America，1991 年 3 月 IVHS America 成为 USDOT 的正式咨询委员会。

美国 ITS 组织机构图如图 6–6 所示；美国运输部 ITS 规划协调机构图如图 6–7 所示。

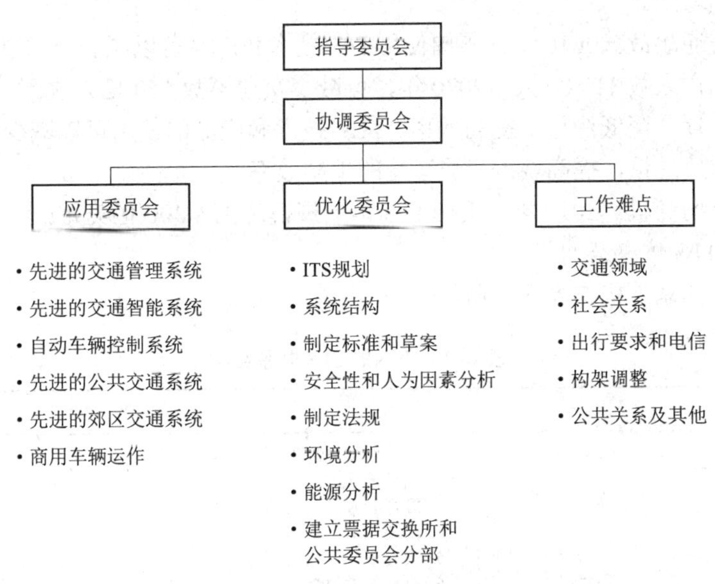

图 6–6　美国 ITS 组织机构图

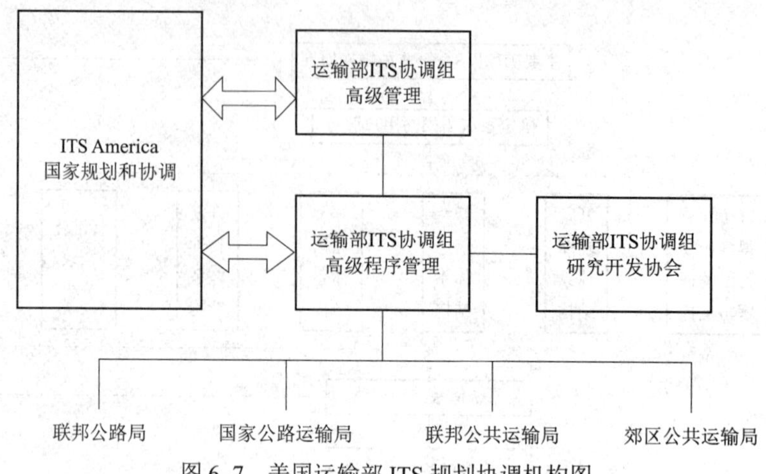

图 6–7 美国运输部 ITS 规划协调机构图

1）美国的 ITS 发展历程

1989 年 Mobility 2000 提出的美国 IVHS 30 年战略计划包括 IVHS（intelligent vehicle highway system）的研究总目标、研究的分系统及研究内容等。1991 年美国提出新一轮的道路交通建设法案《陆上综合运输效率化法》（intermodal surface transportation efficiency act，ISTEA），并制定了研究开发 IVHS 的巨大投资计划。1994 年美国认为 IVHS 的名称已经不能覆盖其全部内容，因而把 IVHS 更名为 ITS，在原 IVHS 的四大系统基础上，增加两个子系统：ARTS 和 APTS。

2）美国的 ITS 效益

（1）减少交通阻塞。ITS 技术和产品可使美国都市地区减少交通堵塞 25%～40%，以美国为例，1990 年因交通堵塞损失 1 000 亿美元，IVHS 至少每年可减少 250 亿美元的损失。此项效益还在逐年增加。

（2）减少交通事故。2010 年，美国使用 ITS 技术和产品可以减少交通事故 220 亿人次，减少交通事故死亡人数 11 500 人；2020 年，可减少交通事故 650 亿人次。

（3）减少能耗、降低污染、提高效率。ITS 技术和产品的使用可以减少能源的消耗，降低汽车尾气的排放总量，提高城市交通运输的生产效率。

（4）新增市场商机。2015 年，美国 ITS 市场规模达到 4 300 亿美元。

3）美国的 ITS 体系结构

美国的 ITS 体系结构如表 6–2 所示。

表 6–2 美国的 ITS 体系结构

组　成	用 户 服 务
出行及交通管理	1. 在途驾驶员信息 2. 路径诱导 3. 旅行者服务信息 4. 交通控制 5. 突发事件管理 6. 排放测试与缓解 7. 公路、铁路交叉口管理

续表

组　　成	用　户　服　务
出行及交通需求管理	8. 出行前的旅行信息 9. 搭乘及预约 10. 需求管理与运营
公共交通运营	11. 公共运输管理 12. 在途公交信息 13. 个性化公共交通 14. 公共运输安全
电子付费服务	15. 电子付费服务
商用车辆运营	16. 商用车辆电子通关 17. 自动路侧安全检测 18. 商用车行政管理 19. 车载安全监视 20. 危险品应急反应 21. 商用车队管理
应急管理	22. 紧急事件通告与人员安全 23. 应急车辆管理
先进的车辆控制与安全系统	24. 纵向防撞 25. 横向防撞 26. 交叉口防撞 27. 防撞视野强化 28. 碰撞前的乘员安全防护 29. 危险预警 30. 自动公路系统

2. 加拿大的 ITS 发展情况

1997 年 6 月，加拿大智能交通协会（ITS Canada）成立，作为非营利性专业协会积极推动加拿大 ITS 的发展。1999 年 11 月，加拿大交通部发布了《加拿大智能交通规划：迈向智能化的交通》。

2000 年 9 月，加拿大交通部宣布投入 300 多万美元资助包括多伦多区域中心数据交换网络项目在内的 19 个项目计划。

2002 年 3 月，加拿大交通部部长宣布加拿大政府将投入 370 万美元资助“加拿大 ITS 实施和集成项目”中的 17 个项目，如表 6–3 所示。

表 6–3　加拿大 ITS 实施和集成项目

所属地域	类别	系统名称	简　　介
大多伦多区	交通管理系统	COMPASS 高速公路交通管理系统	由安大略交通部开发的高科技高速公路管理系统，包括多伦多 401 高速公路、伯林顿高架路、伊丽莎白女皇高速公路的交通事故紧急管理
		多伦多市高速公路管理系统	建立交通紧急服务通信部门以减少多伦多道路（主要为高速公路）的交通事故，进行早期事故探测，提供准确、及时的交通信息
		SCOOT 交通信号控制系统	多伦多市采用 SCOOT 系统进行交通优化配时、信号控制
		高速公路 407 电子收费系统	使用应答器和读取牌照技术实现高速公路 407 的电子收费

续表

所属地域	类别	系统名称	简　介
—	商业车辆车队管理	多伦多国际机场车辆自动定位系统	—
蒙特利尔区	交通管理系统	—	魁北克交通部开发了监控和管理高速公路的综合系统，包括 Boulevard 市高架路、15 高速公路和东部的 25 高速公路；通往蒙特利尔的主要公路上已经安装了可变情报板；此外，不少交通隧道和地下公路还安装了监控设施
安大略省	商用车辆	AVION/ADVANTAGE	I–75 公路和 401 高速公路上检查站对商用车辆通过专用短程通信系统自动识别和通关

3. 中国的 ITS 发展情况

1）中国的 ITS 发展历程

（1）20 世纪 70 年代末至 90 年代初期：以应用起步、多方面参与。我国在 20 世纪 70 年代末进行城市交通信号控制系统的研究；80 年代后期开始进行 ITS 基础性研究工作，包括道路交通管理、交通信息采集、驾驶员考试系统、车辆动态识别等；90 年代开始建设交通指挥控制中心。

（2）20 世纪 90 年代中后期至今：全面展开系统化研究。1998 年 11 月，在北京举办首届 ITS 应用研讨会；1999 年 4 月，将 ITS 列为 100 个重点科研领域之一；2000 年 3 月，组织全国交通领域专家起草了中国智能交通系统体系框架。

2）中国的 ITS 体系结构

中国的 ITS 体系结构见表 6–4。中国 ITS 的服务领域见表 6–5。

表 6–4 中国的 ITS 体系结构

交通管理（SP1）	城市交通管理中心（SP1.1）	
	公路交通控制中心（SP1.2）	
公共交通（SP2）	城市公共交通（包含轻轨）运营商（SP2.1）	
	城际公共交通运营商（SP2.2）	
	换乘枢纽（SP2.3）	
交通信息服务（SP3）	基础信息提供商（SP3.1）	
	实时交通信息提供商（SP3.2）	
紧急救援（SP4）	一般事件处理部门（SP4.1）	城市紧急救援中心（SP4.1.1）
		公路紧急救援中心（SP4.1.2）
	救火中心（SP4.2）	
	医疗急救中心（SP4.3）	
	危险品处理公司（SP4.4）	
基础设施（SP5）	基础设施维护者（SP5.1）	

续表

基础设施（SP5）	基础设施管理者（SP5.2）	
	收费设施提供商（SP5.3）	收费路桥隧道提供商（SP5.3.1）
		收费停车场提供商（SP5.3.2）
货物运输（SP6）	道路运输提供商（SP6.1）	城市配送（SP6.1.1）
		公路货运（SP6.1.2）
	铁路运输提供商（SP6.2）	
	航空运输提供商（SP6.3）	
	水路运输提供商（SP6.4）	

表 6–5　中国 ITS 的服务领域

ITS 服务领域	服 务 名 称	ISO 标准中的领域划分
交通规划与管理	交通法规监督与执行	交通管理
	交通运输规划支持	
	基础设施的维护管理	
	交通控制	
	需求管理	
	紧急事件管理	
电子收费	电子收费	电子收费
出行者信息	出行前信息服务	出行者信息
	行驶中驾驶员信息服务	
	途中公共交通信息服务	
	个性化信息服务	
	路径诱导及导航服务	
车辆	视野的扩展	车辆
	纵向防撞	
	横向防撞	
	交叉口碰撞	
	安全状况（检测）	
	碰撞前乘员保护	
紧急事件和安全	紧急情况的确认及个人安全	紧急事件
	紧急车辆管理	
	危险品及事故的通告	
	军事装备的紧急事情处理	
	公共出行安全	安全
	易受伤害道路使用者的安全措施	
	智能枢纽	

续表

ITS 服务领域	服 务 名 称	ISO 标准中的领域划分
运营管理	公共规划	公共交通管理
	公共车辆监控	
	公交管理	
	货运车辆管理	商用车辆管理
	货运车辆的车况自动检测	
	货运车队的管理	
综合运输	综合运输（枢纽）	—
自动公路	自动公路	—

6.1.5 先进的交通管理系统

1. 概念

先进的交通管理系统（advanced traffic management system，ATMS）是为监视、控制和管理城市街道与公路交通而设计的一系列法规、人员、硬件和软件的组合。

2. ATMS 的主要功能

（1）交通监视。

（2）装置控制。

（3）事故管理。

（4）出行需求管理。

（5）废气排放管理。

（6）公路铁路交叉口管理。

3. ATMS 的典型应用领域

（1）城市道路的集中交通信号控制系统（CTSCS）。

（2）高速公路和公路干道的高速公路管理系统（FMS）。

（3）事故管理系统（IMS）。

（4）电子收费和交通管理系统（ETTM）。

（5）运输需求管理（TDM）。

4. ATMS 的结构

（1）信息收集装置：利用直升机、警车或警务人员，以及各种检测器。

（2）交通管理/控制中心：收集、显示、处理交通信息，监控和咨询。

（3）控制信号机：以交通信号机、行人用信号机、匝道入口控制机来控制。

（4）信息提供装置：通过各种交通信息板发布交通信息。

（5）其他中心：城市中心和子中心、邻近地区交通管理中心、城市中的高速公路及城市间的高速公路等。

5. ATMS 的特点

1）车辆、道路和交通管理系统一体化

（1）一般的交通管理系统中，控制中心不知道每辆车的实时位置。

（2）ATMS 的控制中心实时掌握车辆的目的地、位置和速度信息。

（3）通过车辆检测器、视频监视装置、车载传感器等，ATMS 的控制中心实时掌握路网交通流模式。

（4）1992 年美国奥兰多的 TravTek 系统，使用了 100 多辆交通探测车收集路况信息。

2）城市交通信号控制系统计算机网络化

（1）20 世纪 80 年代以来，城市交通信号控制系统有明显的网络化趋势。

（2）伦敦的 SCOOT 系统将交通控制信号机、数据库、管理计算机联网，使伦敦交通控制系统实现了实时自适应信号控制。

（3）1995 年东京投资 200 亿日元扩建交通控制中心，配置了 32 台大型机、61 台中型机、56 台小型机，控制 6 875 个交通信号控制器、13 992 个检测器、207 个摄像机、203 个可变信息标志、99 个路侧无线发射器。系统改造后，东京 308 个重要交叉口白天的总旅行时间减少 9%、总延误时间减少 23%，拥挤长度减少 28%。

3）在城市交通管制中应用人工智能技术

（1）传统的城市交通管理系统的目标是单一指标的优化。

（2）ATMS 是多目标优化：消除堵塞、快速响应、旅行时间最短。

（3）采用知识库：汉堡交通管制中 AI 的应用（如图 6–8 所示）、CLAIRE 控制系统结构（如图 6–9 所示）。

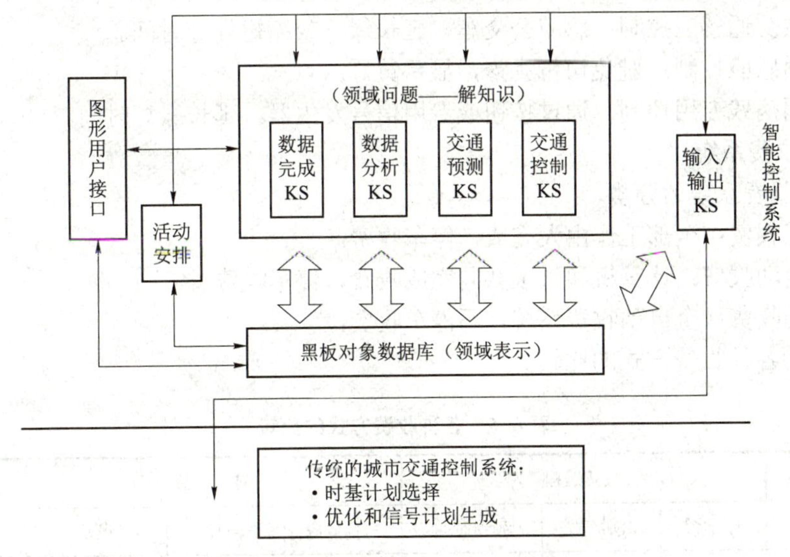

图 6–8 汉堡交通管制中 AI 的应用

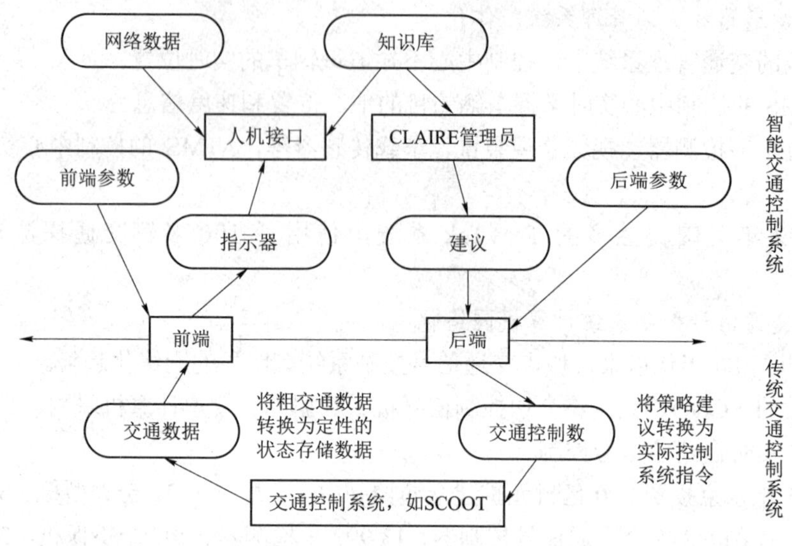

图 6–9 CLAIRE 控制系统结构

4）信息的采集与提供技术更先进和多样化

（1）车辆检测器日趋系统化和光机电一体化。

（2）广泛应用全天候的红外摄像机和性能优越的 CCD 摄像机。

（3）高速公路管理中更多使用 VMS、CCDV 摄像监视系统和互联网。

（4）在高速公路危险的弯曲路段安装自动事故检测系统。

5）城市交通信号控制具有多种新功能

（1）右（左）转弯感应控制：感应车辆，延长转弯绿灯时间。

（2）公共交通感应控制：感应公交车，延长绿灯或缩短红灯时间。

（3）踌躇感应控制：避免司机犹豫，显示黄灯。

（4）老弱病残专用控制：通过按钮或专用信号发生器，延长绿灯时间。

6. 电子收费系统

1）电子收费系统的分类

（1）人工收费：全部工作由人完成，停车收费。

（2）半自动收费：计算机和人工共同完成收费，停车收费。

（3）自动收费：全自动收费系统，不停车收费。

表 6–6 为各种收费方式的比较。

表 6–6 各种收费方式的比较

收费方式	收费过程			问　题			车道放行能力/（辆/h）
	停车否	识别车型	延误时间	瓶颈效应	漏费	误差	
人工收费	是	人工	多	有	严重	大	250
计算机管理	是	人工	较多	有	有	有	250

续表

收费方式	收费过程			问　题			车道放行能力/（辆/h）
	停车否	识别车型	延误时间	瓶颈效应	漏费	误差	
磁卡收费	是	人工	较多	有	有	有	300
投币收费	是	自动	较多	少	有	大	600
称重收费	是	自动	较多	有	有	有	250
红外收费	是	自动	较多	有	有	有	250
电子收费	否	自动	无	无	无	很小	1 500

2）电子收费系统的概念

电子收费系统（electronic toll collection，ETC）是指在网络环境下，采用电子标签作为通行券，收费过程完全由计算机及其外围设备与通行券自动交换信息，实现车辆的自动识别、费额的自动收取，并自动结账的收费系统。

3）电子收费系统的构成

（1）车上处理单元：存储车辆信息，完成车与道路的通信。

（2）车道处理单元：实现车辆识别、探测、通信、强制、控制。

（3）收费站计算机管理单元：处理车道数据，收集收费信息。

（4）中央计算机管理单元（控制中心）：资料处理、账目处理。

电子收费系统操作流程如图 6–10 所示。

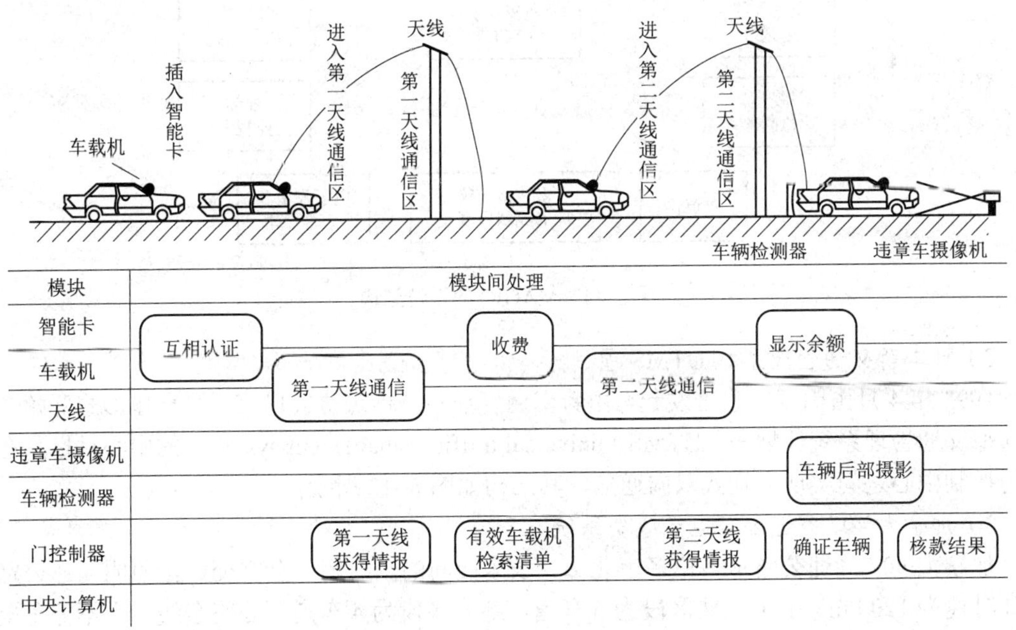

图 6–10　电子收费系统操作流程

4）电子收费系统的效益

（1）消除收费口的瓶颈效应，疏解交通堵塞，减少延误损失。

（2）减少车辆行车时间，提高运输效率。

（3）提高单位时间的道路交通量，提高公路的利用率。

（4）减少停车次数，减少油耗，降低成本。

（5）减少停车时间，减少尾气排放，减少环境污染。

（6）电子货币，杜绝公路收费中的各种不良现象，改善收费管理。

（7）提供可靠的交通信息。

（8）为实现拥挤价格制创造条件。

（9）用于普通交通管理、规划和执法。

（10）改进金融服务，方便群众。

7. 案例

1）美国 I–95 东北通道的 MAGIC 项目

I–95 东北通道是州际 95 号干道的一部分，它连接 5 个主要的都市圈，10 个不同的收费部门的年收费达 15 亿美元，占全国总道路收费的 37%。图 6–11 为 MAGIC 的系统结构。

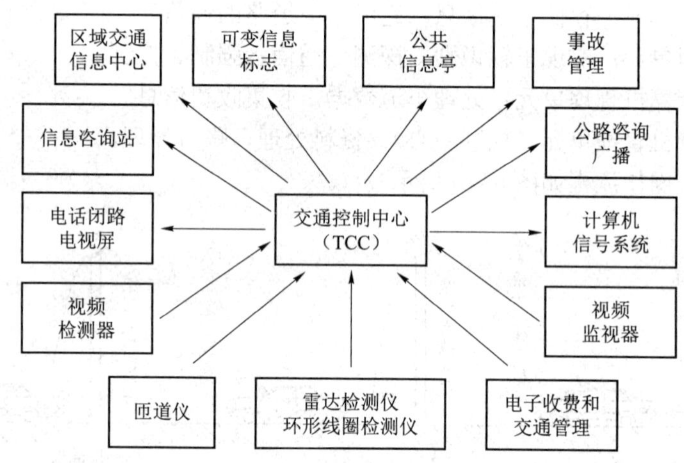

图 6–11 MAGIC 的系统结构

2）日本新交通管理系统 UTMS 项目

1993 年 4 月由国家警察署发起，由新交通管理系统推进协会以官、民合作形式开始实施的新型交通管理系统计划——UTMS（universal traffic management system）的中心目标是在车辆与控制中心之间实现交互式双向通信，其结构如图 6–12 所示。

3）加拿大 407 高速公路电子收费系统

加拿大 407 高速公路是多伦多市北部一条东西向的全封闭、全立交、全照明高速公路。设计时速为 120 km。上下主要区段为 6 车道，部分区段为 4 车道。公路全线采用不停车电子收费系统。收费中心计算机系统结构如图 6–13 所示；每条匝道的外场设备安装情况如图 6–14 所示。

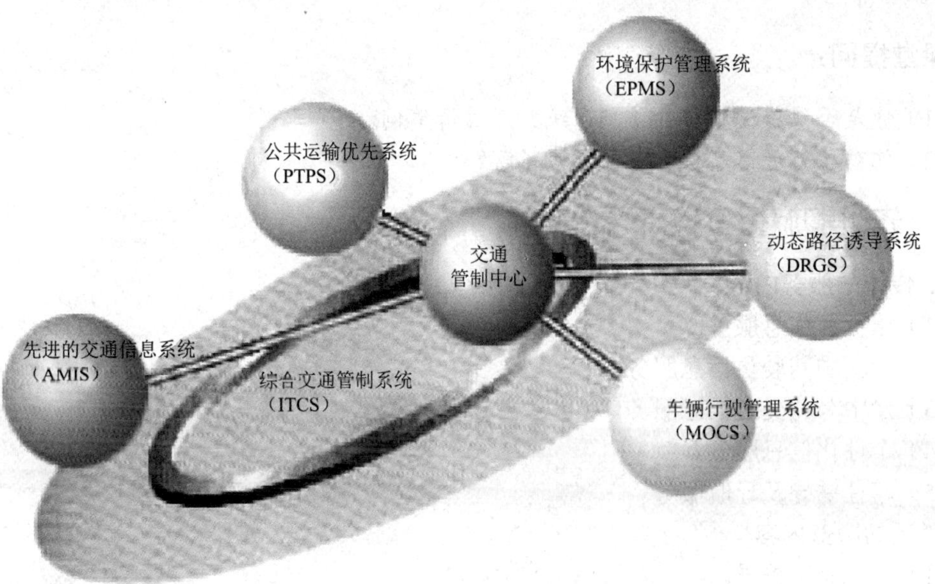

图 6–12　UTMS 的系统结构

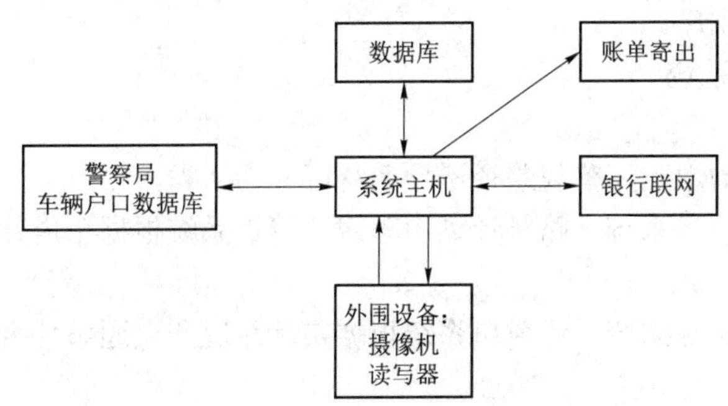

图 6–13　收费中心计算机系统结构

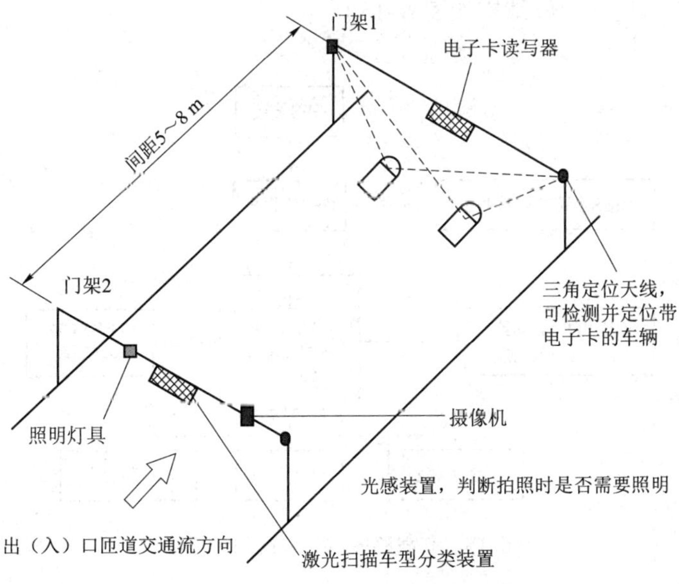

图 6–14　每条匝道的外场设备安装情况

课堂提问：

（1）你是否使用过旅行者信息系统？用过请举例。

（2）你对旅行者信息系统有何初步了解？

6.1.6 先进的旅行者信息系统

1. 传统的服务内容

（1）出行前信息服务。

（2）行驶中驾驶员信息服务。

（3）途中公共交通信息服务。

（4）个性化信息服务。

（5）路径诱导及导航服务。

2. 新的服务内容

（1）车载路径诱导。

（2）停车场动态诱导。

（3）数字地图数据库。

3. 车载路径诱导系统

1）分类

按路径计划产生的地点，车载路径诱导系统可分为两类。

（1）自治型路径诱导系统：路径计划由车载计算机系统根据车内装载数据库的数据和车载软件计算产生。

（2）中心型路径诱导系统：计算机系统根据实际路况和交通条件为每一特定的车辆选择最优路径。

2）结构

车载路径诱导系统的一般结构如图 6–15 所示。

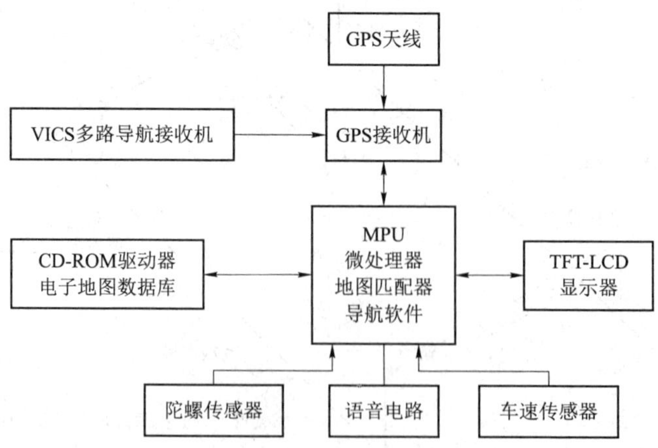

图 6–15 车载路径诱导系统的一般结构

3）功能

（1）对目的地进行最佳路线检索。

（2）具有瞬时再检索功能，修改路径。

（3）提供丰富的菜单和记录功能，存储大量相关信息。

（4）在适当时间提供实时语音提示。

（5）扩大的十字路口标志显示功能。

（6）扩展功能，与其他网络的接口。

4. 停车诱导系统

（1）1971 年在德国的亚琛市，出现了第一个停车诱导系统（parking guidance and information system，PGIS）。

（2）到 1995 年为止，日本已有 40 个城市引进了 PGIS。

（3）美国圣保罗市商业区在 1996 年 2 月建立了一个 APIS（advanced parking information system）。

停车诱导系统的结构简图如图 6–16 所示。

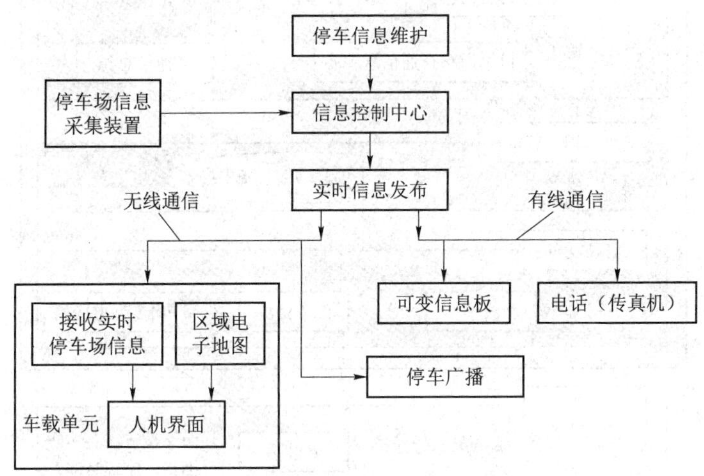

图 6–16　停车诱导系统的结构简图

5. 案例

1）TravLink

（1）概况。

TravLink 是美国明尼苏达向导之星（minnesota guidestar）项目的一部分，它的实施期为 3 年，在明尼阿波利斯附近一条 17.7 km 长的 I–394 通道上实现先进的旅行者信息系统。

I–394 是新建设的一条高速公路，在它的所有交叉口都安装了匝道仪，有高级的摄像机监视，还有一条供公交车辆和多人共乘车辆用的高乘载率专用车道，以及包含停车搭乘场所和公交车辆服务的扩充网络。

（2）内容。

① 实施一个 I–394 上运行公交车辆的计算机辅助调度和自动车辆定位（CAD/AVL）

系统。

② 实施一个旅行者信息系统网络，由一个通过个人计算机及图文终端提供的在线电子服务系统、多个智能信息亭、电子信息板和视频显示监视器组成。

（3）效果。

① 在乘坐公共汽车的人群中，认为公共汽车服务是方便的人所占比例从 63%增加到 76%。

② 在自驾车人群中，认为公共汽车服务方便的人所占比例从 46%增加到 58%。

③ 一些旅行者乐意为获得某种信息服务付款。

2）VICS

VICS（车辆信息通信系统）自 1995 年 7 月 1 日投入使用，1996 年 12 月开始提供信息服务。VICS 分 3 个阶段扩展至全国，每个阶段为期 7 年。

VICS 的概念如图 6–17 所示。

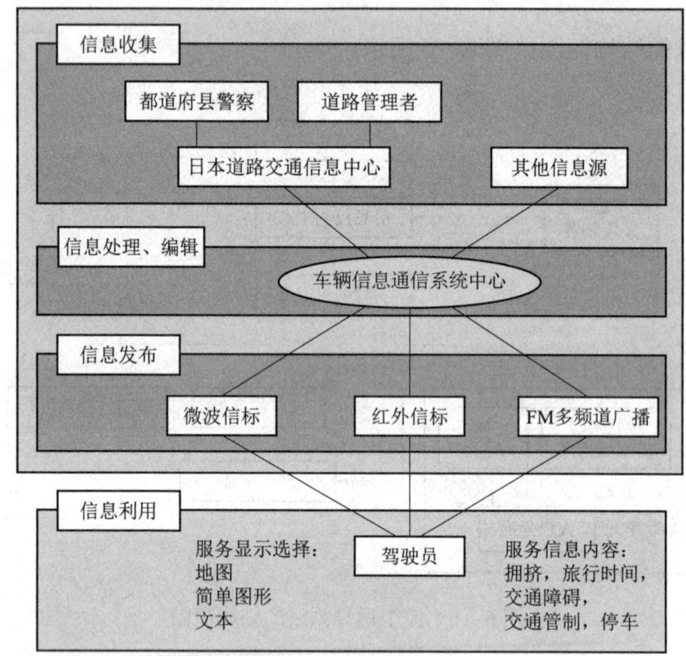

图 6–17　VICS 的概念

6.2　公众交通出行全程动态智能向导技术研究案例

6.2.1　概述

课题“公众交通出行全程动态智能向导技术”是国家 863 项目，旨在从多源交通信息的商业化应用和既有交通信息服务整合的角度出发，为公众出行全程提供动态、个性化、智能化的咨询服务，最终形成具有自主知识产权、适合中国国情、满足公众出行需求的关键技术，建立综合交通信息服务试验系统，为增强我国综合交通信息服务能力、促进综合交通信息服务产业发展提供技术支持。信息服务的内容涉及市内交通和城际交通。

6.2.2 系统流程

系统功能划分与处理流程如图 6–18 所示；第 0 层数据流图如图 6–19 所示；第 1 层数据流图 A 如图 6–20 所示；第 1 层数据流图 B 如图 6–21 所示；第 1 层数据流图 C 如图 6–22 所示；第 1 层数据流图 SP 如图 6–23 所示。

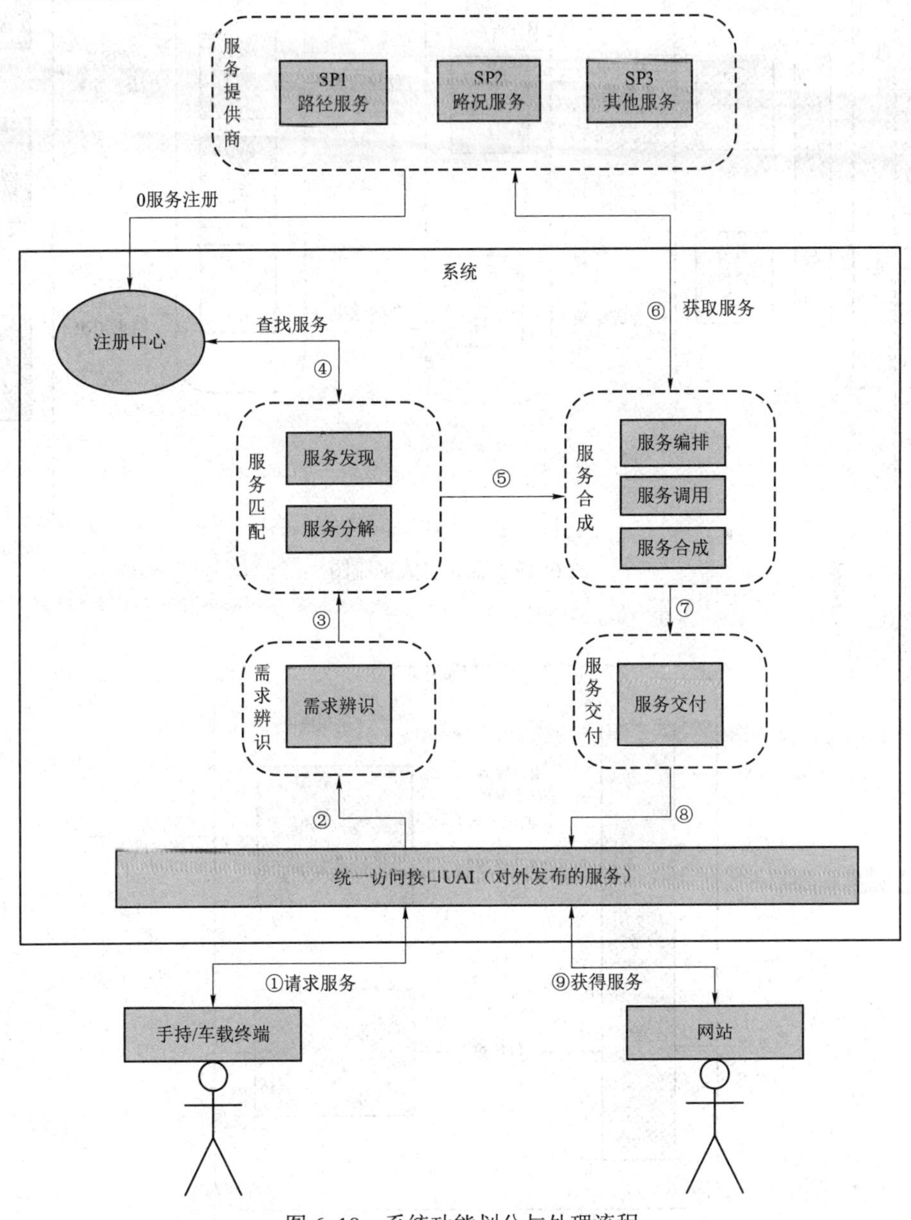

图 6–18　系统功能划分与处理流程

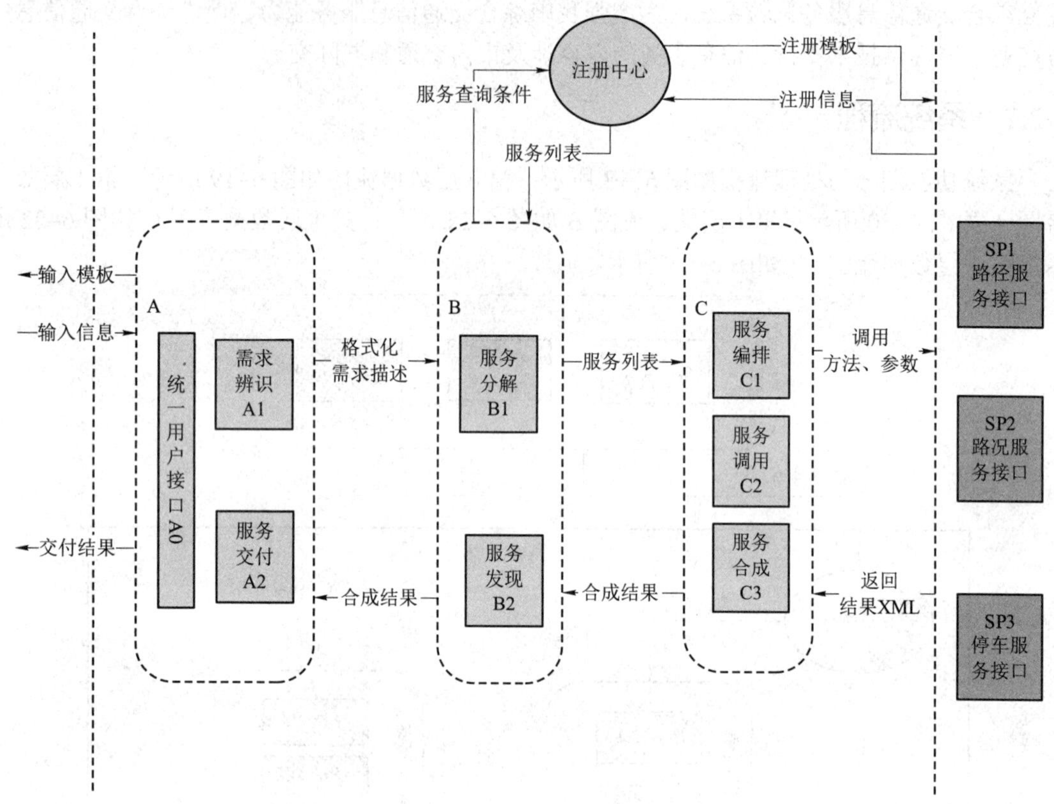

图 6–19　第 0 层数据流图

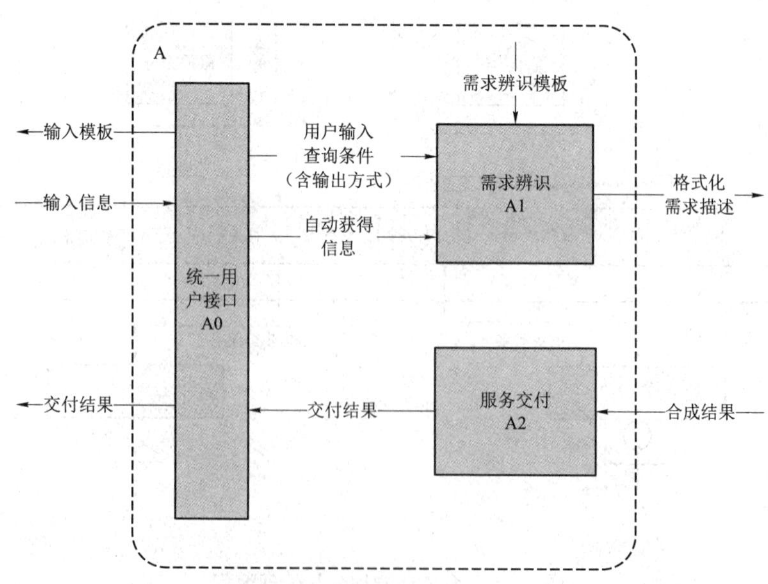

图 6–20　第 1 层数据流图 A

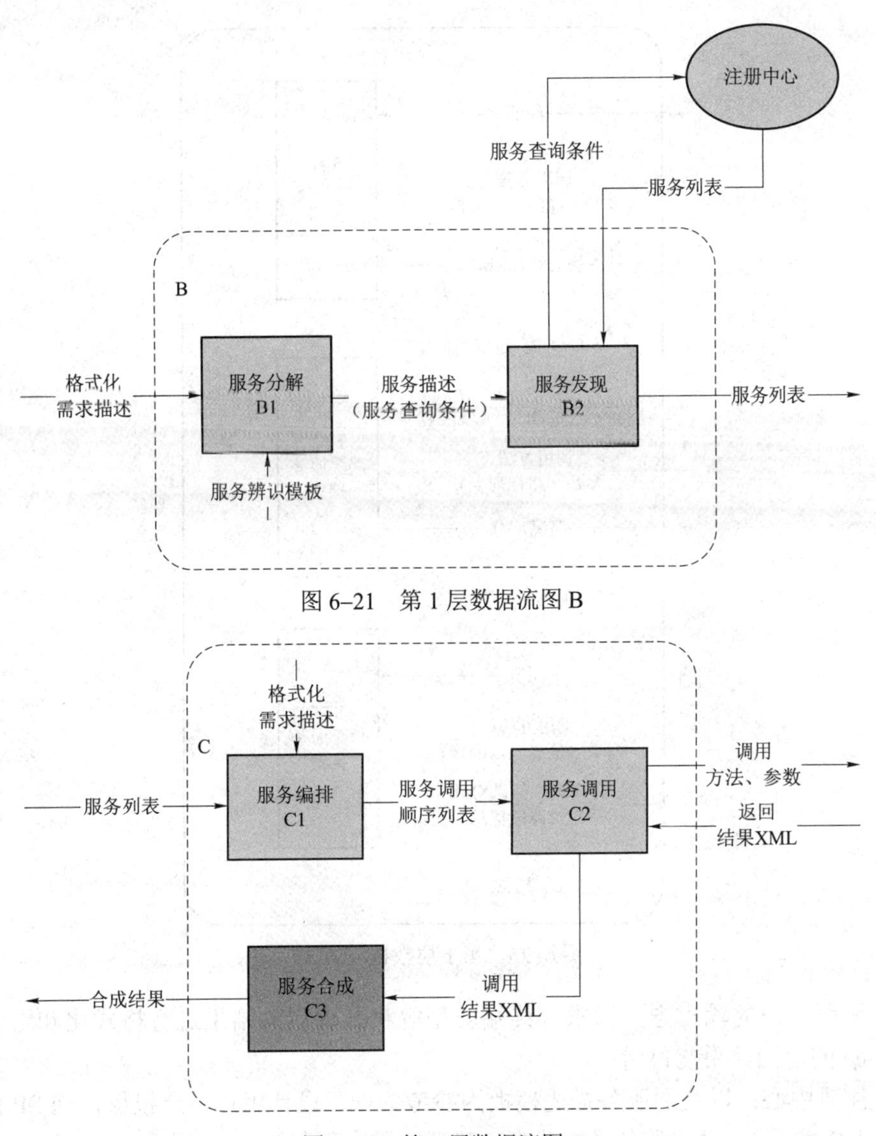

图 6–21　第 1 层数据流图 B

图 6–22　第 1 层数据流图 C

系统处理流程描述：

（1）系统经统一用户接口为用户提供服务，用户可通过不同的中介商以不同终端形式请求（调用）服务。用户的输入模板（用于获得条件参数、终端种类、输出方式等）应由统一用户接口以交互的方式提供给中介商，由中介商决定向用户展示的具体形式。

（2）用户的请求经过统一用户接口获取后，提交给需求辨识模块，将（多个）请求文档按需求辨识模板的定义组织为格式化的用户需求。

（3）格式化的用户需求提交给服务分解模块，以交通服务描述模板为依据，按服务类别、参数等条件对服务进行分解，并到注册中心查找服务，获得服务列表。

（4）服务编排模块负责按照用户需求的内容、偏好等对服务列表进行排序和参数准备。然后按顺序调用相应的外部服务，获得返回结果，将返回结果进行解析、合成，最后得到合成后的结果。

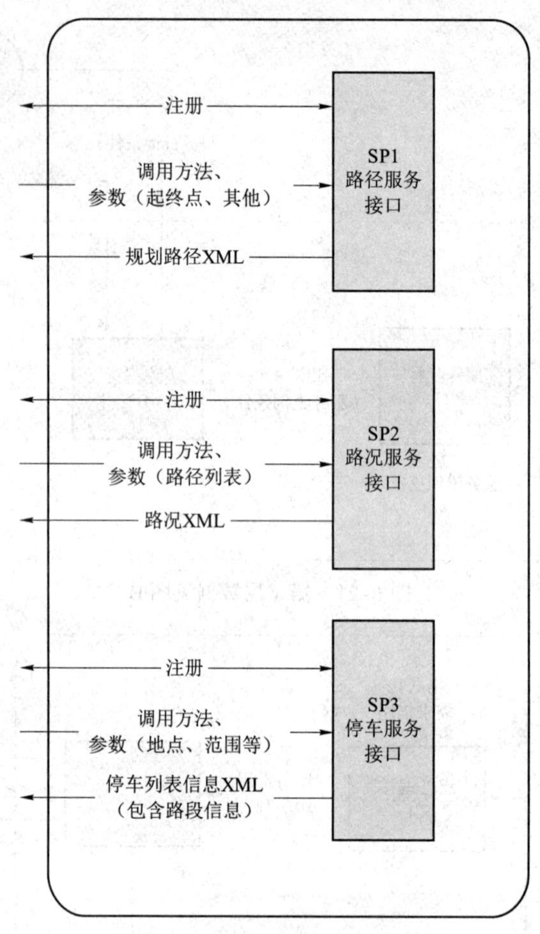

图 6–23　第 1 层数据流图 SP

（5）按照用户的输出方式请求、终端类型等将合成后的结果进行格式化和组装，作为 Web Service 的返回结果交付用户。

（6）注册中心：以交通服务描述模板为参考依据，设计用户注册模板，向 SP 提供注册入口（Web Service），并对服务进行分类、整理、排序和存储。

6.2.3　系统功能

各项功能需求的实现同各模块程序的分配关系如表 6–7 所示；人机交互模块内部结构如图 6–24 所示；交通诱导信息发布人机交互界面如图 6–25 所示；交通信息服务发布如图 6–26 所示；交通信息服务发布展示如图 6–27 所示。

表 6–7　各项功能需求的实现同各模块程序的分配关系

项　目	服务辨识	服务注册	服务匹配	服务合成	服务发布
需求模板	√		√		
服务描述		√	√		
服务注册		√			

续表

项　　目	服务辨识	服务注册	服务匹配	服务合成	服务发布
服务合成				√	
服务匹配			√	√	
服务发布					√
路况信息				√	

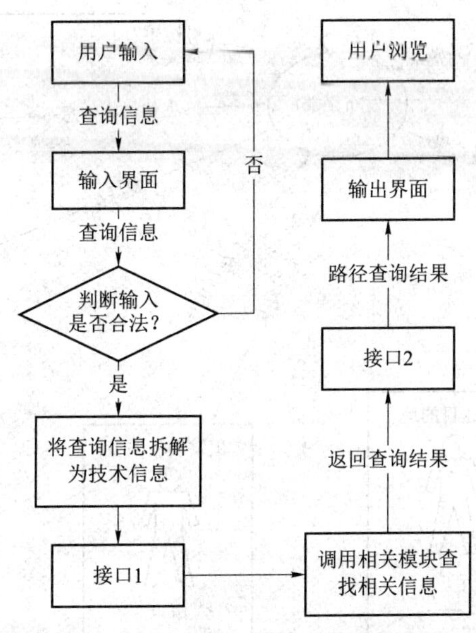

图 6–24　人机交互模块内部结构

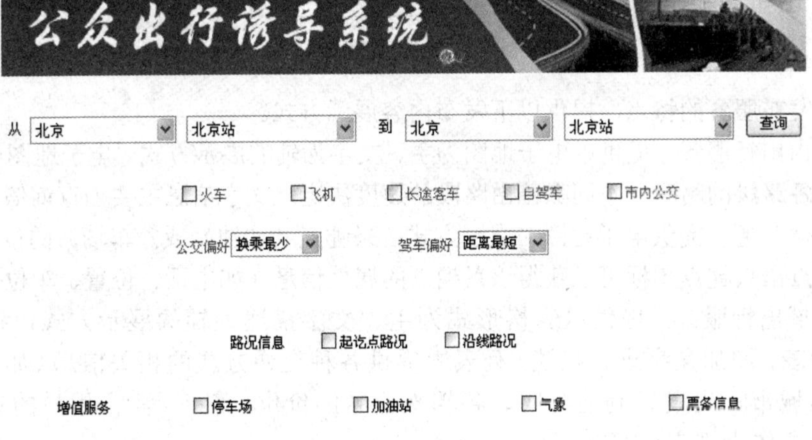

图 6–25　交通诱导信息发布人机交互界面

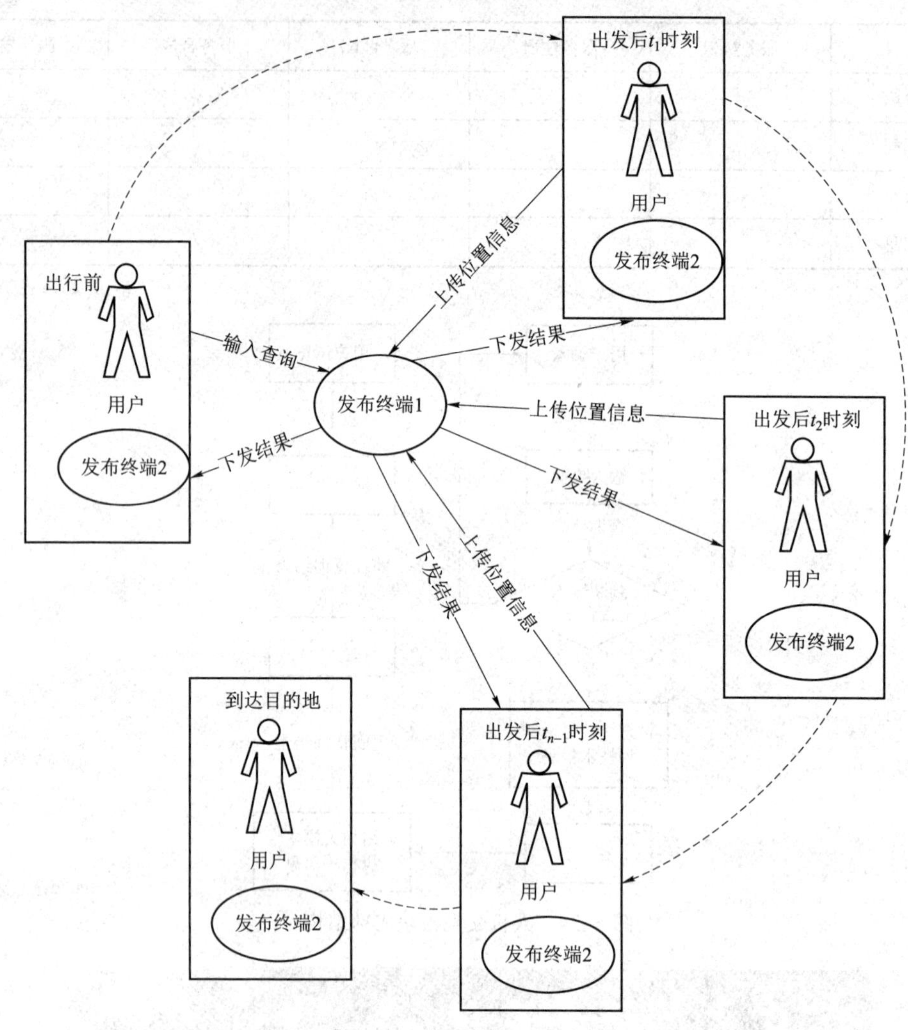

图 6–26 交通信息服务发布

基于所发布服务的特点，提供以下发布内容展示方式。

（1）市内出行服务：提供以电子地图为主、文字为辅的展示方式。电子地图中用颜色来区分路径中各路段的路况，不同颜色由路段的速度决定；文字信息主要为查询信息。

（2）增值服务：提供电子地图的展示方式，兴趣点（加油站或停车场）的位置显示在电子地图中，点击兴趣点图标可以获得该兴趣点的属性信息（如电话、位置、车位数等）。

（3）区域出行服务：提供以表格形式为主、文字描述为辅的展示方式，按照换乘的次数分别列表，增加文字进行描述，列表中提供各种交通方式的相关信息（如车次/航班、出发、到达城市、出发、到达时间、各档次座席的价位、耗时等）；用户的查询信息和换乘描述信息作为文字信息。

测试路网节点编号如图 6–28 所示；测试路网加油站表述数据如表 6–8 所示；需求辨识技术路线如图 6–29 所示；服务匹配与注册技术路线如图 6–30 所示；交通信息服务分类如图 6–31 所示。

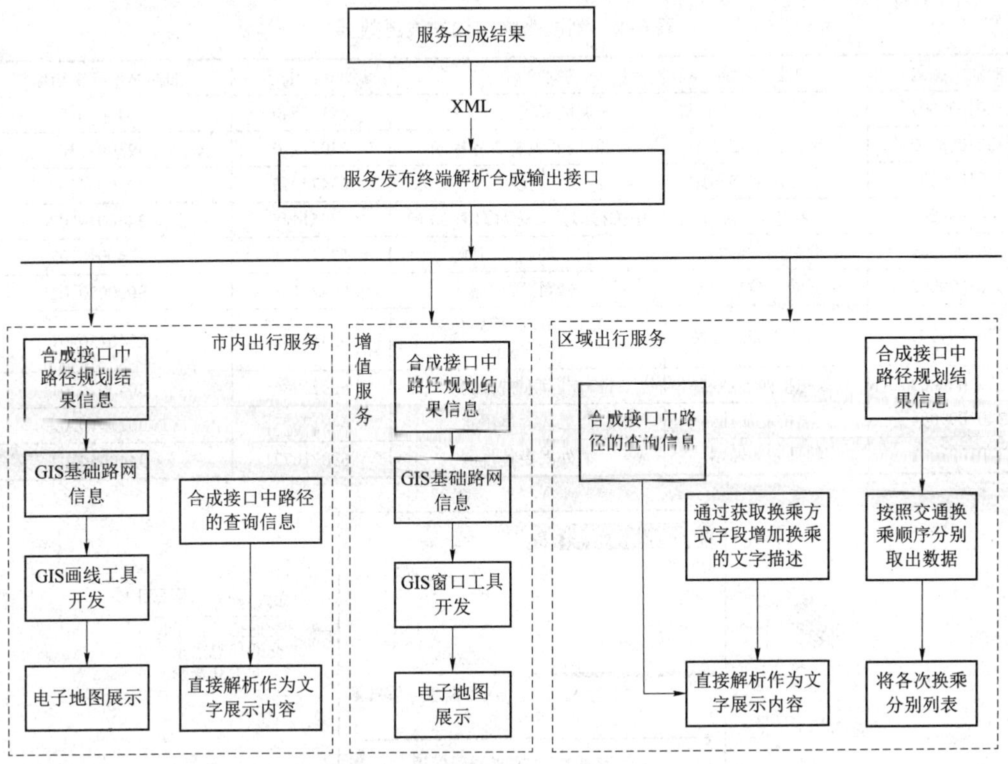

图 6–27　交通信息服务发布展示

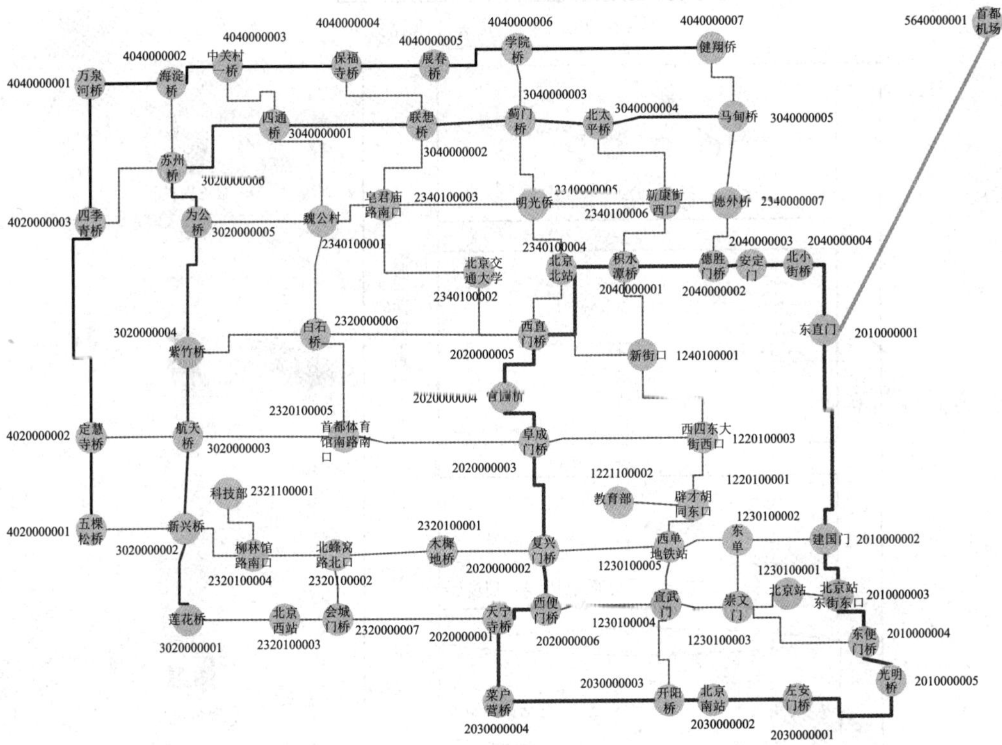

图 6–28　测试路网节点编号

表 6–8 测试路网加油站表述数据

加油站编码	加油站名称	加油站地址	加油站电话	加油站所在街道编码
1201099001	中石油安定门加油站	东城区安定门西大街	84115540	2040030201
1201098002	宣武门加油站	宣武门西大街 2 号楼东	63022110	1230012301
2301099001	中石油滨海加油站	西二环白纸坊桥东南侧 5 米	63475955	2020050202
3401099001	中石化中关村加油站	中关村海龙大厦对面南 50 米	62551428	3440020302
2301099004	西直门加油站	北二环西直门外	68425771	2040010202
3401099002	中石油二号加油站	海淀区紫竹院南路 3 号	68423128	3020030202
2301099002	中石化土城加油站	北京市海淀区德外马甸发射塔下	62355682	2340130301
2301099003	联想桥西加油站	海淀区联想桥西侧	62325986	3040020201
3401099004	六里桥北加油站	西三环六里桥北	64917673	3020010202
3401098003	牡丹园加油站	德外大街牡丹园	63021072	3440050302

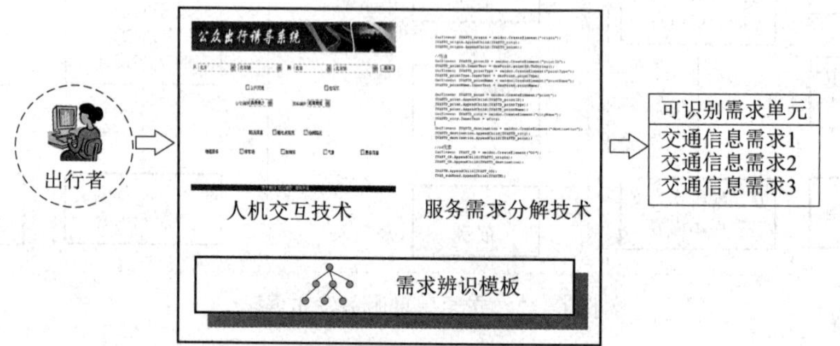

图 6–29 需求辨识技术路线

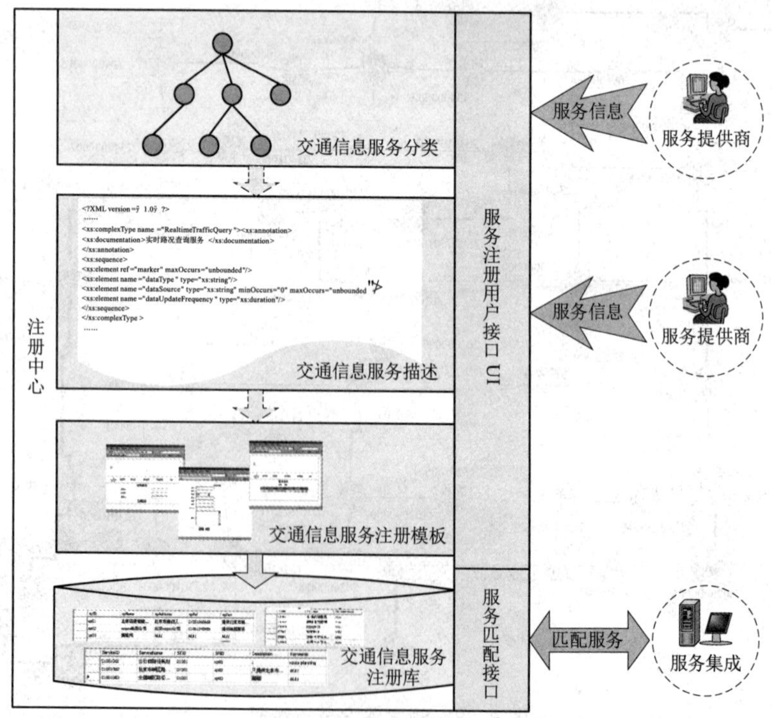

图 6–30 服务匹配与注册技术路线

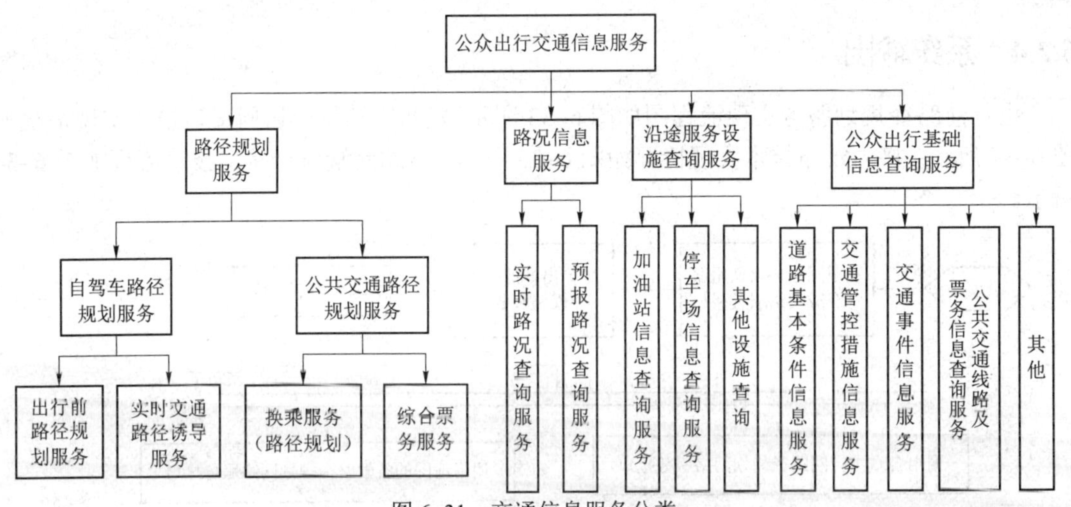

图 6–31　交通信息服务分类

注册中心主要流程如图 6–32 所示。

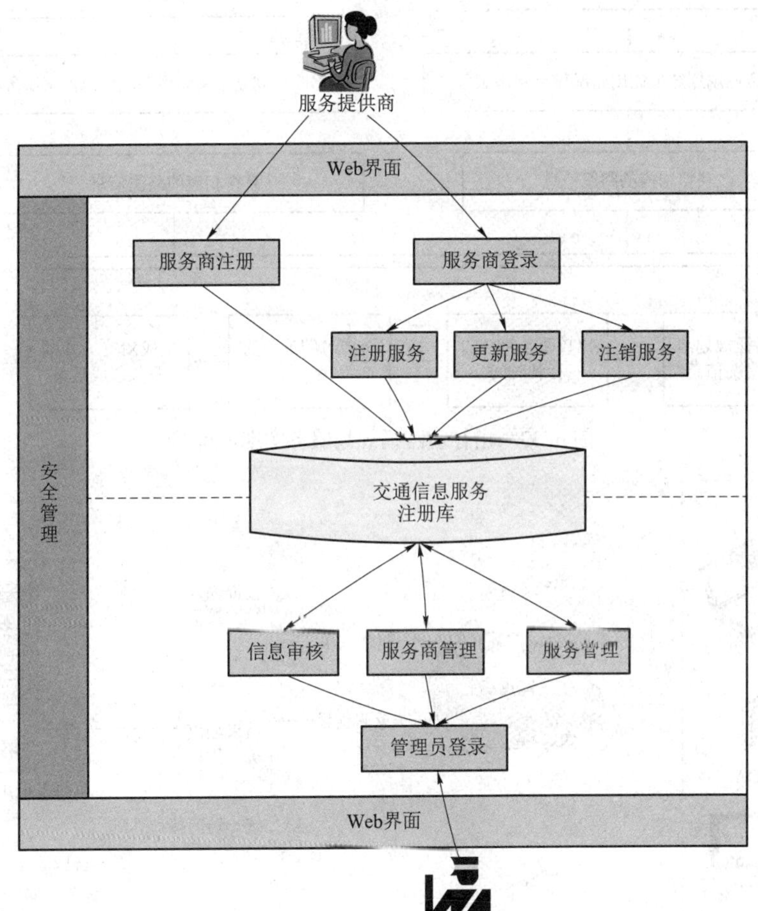

图 6–32　注册中心主要流程

6.2.4 系统输出

出行前路径规划服务实现流程图如图 6–33 所示；发布终端统一访问接口技术实现情况如图 6–34 所示；接力发布技术实现情况如图 6–35 所示；网站终端统一接口技术流程如图 6–36 所示。

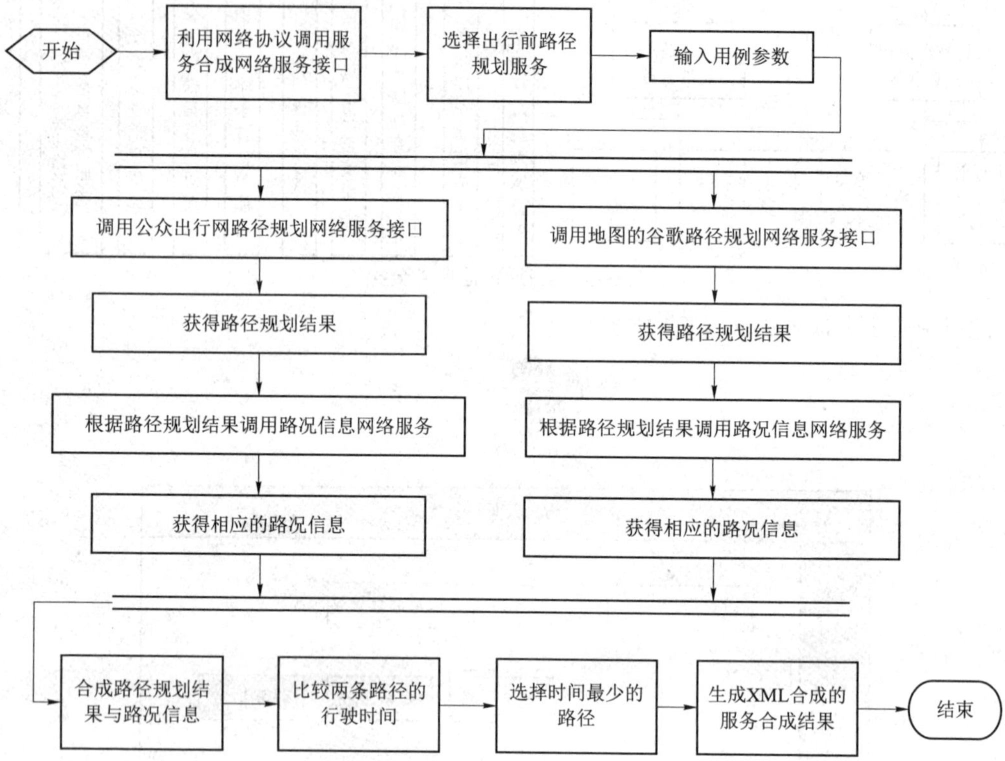

图 6–33 出行前路径规划服务实现流程图

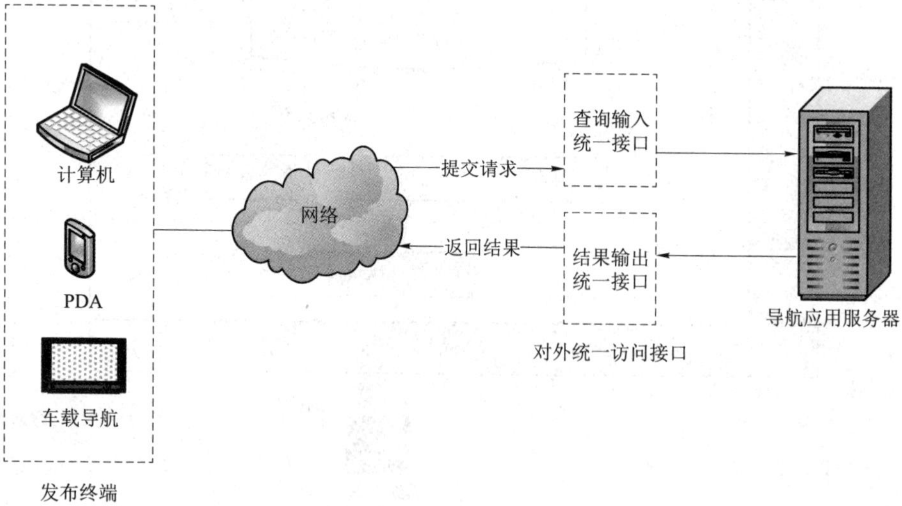

图 6–34 发布终端统一访问接口技术实现情况

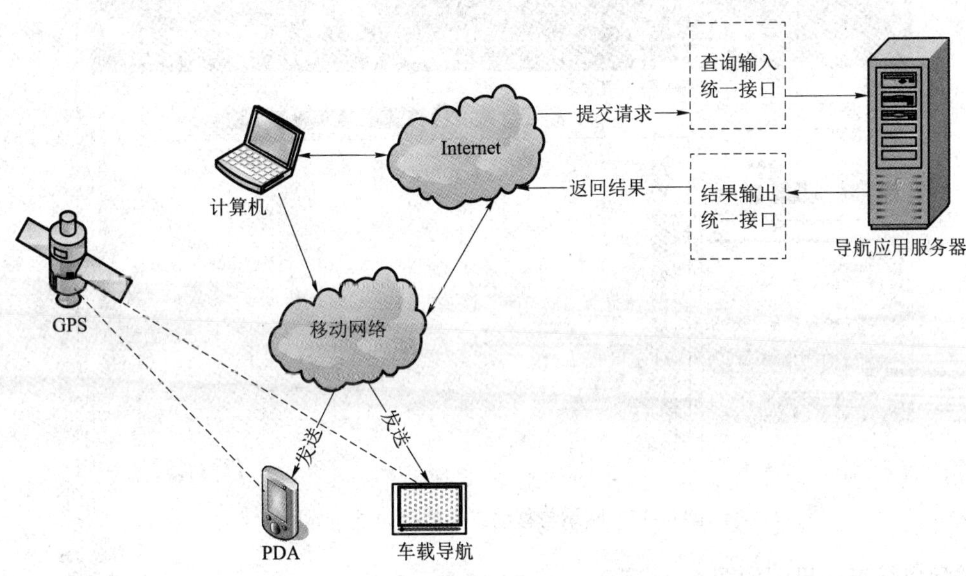

图 6–35　接力发布技术实现情况

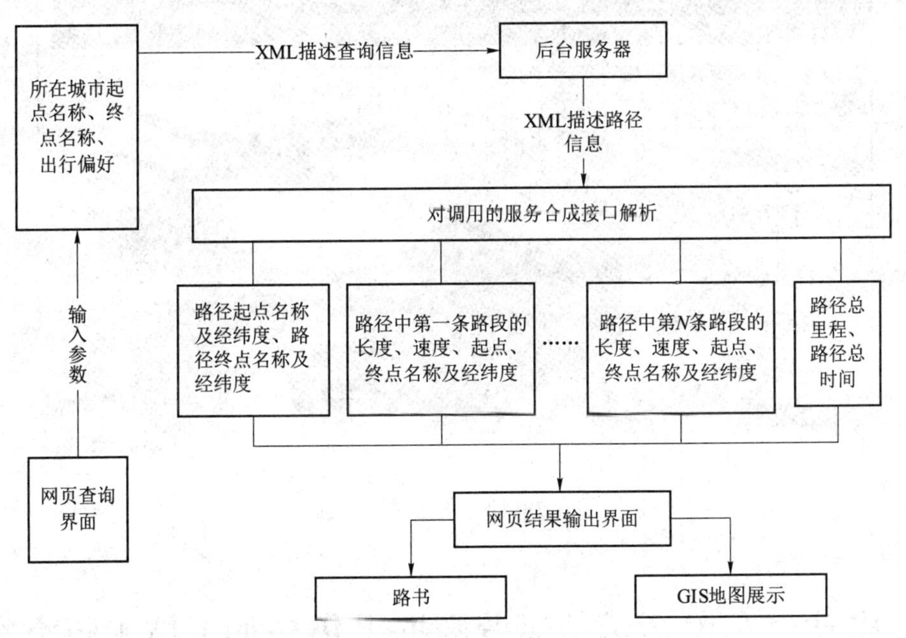

图 6–36　网站终端统一接口技术流程

网站与移动终端的接力发布界面如图 6–37 所示。

图 6–37 网站与移动终端的接力发布界面

城际出行查询界面如图 6–38 所示。

图 6–38 城际出行查询界面

6.3 电动汽车奥运示范运营数据采集与加工技术研究案例

“电动汽车奥运示范运营数据采集与加工技术研究”项目自 2007 年 7 月开始启动，围绕课题研究内容，课题组成员开始收集相关资料，特别是 2008 年 8 月奥运电动汽车投入运营后，了解并分析奥运电动汽车的实际运营状况，先后完成了奥运电动汽车日常运营数据的收集、整理和分析，并根据任务要求开发了车辆日常运营管理的信息监控与统计系统，按时完成了项目合同的所有要求，并取得了相关研究成果。研究技术路线如图 6–39 所示。混合动力汽车技术经济评价指标体系如图 6–40 所示。

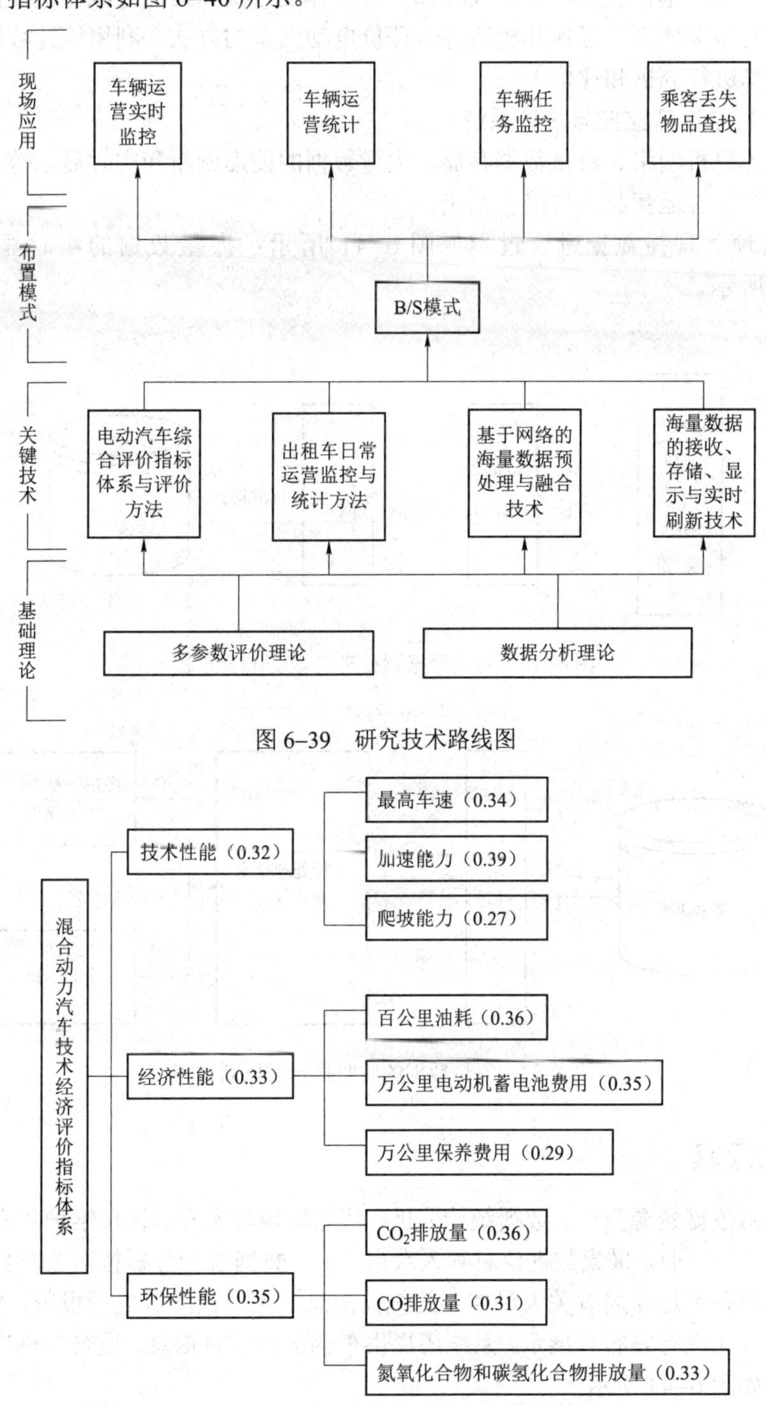

图 6–39　研究技术路线图

图 6–40　混合动力汽车技术经济评价指标体系

6.3.1 项目内容

1. 电动汽车综合评价体系

综合分析电动汽车在技术、经济及环保方面的体现方式和描述方法，建立全面反映电动汽车综合性能的指标体系，寻找和构造综合评价电动汽车的方法，利用统计数据对奥运期间运营的电动汽车进行分析和评价。

2. 出租车日常运营监控与统计系统

运用现代计算机网络、海量数据存储、大量数据的图形刷新和实时显示等技术，构建针对大规模车辆的实时运营监控与统计系统。

海量数据预处理与数据融合过程如图 6–41 所示；海量数据的实时显示与刷新过程如图 6–42 所示。

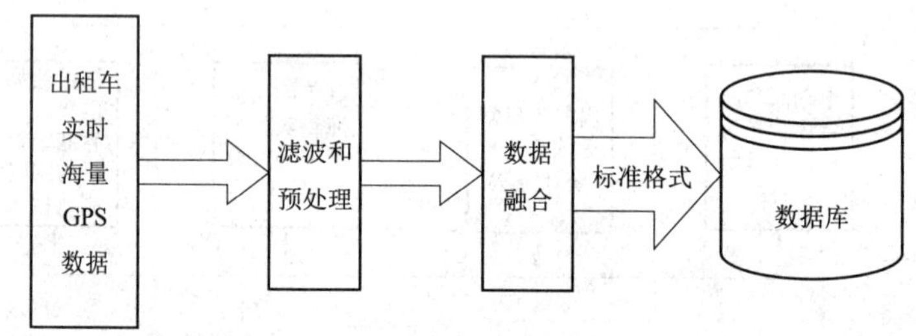

图 6–41 海量数据预处理与数据融合过程

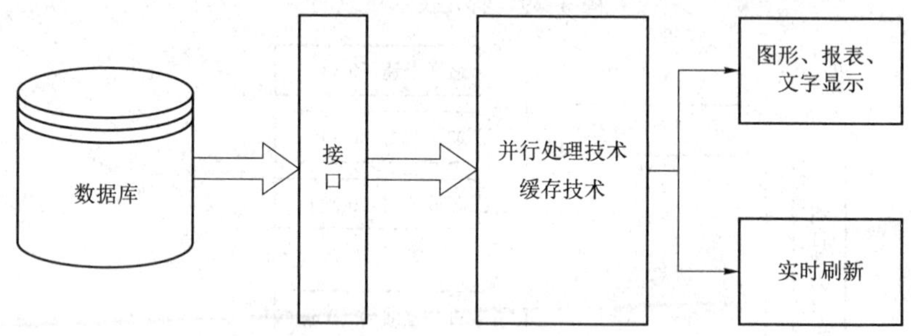

图 6–42 海量数据的实时显示与刷新过程

6.3.2 系统构成

系统主要由数据资源整合、数据统计分析、信息展现与发布、管理维护和安全保障构成。数据资源整合负责接收、采集数据信息存入数据中心。数据统计分析按需要对数据进行整理、统计、分析，得到市运输局有关人员需要的统计信息。系统最终以电子报表、Web 页面或电子图示等多种方式进行发布和展示。系统还提供车辆运行实时信息，反映车辆当前运营情况。系统总体框架如图 6–43 所示。

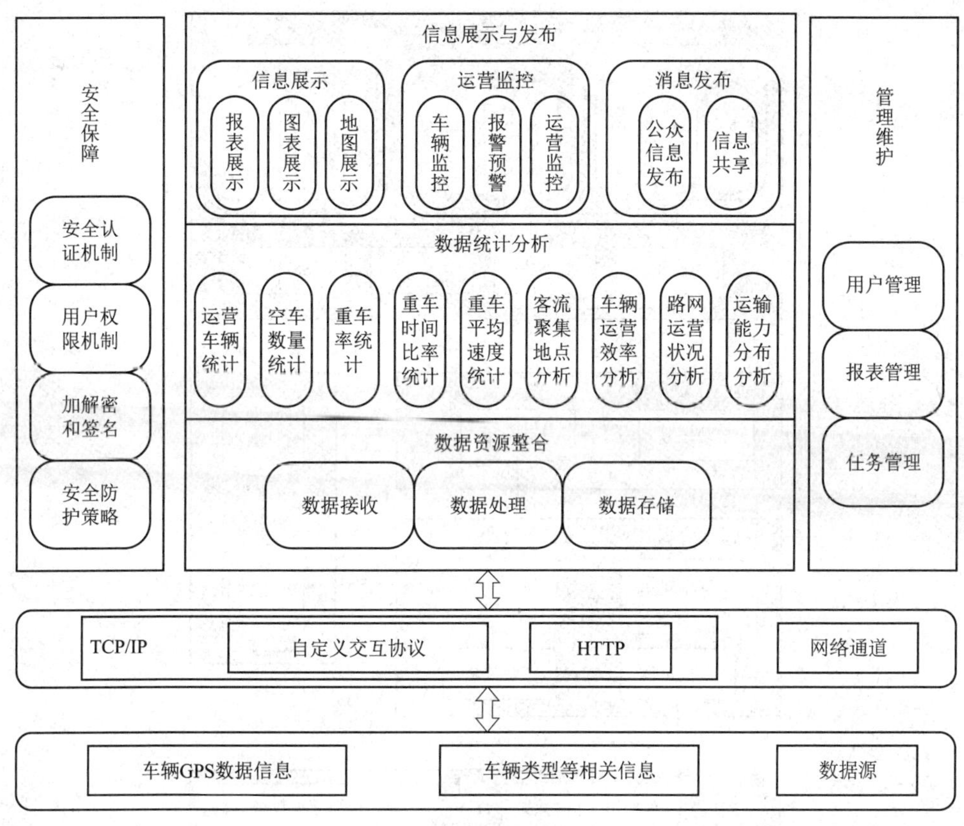

图 6–43　系统总体框架

6.3.3　系统数据流

1. 数据源

系统数据来源于北京奇华通讯有限公司，主要包括车辆 GPS 实时数据和车辆类型相关数据。车辆 GPS 实时数据通过网络通道实时转发。车辆类型相关数据则是不定期发送过来，导入系统中。

2. 数据接收处理

接收采集数据，然后进行数据检查处理，包括数据格式检查、数据长度检查、区间范围检查、完整性检查、一致性检查等，并制定数据清洗和过滤规则。在此基础上进行格式转换、整理、关联等数据加工操作，最后存入数据中心。

3. 数据统计分析

通过自动任务，按照业务需要，对接收的数据进行统计分析，得到不同的统计分析数据，便于为系统提供不同的报表等数据信息。

4. 信息展示与发布

根据初始的数据和统计分析得到的数据，系统通过 Web 服务平台的各种工具和方法，提供报表、图表、电子地图等不同种类的统计信息，同时还可提供当前车辆运营状况、报警信息等监控内容。系统数据流如图 6–44 所示。

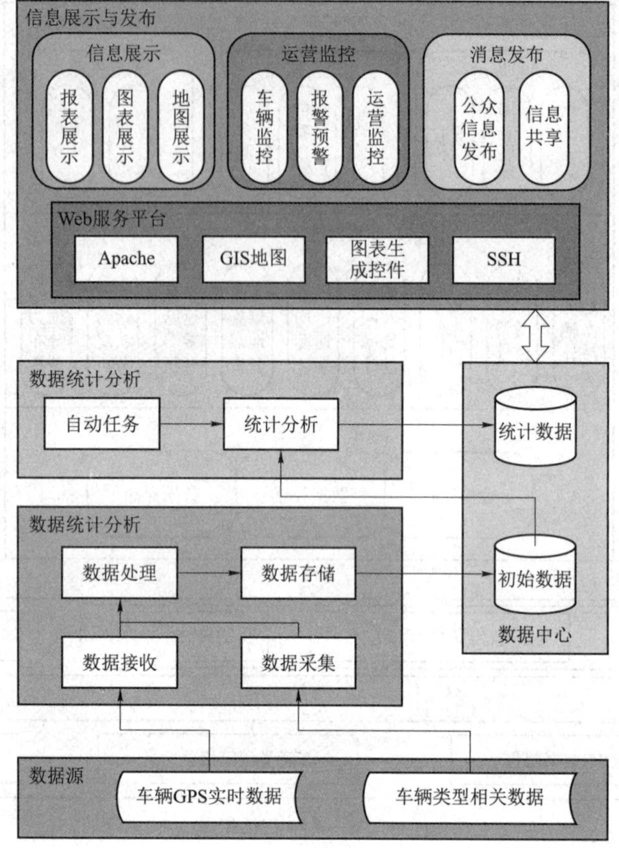

图 6–44 系统数据流

6.3.4 系统网络结构与应用

系统采用 B/S 模式，以 Web 服务的方式提供统计信息展现和运营监控等功能，用户通过互联网访问本系统。连接公网的通道带宽至少为 2 M，网络通道稳定。系统网络结构如图 6–45 所示。

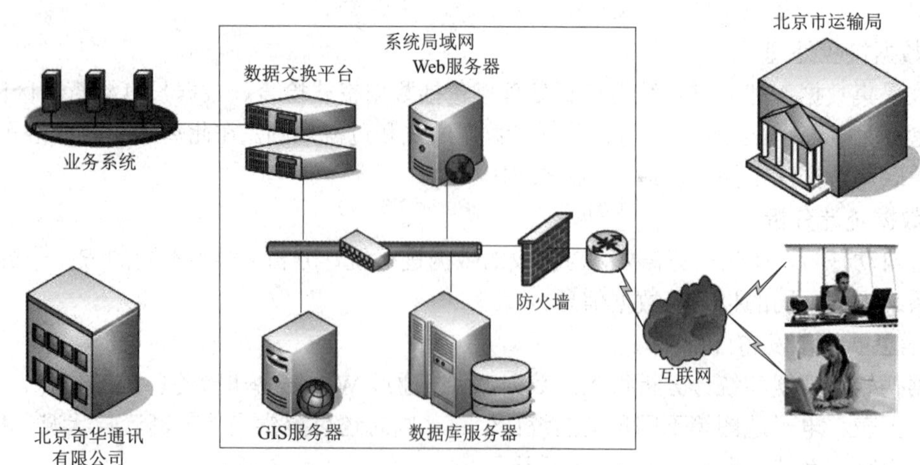

图 6–45 系统网络结构

系统通过 Web 服务，以网页的方式向用户提供服务。根据项目建设目标和实现的功能，系统只提供给指定用户使用，因此使用前需要用户登录（如图 6–46 所示）。系统登录后主界面如图 6–47 所示；系统登录后功能目录菜单如图 6–48 所示。

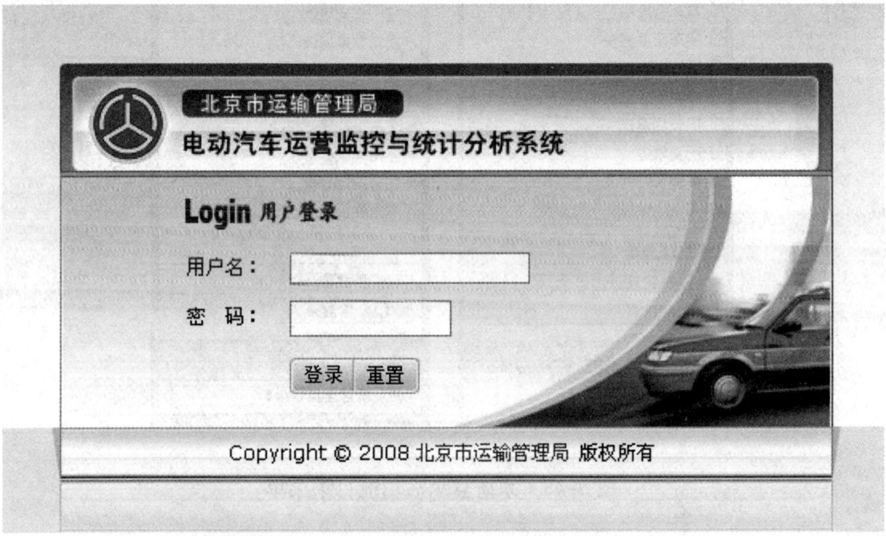

图 6–46　系统登录界面

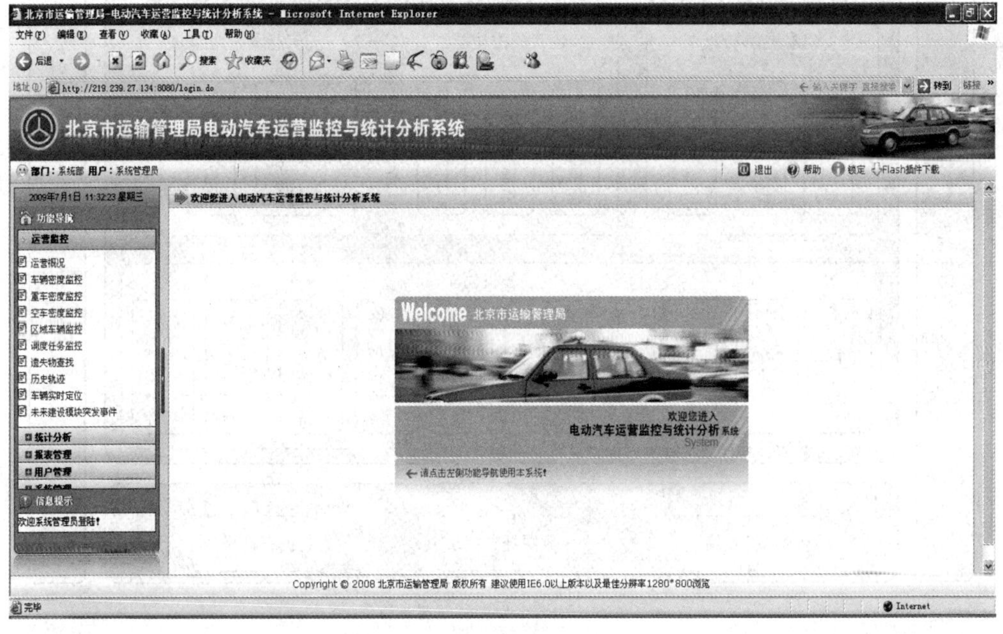

图 6–47　系统登录后主界面

图 6–48　系统登录后功能目录菜单

电动汽车奥运示范运营数据系统包括数据整合功能、统计分析功能、信息展示功能、运营监控功能、信息发布功能等模块。系统功能框架如图 6–49 所示。

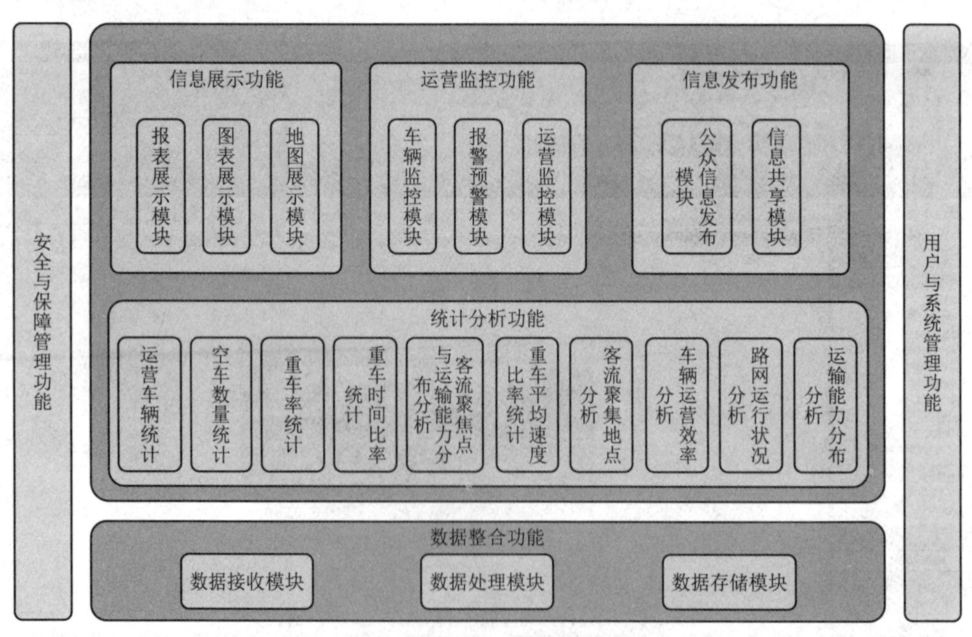

图 6–49　系统功能框架

图 6–50 是“运营监控”主页面；图 6–51 是“统计分析”界面。

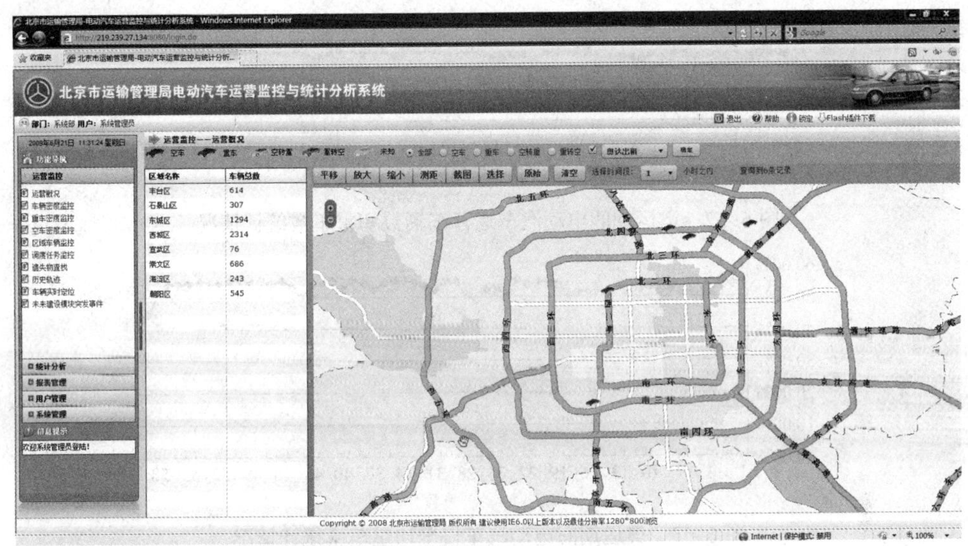

图 6–50　“运营监控”主页面

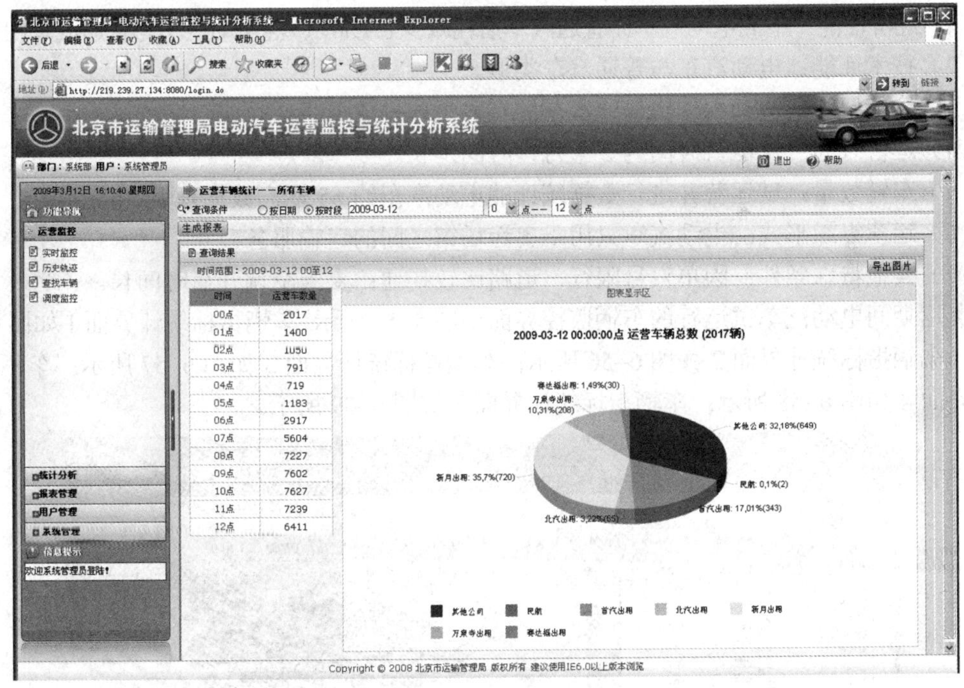

图 6–51　“统计分析”界面

6.3.5　评价结果

奥运期间电动汽车运营车辆数和重车数统计情况如图 6–52 所示；奥运期间电动汽车日平均重车率统计情况如图 6–53 所示。

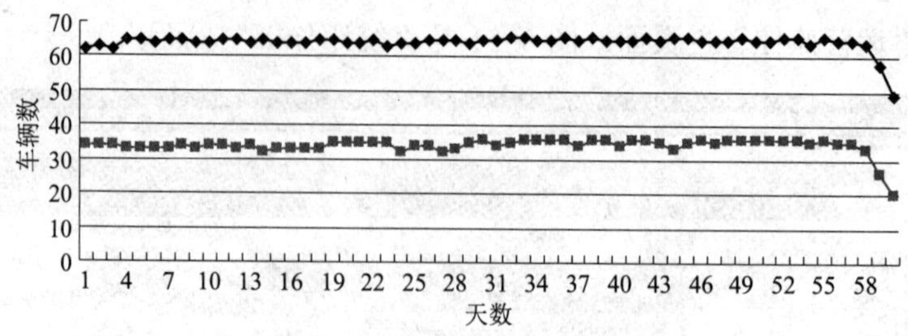

图 6–52 奥运期间电动汽车运营车辆数和重车数统计情况

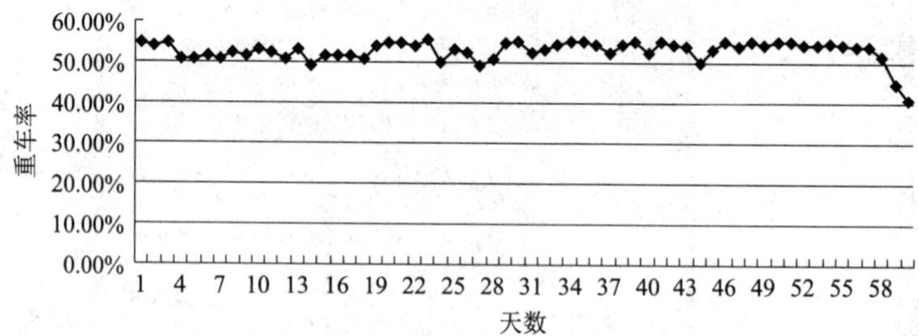

图 6–53 奥运期间电动汽车日平均重车率统计情况

电动汽车奥运期间试运营效果评价如下。

（1）经济性能：中混电动汽车比普通汽车油耗减少 8.9%，微混电动汽车与普通汽车相似。

（2）技术性能：电动汽车与普通汽车类似。

（3）环保性能：电动汽车比普通汽车的有害气体排放量少。

（4）运营时间：试运营时间为 2 个月，时间不长。

（5）车辆数量：试运营并进行数据统计的电动汽车约 65 辆，数量有限。

（6）运营组织形式：电动汽车只用于奥运场馆之间的运输服务。

（7）其他特殊条件：因单双号限行，道路比较畅通；夏天空调开启时间长。

奥运期间电动汽车试运行的车辆监控界面如图 6–54 所示；车辆指标统计界面 1 如图 6–55 所示；车辆指标统计界面 2 如图 6–56 所示；车辆指标统计界面 3 如图 6–57 所示；车辆指标统计界面 4 如图 6–58 所示；车辆指标统计界面 5 如图 6–59 所示。

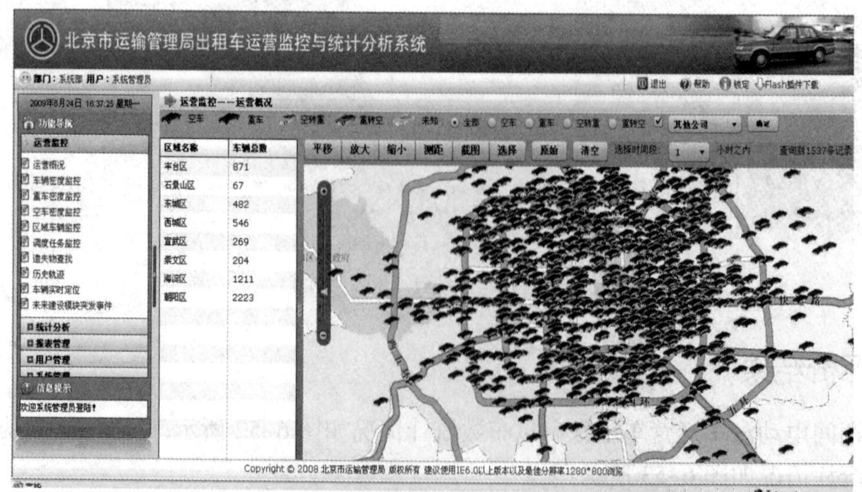

图 6–54 车辆监控界面

图 6–55　车辆指标统计界面 1

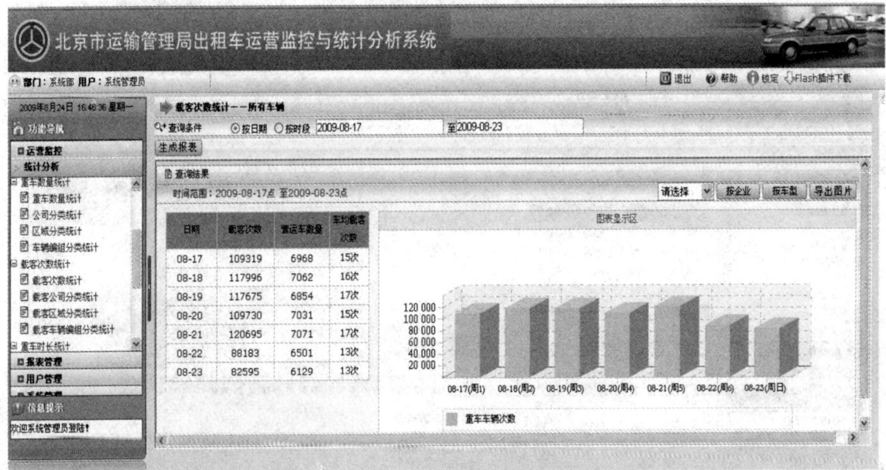

图 6–56　车辆指标统计界面 2

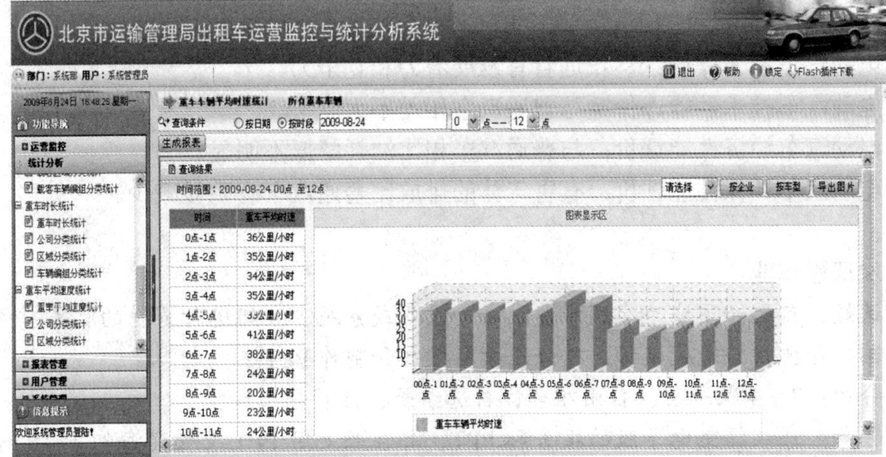

图 6–57　车辆指标统计界面 3

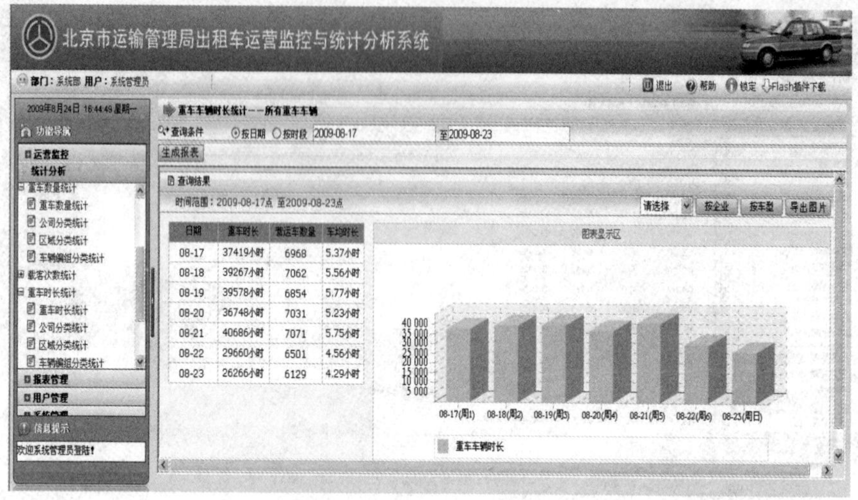

图 6–58　车辆指标统计界面 4

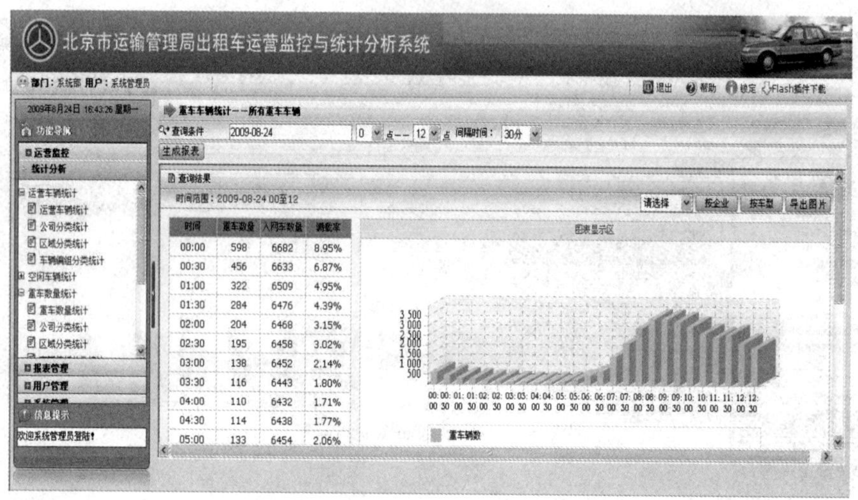

图 6–59　车辆指标统计界面 5

结论：

（1）电动汽车总体评价：从长远看有发展潜力和竞争力。

（2）电动汽车技术性能评价：与普通汽车相差不大。

（3）电动汽车经济性能评价：与普通汽车相比油耗降低不明显。

（4）电动汽车环保性能评价：有害气体的排放比普通汽车有明显减少。

第四次课程作业

（1）选题：自选一项城市交通智能技术、设备或系统，分组进行资料的收集，描述其发展沿革、国内外现状与发展趋势，并分组撰写报告和制作 PPT。

（2）分组：2～4 人一组，自由组合，自选组长，注明分工。

（3）任务：每组提交电子版的报告和 PPT，并在课上用 PPT 介绍（每组 5 ~ 6 min），然后回答老师和同学的提问。

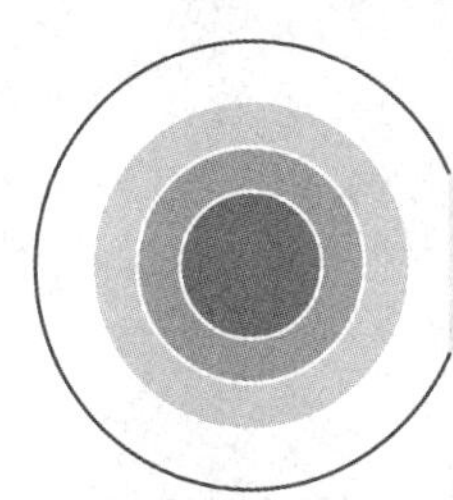

第 7 章

城市交通环境保护

课堂提问：

（1）你所知道的交通污染有哪些？

（2）你所知道的城市交通污染有哪些？

（3）你所知道的城市交通污染的防治措施和改善方法有哪些？

主要交通运输方式对环境的直接影响如表 7–1 所示。

表 7–1　主要交通运输方式对环境的直接影响

交通方式	空气	水资源	土地资源	固体废物	噪声	事故	其他影响
水路交通	船舶排气及粉尘	在港口建设和运河挖掘期间对水系的改变	基础设施占用的土地、弃用港口和运河占用的土地	退役的船舶	集散和作业的噪声	运输危险品的货船泄漏和倾覆、客轮的倾覆	—
铁路交通	机车排放废气及烟尘	列车排放的污水对水系的影响	线路和车站占用的土地和废弃设施占用的土地	弃用的线路、设备和机车车辆	车站和铁路沿线附近的噪声和震动	运输危险品的火车出轨或相撞	临近耕地和野生动物栖息地的分割和破坏
公路交通	汽车尾气	因道路建设造成的地标径流、水系的改变，产生地表水和地下水的污染	基础设施占用的土地、获取道路建设材料使用的土地	公路建设废弃的土石、退役的机动车、废油	机动车产生的噪声和震动	公路事故造成的伤亡和财产损失、危险品的运输风险	相邻耕地的隔离和破坏、野生动物栖息地的破坏
航空运输	飞机排气	因机场建设造成的地下水位、河道和排水地的改变	基础设施占用的土地和废弃设施占用的土地	退役的飞机等	机场附近的噪声	空难	—
管道运输	—	因泄漏造成的地下水污染	—	—	—	—	—

7.1 城市交通环境保护概述

7.1.1 城市交通环境问题

1. 伦敦烟雾事件

英国首都伦敦地处泰晤士河下游的开阔河谷之中。1952 年 12 月 5 日，伦敦处于无风状态，正值隆冬季节，伦敦市沉浸在浓雾之中，而工厂和住宅的成千上万个烟囱照常向空中喷着大量的黑烟。当时居民都用烟煤取暖，大气中的烟尘和 SO_2 浓度很高，整个城市充斥着煤烟和硫黄的气味，空气的能见度很低。白天汽车需要开灯行驶，交通警察都戴着防毒面具。

在此后的 3 天中，患呼吸器官疾病的患者是平时的 4 倍，心脏疾病的患者是平时的 3 倍。原因在于粉尘中的 Fe_2O_3 能促使空气中的 SO_2 氧化而生成硫酸液沫，附在烟尘上或凝聚在雾点上，进入人的呼吸系统，使人发病或加速各种慢性病患者的死亡。

2. 洛杉矶光雾事件

洛杉矶是美国西部太平洋沿岸的一个工业城市，是世界上交通最紧张的地区之一。市区三面环山，气候终年不好，很少有风，一年当中就有 200 多天烟雾弥漫。这样，洛杉矶就具备了容易发生光化学烟雾的三个条件：盆地式地形、汽车尾气多、无风天多。

洛杉矶的光化学烟雾最早发生于 1943 年。当时，城市上空出现浅蓝色的刺激性烟雾，未能引起人们的注意。到 1955 年，许多居民的眼睛、鼻子、喉咙、气管和肺部的黏膜受到了刺激，出现了眼红肿、流泪、喉痛、胸痛和呼吸衰弱等现象，65 岁以上的老年人两天内有 400 多人死亡；家畜患病，作物枯黄，果树受害，橡胶制品老化，材料与建筑物损坏。

其后，通过深入调查发现，这种烟雾是由汽车尾气在太阳光照射下所产生的。基本原理可简述为：NO_2 在强烈的太阳紫外线照射下发生分解，生成 NO 和原子氧；原子氧迅速与空气中的 O_2 结合生成 O_3；O_3 再与 HC 发生作用，经过一系列反应，产生过氧乙酰硝酸脂、醛类和其他多种复杂的化合物，统称为光化学氧化剂。由这些光化学氧化剂形成的浅蓝色烟雾则被称为光化学烟雾。

3. 机动车污染分担率

污染源的分担率是指污染源在环境污染中所承担的份额，通常以百分数表示。

城市机动车污染排放分担率定义为：研究区域内机动车排放的污染物总量与该区域内污染物排放总量之比。污染物排放总量包括流动源、工业、民用及其他天然排放源在内的所有污染源的排放。

一些发达国家机动车污染物排放分担率见表 7–2。

表 7–2　一些发达国家机动车污染物排放分担率　　单位：%

国家	NO_x	CO	CO_2	PM
美国	43	67	33	17
英国	49	80	—	25
日本	44	95	37	50
加拿大	61	66	—	—
法国	76	71	48	—
意大利	52	91	—	—

大气由多种气体混合而成，还包括悬浮在大气中的液体物质和固体物质。其基本成分可以分为恒定组分、可变组分和不定组分。恒定组分主要指氮气、氧气、氩气，以及氖、氪、氙、氡等稀有气体组分。可变组分主要是指二氧化碳和水。含有上述恒定组分和可变组分的空气，被称为干净空气，其组分及其体积比例如表 7–3 所示。

表 7–3　干净空气的气体成分

成分	相对分子质量	体积比例	成分	相对分子质量	体积比例
氮（N_2）	28.01	78.09%	甲烷（CH_4）	16.04	1.5×10^{-6}
氧（O_2）	32.00	20.94%	氪（Ke）	83.80	1.0×10^{-6}
氩（Ar）	39.94	0.93%	一氧化碳（CO）	28.01	0.5×10^{-6}
二氧化碳（CO_2）	44.01	0.032%	氢（H_2）	2.016	0.5×10^{-6}
氖（Ne）	20.18	18×10^{-6}	氙（Xe）	131.30	0.08×10^{-6}
氦（He）	4.008	5.2×10^{-6}	臭氧（O_3）	48.00	$(0.01\sim0.04)\times10^{-6}$

城市交通的大气污染主要是指机动车排放的有害气体对大气造成的污染，目前已经成为城市大气污染的主要污染源。表 7–4 是各类内燃机的有害排放物比较。

表 7–4　各类内燃机的有害排放物比较

项　目		CO	HC	NO_x	$SO_2$①	微　粒		臭气
						碳烟	油雾	
汽油机	四冲程	多	中	多	很少	少	少	中
	二冲程	多	多	少	很少	少	多	多
柴油机		少	少	中	少	多	少	多
LPG、CNG 发动机②		少	中	中	无	少	无	少③
氢发动机		无	无	多	无	无	无	无
旋转活塞发动机		多	多	少	很少	少	中	中
甲醛发动机		少	少	少	无	无	少	少

注：① 在燃油含硫较低的条件下进行比较。② LPG——液化石油气；CNG——压缩天然气。③ 液化石油气燃料本无臭味，为了安全，常掺入微量臭味，以引起使用者对漏气的注意。

7.1.2 机动车污染物的构成及其影响

表 7–5 是 1995 年我国典型城市机动车污染物排放量及其分担率。近年来，我国实行了城市空气质量周报和日报制度，采用根据国家空气质量标准制定的空气指数 API（air polution index）来表示空气污染的情况。空气污染指数与对应的污染物最大日均浓度值如表 7–6 所示。

表 7–5 1995 年我国典型城市机动车污染物排放量及其分担率

城市	污染物	汽车源排放/（10^4 t）	总排放/（10^4 t）	污染分担率/%
北京	NO_x	11.4	27.8	41.0
	CO	97.2	131.2	74.1
广州	NO_x	3.89	9.20	42.3
	CO	40.3	47.5	84.8

表 7–6 空气污染指数与对应的污染物最大日均浓度值 单位：mg/m^3

空气污染指数	PM_{10}	SO_2	NO_2	NO_x
500	0.6	2.62	0.94	0.94
400（五级）	0.5	2.1	0.75	0.75
300（四级）	0.42	1.6	0.565	0.565
200（三级）	0.25	0.25	0.12	0.15
100（二级）	0.15	0.15	0.08	0.1
50（一级）	0.05	0.05	0.04	0.05

我国按照空气污染指数的大小将空气分成五级，API 在 0～50 的空气质量为优，级别为Ⅰ；API 在 51～100 的空气质量为良，级别为Ⅱ；API 在 101～200 的空气质量为轻度污染，级别为Ⅲ；API 在 201～300 的空气质量为中度污染，级别为Ⅳ；API 大于 300 的空气质量为重度污染，级别为Ⅴ。不同级别的空气质量对人体健康的影响如表 7–7 所示。

当空气污染指数达到峰值时，大多数人的健康会或多或少地受到伤害。为了在出现此状况时保护公众的健康，一些国家制定了污染警报标准和法规。德国的空气污染警报标准如表 7–8 所示。

表 7–7 不同级别的空气质量对人体健康的影响

空气质量级别	对人体健康的影响	对应空气质量的适用范围
Ⅰ	可正常活动	自然保护区、风景名胜区和其他需要保护的地区
Ⅱ	可正常活动	居民区、商业和居民混合区、文化区、一般工业区和农村地区
Ⅲ	长期接触，易感染人群症状有轻度加剧，健康人群出现刺激症状	特定工业区
Ⅳ	接触一定时间后，心脏病和肺病患者症状显著加剧，运动耐受力降低，健康人群普遍出现症状	—
Ⅴ	健康人群出现明显症状，运动耐受力降低，提前出现某些症状	—

表 7–8　德国的空气污染警报标准

污染物	参考时段	浓度/（μg/m³）	警报类别
颗粒物＋SO_2	日均	1 100	警告
		1 400	一级警报
		1 700	二级警报

尾气排放是汽车最主要的大气污染源，排放物包括多种成分，而且随着发动机类型及运行条件的变化而改变。如果燃料和空气完全燃烧，发动机排气的基本成分是二氧化碳、水蒸气、过剩的氧及残余的氮等，这些都是无毒的物质。那些没有完全燃烧的中间产物，包括一氧化碳、碳氢化合物、氮氧化物、颗粒物（碳烟、油雾等）、二氧化硫及臭气（甲醛、丙烯醛）等，基本上都是有毒的。表 7–9 给出了汽车在不同工况下排放的有害气体成分含量。

表 7–9　汽车在不同工况下排放的有害气体成分含量

车种	工况/（km/h）	CO 的体积分数/%	HC 的体积分数/10^{-6}	NO_x 的体积分数/10^{-6}	碳烟浓度/（g/m³）	排气量
汽油车	怠速 0	3.0～10	300～2 000	50～100	0.005 以下	少
	加速 0→40	0.7～5.0	300～600	1 000～4 000		增多
	等速 40	0.5～1.0	200～400	1 000～3 000		高速最多
	减速 40→0	1.5～4.5	1 000～3 000	5～50		减少
柴油车	怠速 0	0～0.01	300～500	50～70	0.1～0.3	少
	加速 0→40	0～0.50	200～300	800～1 000		增多
	等速 40	0～0.10	90～150	200～1 000		高速最多
	减速 40→0	0～0.05	300～400	30～35		减少

一氧化碳对人体危害程度的大小取决于诸多因素：空气中 CO 浓度的大小、同 CO 接触时间的长短、呼吸的速度，以及有无吸烟习惯等。表 7–10 给出了不同含量的 CO 对人体健康的影响。

表 7–10　不同含量的 CO 对人体健康的影响

CO 的体积分数/10^{-6}	对人体健康的影响
5～10	对呼吸道患者有影响
30	接触 8 h，视力及神经机能出现障碍
40	接触 8 h，出现气喘
120	接触 1 h，中毒
250	接触 2 h，头痛
500	接触 2 h，剧烈心痛、眼花、虚脱
3 000	接触 30 min 即死亡

二氧化氮是一种棕红色、具有生理刺激性的有毒气体，是引起急性呼吸道疾病的主要物

质。表 7–11 给出了不同含量的 NO_2 对人体健康的影响。

表 7–11 不同含量的 NO_2 对人体健康的影响

NO_2 的体积分数/10^{-6}	对人体健康的影响
1	闻到臭味
5	闻到强臭味
10～15	接触 10 min，眼、鼻、呼吸道受到刺激
50	接触 1 min，呼吸困难
80	接触 3 min，感到胸痛、恶心
100～150	接触 30～60 min，因肺气肿而死亡
250	很快死亡

臭氧是强氧化剂，还是光化学污染的主要成分，会引起胸部压缩、刺激黏膜、头疼、咳嗽、疲倦等症状。表 7–12 给出了不同含量的臭氧对人体健康的影响。

表 7–12 不同含量的臭氧对人体健康的影响

臭氧含量/10^{-6}	对人体健康的影响
0.02	5 min 内多数人能觉察
0.2～0.3	肺机能降低、胸部有压迫感
0.1～1.0	1 h 内呼吸紧张
0.2～0.5	3～6 h 内视力降低
1～2	2 h 内头疼、胸痛、肺活量减少
5～10	全身疼痛，开始出现麻痹症和肺气肿
15～20	2 h 内有死亡危险

7.1.3 机动车的噪声污染及其影响

城市交通噪声包括机动车噪声和道路噪声。机动车噪声一般为中等强度的噪声，为 60～90 dB，如公共汽车的噪声为 80 dB 左右，摩托车的噪声比一般汽车高 10 dB 左右。近年出现的汽车驻车用防盗器的误鸣引起的扰民事件，也属于汽车的噪声危害。由于机动车噪声为移动性噪声，故影响范围大、干扰时间长、受害人员多。发动机噪声的分类如图 7–1 所示。

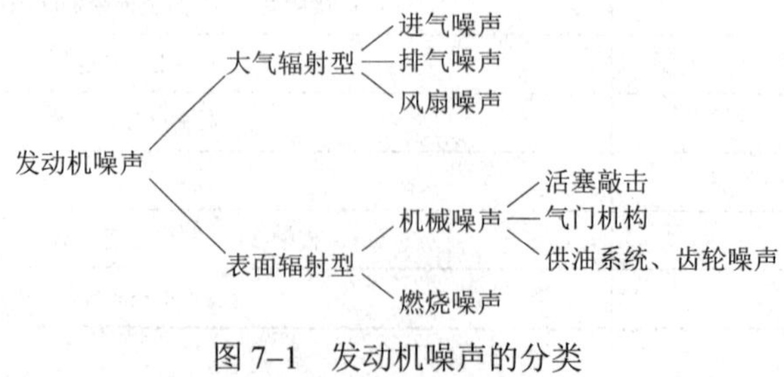

图 7–1 发动机噪声的分类

噪声容易使人疲劳，影响人的思维活动和精力集中，对工作有严重妨碍。噪声对正常谈话和通信质量也有明显的影响，如表 7–13 所示。

表 7–13　噪声对谈话和通信的影响

噪声级别/dB	主观反映	保持正常谈话距离/m	通信质量
45	安静	10	很好
55	稍吵	3.5	好
65	吵	1.2	较差
75	很吵	0.3	很差
85	大吵	0.1	无法通信

道路交通噪声源具有流动性，是一种随机性非稳态噪声，受到道路条件的影响。道路的坡度越大、发动机负荷增加，噪声越高，如表 7–14 所示；越接近交叉口处，噪声越高，如表 7–15 所示。

表 7–14　路面坡度对等效声级的影响

路面坡度	5%								7%							
车流量/(辆/h)	1 000				4 000				1 000				4 000			
载货汽车所占比例/%	0	25	50	100	0	25	50	100	0	25	50	100	0	25	50	100
等效声级/dB	67	68.8	70	72	72.5	74.3	75.6	76.7	67.3	72.7	75	77.5	73.3	78.8	81	83.5

表 7–15　交叉口附近的噪声

噪声统计参数	交叉路口处	交叉路口后 50m 处	交叉路口前 80m 处
L_{10}/dB	77.5～76.6	76.3～76.5	68.2～68.8
L_{50}/dB	72.7～73.1	71.3～72.2	65.3～65.7

关于噪声性耳聋的划分，国内外目前尚无统一的标准，一般当 500 Hz、1 000 Hz、2 000 Hz 三个频率的平均听力损失达到 25 dB 时，就认为是噪声性耳聋。根据国外的统计数据，在不同噪声级别下长期工作，其后果如表 7–16 所示。为了保护听力，噪声容许标准不应超过 90 dB，这是目前国际比较一致的认识。表 7–17 是各国的听力保护容许标准。

表 7–16　噪声性耳聋发病率

噪声级别/dB	国际统计数据/%	美国统计数据/%
80	0	0
85	10	8

续表

噪声级别/dB	国际统计数据/%	美国统计数据/%
90	21	18
95	29	28
100	41	40

表 7–17 各国的听力保护容许标准

国别	稳态噪声声压级/dB	曝露时间/h	最高限度/dB	脉冲声声压级峰值/dB	减半率/dB
中国	90	8	—	—	—
德国	90	8	—	—	—
法国	90	40	—	—	—
英国	90	8	135	150	3
美国	90	8	115	140	5
加拿大	90	8	115	140	5

7.1.4 城市交通环境监测及评价

1. 环境监测

1）概念

环境监测是指运用现代科学技术手段对代表环境污染和环境质量的各种环境要素（环境污染物）进行监视、监控和测定，确定环境质量（或污染程度）及其变化趋势。

课堂提问：

（1）你所知道的环境监测方式有哪些？

（2）环境监测主要监测哪些污染物？

（3）你认为环境监测的任务和目的是什么？

2）环境监测的目的

（1）评价环境质量。

（2）追踪污染源，确定控制方法。

（3）积累资料，为研究、预报、管理环境提供依据。

（4）为改善环境、修订环境法规和标准提供依据。

（5）为环境科学的研究提供基础数据。

3）环境监测的任务

（1）确定污染物的浓度、分布、发展趋势、污染途径。

（2）确定污染源造成的影响及其对自然生态系统的作用。

（3）研究并预测新污染源对环境污染的影响。

（4）定期提出环境质量报告。

（5）收集环境本底数据，积累长期监测资料。

4）环境监测的特点

（1）污染物质种类繁多，组成复杂，性质各异。

（2）兼顾对环境污染物的追踪和预报、对环境质量的监督和鉴定，需要可比性的数据。

（3）涉及的知识面广、专业面宽。

5）环境监测的分类

（1）常规监测：对特定污染物和污染源的监测。

（2）研究性监测：为研究污染物扩散规律对环境影响模式等进行的长期监测。

（3）特定目标监测：事故性监测、仲裁监测、考核验证监测、咨询服务监测。

6）环境监测的技术

环境监测的技术包括采样技术、测试技术、数据处理技术，每种技术所采用的方法有很多，以常用的测试技术为例，具体方法如图 7–2 所示。

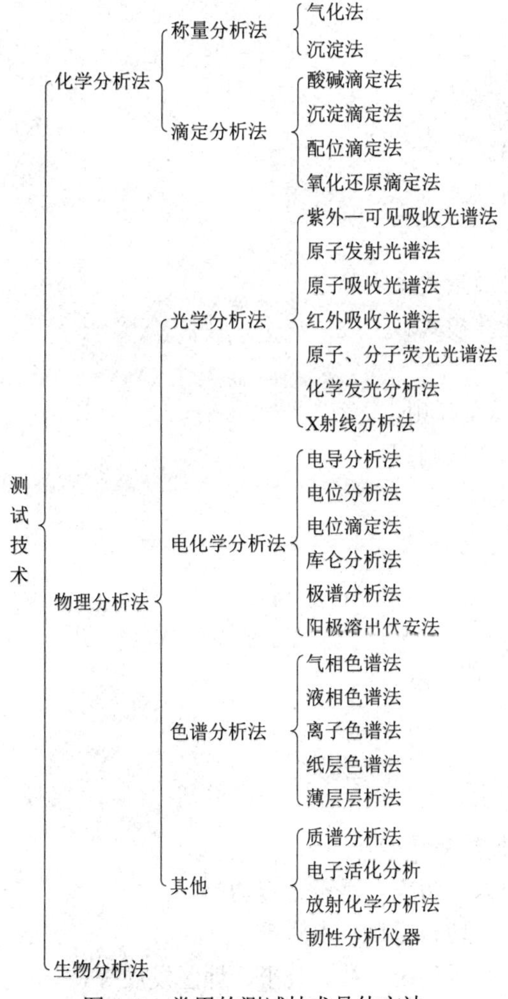

图 7–2　常用的测试技术具体方法

2. 环境评价

1）概念

（1）环境评价是环境影响评价和环境质量评价的简称。

（2）环境影响评价，是指人们在采取对环境有重大影响的行动之前，在充分调查研究的基础上，识别、预测和评价该行动可能带来的影响，按照社会经济发展与环境保护相协调的原则进行决策，并在行动之前制定出消除和减轻负面影响的措施。

（3）环境质量评价，是指研究人类环境质量的变化规律，评价人类环境质量水平，并对环境要素或区域环境状况的优劣进行定量描述，也是研究改善和提高人类环境质量的方法和途径。

2）环境评价的分类

（1）环境影响评价：事前评价。

（2）回顾评价：事后评价。

（3）现状评价：中间评价。

3）环境评价的步骤

（1）污染源调查。

（2）监测项目的确定。

（3）监测网点的布局。

（4）获得环境污染数据。

（5）环境质量综合评价。

（6）人体健康与环境质量关系的确定。

（7）建立环境污染计算模式。

（8）环境预测研究。

4）城市交通环境评价的原则

（1）定性与定量相结合原则。

（2）公正性原则。

（3）因地制宜原则。

（4）公众参与原则。

（5）积极性原则。

5）城市交通环境评价的对象

（1）交通战略与对策。

（2）道路交通网络系统。

（3）道路交通工程方案。

6）城市交通环境评价的要素

（1）自然环境要素：大气污染、噪声、震动等。

（2）生态环境要素：土地、绿化、水质等。

（3）社会环境要素：社区传统、社会公平、地区发展等。

（4）文化与景观要素：交通运输建设与历史遗迹、风景景观的保护和利用等。

7.1.5　城市交通可持续发展

1. 可持续发展的两个基本点

（1）必须满足当代人的需要，否则他们就无法生存。

（2）今天的发展不能损害后代人满足其需要的能力。

2. 可持续发展的基本原则

（1）公平性原则：当代人公平，世代平等。

（2）持续性原则：人类发展不能超越自然资源和环境的承载能力。

（3）共同性原则：全球共同遵守。

3. 可持续发展的行为规范

（1）减量化：节约、减排。

（2）再利用：多次使用、反复使用。

（3）再循环：循环使用、再循环。

4. 城市交通可持续发展的目标

（1）通过交通基础设施的建设，使之具有相应的综合运输能力，以适应城市社会经济发展和人民生活水平提高而产生的交通需求。

（2）完善对交通设施的管理，形成多种交通方式优势互补的格局，并全方位监控和提高交通设施的运用效率。

（3）合理利用、保护、改善自然资源与生态环境。

5. 实现交通环境资源目标的主要途径

（1）交通需求管理和交通行为修正。

（2）新型交通方式和交通工具的开发利用（例如电动汽车和低污染汽车的推广）。

（3）通过科技进步和必要的法规标准强制实现交通与资源环境的良性发展。

可持续交通发展模式的基本内容可以用图 7–3 的三维结构表示。按照其所属层次和结构的不同，可持续交通发展模式的基本范畴如图 7–4 所示。

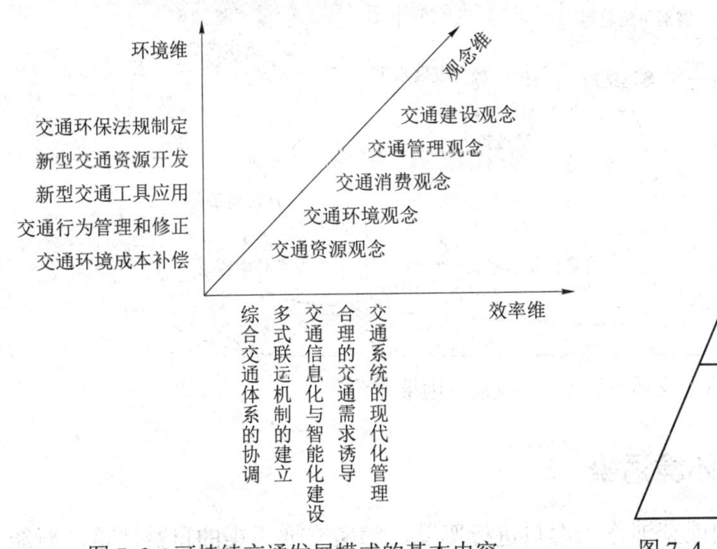

图 7–3　可持续交通发展模式的基本内容

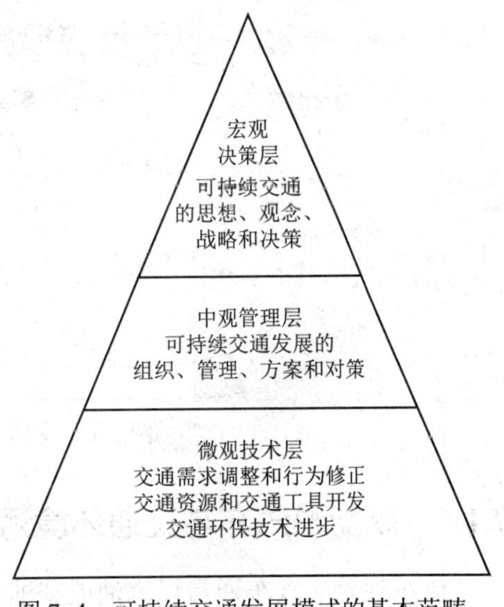

图 7–4　可持续交通发展模式的基本范畴

可持续交通发展模式的运行框架如图 7–5 所示。

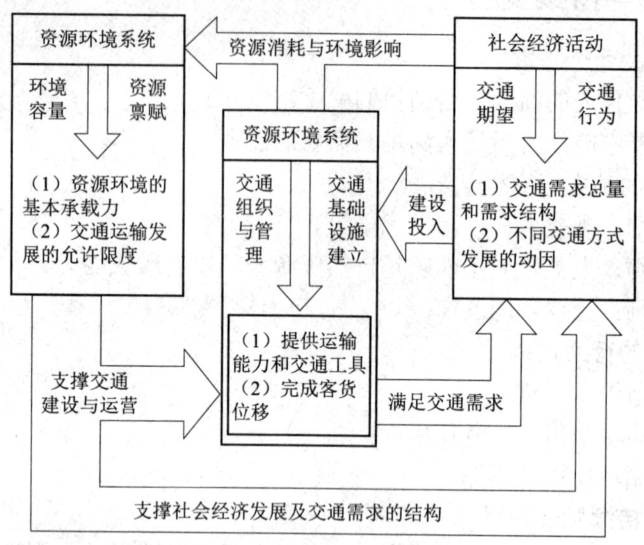

图 7–5 可持续交通发展模式的运行框架

因果关系分析就是要理解整个研究系统的结构机制、因果机制，以及通过高度抽象的变量或指标描述系统的动态行为。基于城市交通可持续发展模型总体框架，选取指标设计交通系统可持续发展的因果关系图，如图 7–6 所示。

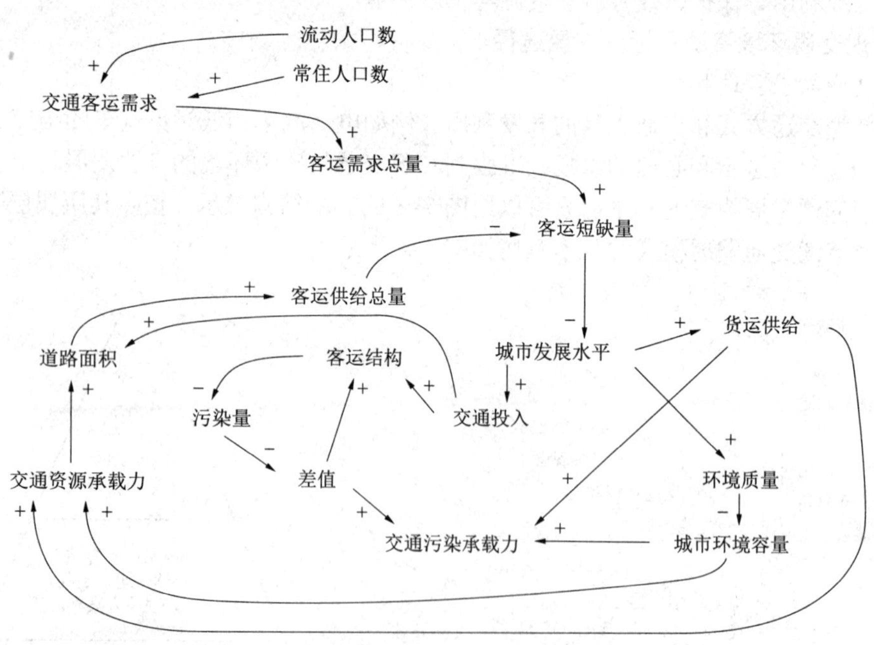

图 7–6 交通系统可持续发展的因果关系图

7.1.6 新能源汽车与交通环境污染

传统观念的汽车通常以汽油或柴油作为燃料进行驱动，随着交通污染的日益严重，新能源汽车成为人们关注的对象。新能源是指除汽油、柴油以外的具有尾气排放少等特点的能源，主要包括天然气、乙醇、甲醇、氢、电能等。表 7–18 是使用天然气的车辆与传统汽车的排放对比。表 7–19 则是电动汽车与燃油汽车废气排放的比较。

表 7–18　使用天然气的车辆与传统汽车的排放对比

项　目	污染物排放/（g/km）				
	CO	CO_2	NO_x	THC	NMHC
天然气	0.16	229	0.03	0.07	0.006
汽油（24 ℃）	1.21	302	0.14	0.18	0.14
减少百分比	87%	24%	79%	61%	96%
天然气	0.22	258	0.04	0.10	0.006
汽油（–5 ℃）	3.05	333	0.21	0.45	0.39
减少百分比	93%	23%	81%	78%	98%
天然气	0.21	290	0.06	0.08	0.006
汽油（–5 ℃）	5.87	356	0.39	0.92	0.83
减少百分比	96%	19%	85%	91%	99%
超低排放标准	1.74	—	0.31	—	0.04

表 7–19　电动汽车与燃油汽车废气排放的比较　　单位：g/km

废气组成	电动汽车	燃油汽车
CO	0	17.0
HC	0	2.7
NO_x	0（0.023）	0.74
CO_2	0（130）	320

注：括号中的数字为电厂排放的废气。

通常人们习惯将蓄电池或燃料电池作为部分或全部动力的汽车统称为电动汽车。电动汽车的研究和发展主要包括三个方面：纯电动汽车、混合动力电动汽车和燃料电池电动汽车。表 7–20 是电动汽车与燃油汽车运行噪声的比较，表 7–21 是普通汽车与混合动力电动汽车排放对比。

表 7–20　电动汽车与燃油汽车运行噪声的比较　　单位：dB

噪声		电动汽车		燃油汽车	
		车内	车外	车内	车外
匀速/（km/h）	35	67	66	73	67
	50	70	66	70	69
匀速/（km/h）	35	72	66	81	75
	50	71	66	76	72

表 7–21 普通汽车与混合动力电动汽车排放对比 单位：g/km

排放物	普通汽车	混合动力电动汽车
HC	2.86	0.7
NO_x	20.11	8.7
CO	21.5	2.7
微粒	0.949	0.25

7.2 北京市交通环境问题诊断案例

北京市交通道路噪声与区域环境噪声对比情况如表 7–22 所示。

表 7–22 北京市交通道路噪声与区域环境噪声对比情况

年度	建成区道路交通噪声/dB			建成区区域环境噪声/dB			
	平均值	城区	近郊区	平均值	城区	近郊区	远郊区
2004	69.6	68.1	70.3	53.8	54.2	53.7	54.4
2003	69.7	68.2	70.3	53.6	54.1	53.5	54.0
2002	69.5	68.1	70.1	53.5	54.1	53.8	—
2001	69.6	67.9	70.5	53.9	54.5	53.7	—
2000	71.0	68.1	72.6	53.9	55.5	53.6	—

北京市 NO_2 污染发展特征趋势如图 7–7 所示。

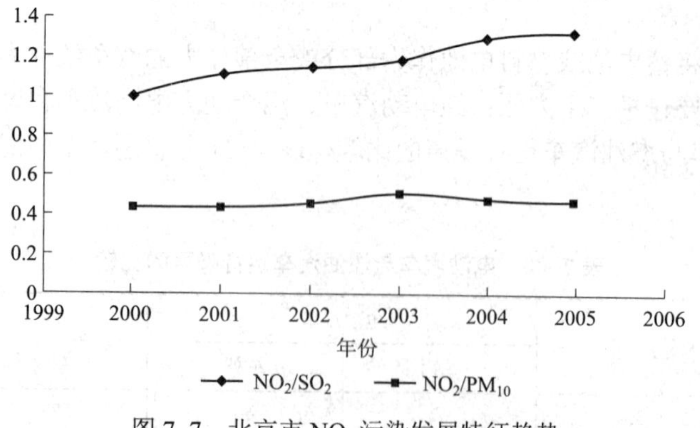

图 7–7 北京市 NO_2 污染发展特征趋势

北京市可供消费的能源量如表 7–23 所示。北京市交通运输仓储实际消费能源量如表 7–24 所示。

表 7–23　北京市可供消费的能源量

年份	汽油/10^4 t	煤油/10^4 t	柴油/10^4 t	LPG/10^4 t	天然气/10^8 m^3
2005	93.45	179.33	–27.83①	–9.76	31.74
2004	—	183.24	–45.25	0.21	27.02
2003	12.37	139.03	–61.39	–4.1	23.85
2002	–86.56	144.96	–125.29	–5.28	20.48
2001	13.8	128.59	–58.92	–6.97	16.74
2000	–24.3	116.22	–100.5	–8.49	10.97
1999	–18.91	107.77	–98.8	–4.83	7.58
1998	–38.4	90.79	–54.04	–5.4	3.8
1997	–62.02	88.79	–61.96	–3.94	1.84
1996	–55.64	84.49	43.82	–5.08	1.5
1995	–24.62	65.70	–34.64	–2.56	1.21

注：① 负数表示本地机动车在外地使用的能源量。

表 7–24　北京市交通运输仓储实际消费能源量

年份	汽油/10^4 t	煤油/10^4 t	柴油/10^4 t	LPG/10^4 t	天然气/10^8 m^3
2005	48.46	189.04	56.55	0.72	1.19
2004	—	181.84	49.64	0.82	17.70
2003	37.94	137.25	37.47	0.39	0.95
2002	22.48	14.26	44.07	0	0
2001	22.03	128.61	41.75	0.08	0
2000	8.80	117.27	25.68	0	0.43
1999	5.93	109.52	19.80	0.01	0.22
1998	4.00	90.39	19.3	0	0
1997	4.76	87.27	18.07	0	0
1996	3.72	84.40	18.03	0	0
1995	4.29	65.10	17.06	0	0.02

7.3　轻型车热稳状态下微观尾气排放模型

7.3.1　概述

随着机动车数量的增加，机动车尾气排放在大中城市的空气污染中所占的比重越来越大，有效的控制尾气排放已经成为国民经济可持续发展的战略性问题。尾气排放控制技术的进步，包括对车辆发动机的改进、尾气催化转化技术的应用及替代燃料的使用等。但随着尾气排放控制技术的日益成熟，单车排放的降低已经越来越难。而通过研究交通与尾气的关系，利用交通规划、交通控制等措施降低交通网路中的尾气排放已经成为国内外研究的热点，实践证明这些措施是行之有效的。实施这些措施的关键是定量的评价各种措施对尾气排放的影响，因此尾气排放量化模型的建立就显得至关重要。微观尾气模型是尾气量化模型的一种，能够反映车辆因微观运行状态变化而引起的尾气排放的变化。由于该种模型的特点和优势，它已成为当前尾气排放建模的发展趋势。

建立尾气模型的基础是尾气数据的收集。在当前各种尾气数据收集技术中，便携式排放检测系统（portable emission measurement system，PEMS）是最方便、功能最强大的尾气数据收集方法。通过研究发现：在现有 PEMS 技术条件下，基于 PEMS 数据的轻型汽油车的最佳建模方法是将聚类分析方法和参数统计方法相结合，利用各自的优点；减速和怠速阶段的排放适合用聚类分析方法，加速和匀速阶段的排放适合用参数统计方法；PEMS 数据具有自相关性，利用对不同运行模式分别建模和利用反映历史效应的变量对数据分段可以消除数据的自相关性；油耗同车辆特定功率（vehicle specific power，VSP）之间呈较强的线性关系，二氧化碳（CO_2）同油耗呈线性关系，利用单位功率排放建模在氮氧化物（NO_x）、碳氢化物（HC）、一氧化碳（CO）模型形式中占主导地位。

PEMS 技术是近几年兴起的尾气数据收集技术。目前最先进的 PEMS 由尾气检测系统、GPS 全球定位系统、内嵌液晶显示计算机系统等构成，可以测出每秒的尾气排放浓度及绝对质量、燃料消耗量、行驶速度、发动机转速及温度、节气门位置等参数。PEMS 的最大优点就是能够实时收集车辆在实际路网中的尾气数据，因此能充分反映车辆在运行过程中的排放变化，具有操作简便、数据量大等特点。四种尾气收集技术的特点比较如表 7–25 所示。

表 7–25　四种尾气收集技术的特点比较

项　目	底盘测功机技术	隧道测试法	红外遥感技术	PEMS 技术
收集地点	实验室收集	隧道	路边固定收集	车辆运行中收集
精度	高	较低	较低	较高
造价	高	较低	较高	较高
收集规模	一辆车/次	多辆车/次	多辆车/次	一辆车/次
优点	精度高，干扰小	方便，简单，数据量大	数据量大，能够检测出高排放车辆	反映车辆实际运行特点，能够跟踪车辆排放的微观变化
缺点	数据量小，不能充分反映车辆实际运行特点，造价高	精度较低，不能反映实际路网特点	精度低，受外界干扰大	受外界干扰较大
是否适合微观建模	适合，但要注意行驶工况要能代表车辆实际运行特点	不适合，数据误差较大，不能收集微观信息	不太适合，数据误差较大	适合，但要注意设计好数据收集方法，充分考虑外界影响，要重复收集数据

7.3.2　尾气排放建模方法

随着红外遥感技术和 PEMS 技术的发展，尾气排放模型的基础数据源从底盘测功机数据发展到三种数据源（底盘测功机数据、红外遥感数据、PEMS 数据）。从这三种数据源的建模研究可以看出，红外遥感数据由于误差较大，不太适合作为尾气排放模型的建模数据。基于底盘测功机数据的建模方法中基于排放原理的理论模型是当前的研究热点，主要集中在对排放原理模型进行简化的研究。

受 PEMS 技术的限制，目前 PEMS 并不能像底盘测功机那样得到非常详细的车辆发动机数据，虽然加州大学河边分校对重型柴油车的车载数据进行了基于排放原理的建模，但重型车排放由于不受催化转化器的影响，发动机排放即为尾气管排放，这在很大程度上降低了建模的难度。轻型车的建模，由于得不到发动机排放数据，也就不能对催化转换器的排放通过率（catalyst pass fraction，CPF）进行标定，这正是目前利用 PEMS 数据建立基于排放原理的微观尾气模型的主要障碍。

从国际上利用 PEMS 数据建模的发展上看，利用关键变量建立参数统计模型和利用关键变量进行聚类分析是当前发展的趋势。聚类分析方法和参数统计方法的优缺点如表 7–26 所示。

表 7–26　聚类分析方法和参数统计方法的优缺点

建模方法	优　点	缺　点
聚类分析方法	简单 数据驱动：每个区间对应实际数据 区间大小可以根据排放数据确定 易于宏观分析 不需校正 易于使用和更新 宏微观保持一致 不确定性易于确定	需要大量数据 难于精确插值和扩展至无测试数据区间 很难融入其他类型数据 统计意义不明显 难以进行离散分析
参数统计方法	易于插值和扩展 需要数据量较少 有清晰的数学解释 必要时可以把数据根据聚类分析方法分区间 易于使用和更新 宏微观保持一致 不确定性易于确定	预测数据不一定反映真实值 很难融入其他类型数据 新的数据需要重新校正 计算量大，软件效率低 模型比较复杂

参 考 文 献

[1] 陆化普. 城市交通规划与管理 [M]. 北京：中国城市出版社，2012.
[2] 邵春福. 交通规划 [M]. 北京：北京交通大学出版社，2012.
[3] 边经卫. 当代城市交通规划研究与实践：以厦门市为例 [M]. 北京：中国建筑出版社，2010.
[4] 陈炳炎，张升，丁明. 城市交通管理研究与实践：以厦门市为例 [M]. 北京：人民交通出版社，2012.
[5] 陆化普. 济宁—曲阜都市区综合交通规划理论与实践[M]. 北京：中国铁道出版社，2006.
[6] 袁振洲. 道路交通管理与控制 [M]. 北京：人民交通出版社，2007.
[7] 周蔚吾. 公路和城市交通优化改造实例 [M]. 北京：知识产权出版社，2008.
[8] 毛保华，孙壮志，贾顺平. 区域交通组织优化方法与实践研究 [M]. 北京：人民交通出版社，2007.
[9] 翟忠民，景东升，陆化普. 道路交通实战案例 [M]. 北京：人民交通出版社，2007.
[10] 顾正洪. 交通运输安全 [M]. 南京：东南大学出版社，2009.
[11] 吴义虎，喻丹. 道路交通行为与交通安全 [M]. 北京：人民交通出版社，2011.
[12] 秦进，高桂凤. 城市轨道交通安全管理 [M]. 北京：人民交通出版社，2012.
[13] 杨希锐，虞继亮，宋传平. 道路交通事故案例分析 [M]. 北京：人民交通出版社，2005.
[14] 交通运输部道路运输司. 国内外城市轨道事故案例评析 [M]. 北京：人民交通出版社，2011.
[15] 陈旭梅. 智能运输系统 [M]. 北京：中国铁道出版社，2007.
[16] 杨兆升. 城市智能公共交通系统理论与方法 [M]. 北京：中国铁道出版社，2004.
[17] 申金升. 城市交通环境管理与控制 [M]. 北京：中国铁道出版社，2004.
[18] 郭怀成. 城市交通环境系统优化与管理 [M]. 北京：化学工业出版社，2011.